Monarchie - Alleinherrschaft
Oppositionen - Gegenpartei, Widerrede

Gabriele Thoß
Franz-Helmut Richter

Ayatollah Khomeini
Zur Biographie und Hagiographie eines islamischen Revolutionsführers

Gabriele Thoß
Franz-Helmut Richter

Ayatollah Khomeini

Zur Biographie und Hagiographie eines islamischen Revolutionsführers

– *WURF* Verlag –
Münster

Wissenschaftliche Texte Band 10
Religion und Religionskritik Nr. 1

Umschlaggestaltung: Jörg Schürhoff,
unter Verwendung eines Fotos von Gernot Huber (laif, Köln).
Druck- & Verlagscooperative GmbH, 4500 Osnabrück.
Printed in West Germany.

ISBN 3-923881-39-8

Inhalt

Ohne Hilfe von vielen wäre diese Arbeit nicht zustande gekommen. Wir danken allen, die uns durch Überlassen von Schriften, Zeitungsmeldungen, Fotos und Plakaten, bei der Durchsicht des Manuskripts und nicht zuletzt durch ihre Ratschläge unterstützt und ermuntert haben.

G. T., F. H. R.

Persische Orts- und Personennamen, Buchtitel und Termini werden von Autoren im Deutschen sehr unterschiedlich wiedergegeben. So gibt es für den Namen Khomeini beispielsweise die Schreibweisen Chomeini, Khomeyni, Khumaini oder Humaini. Um das Lesen zu erleichtern wurden hier durchgängig – auch in Zitaten – die persischen und arabischen Termini vereinheitlicht und auf diakritische Zeichen weitgehend verzichtet. Wo sich in der Presse bereits eine deutsche Schreibweise durchgesetzt hat oder vom Duden festgelegt wurde, haben wir diese übernommen. Bei weniger geläufigen Termini, insbesondere bei Buchtiteln, haben wir uns an der wissenschaftlichen Transliteration der *Deutschen Morgenländischen Gesellschaft* orientiert.

Einleitung

Am 16. Januar 1979, vor über zehn Jahren, hatten sich der krebskranke Schah Mohammed Reza Pahlawi und Kaiserin Farah Diba fluchtartig zu einem „Erholungsaufenthalt“ zunächst nach Ägypten, dann nach Marokko abgesetzt. Doch auch im Königreich Marokko konnte der von seinem Pfauenthron gestürzte Schah nicht lange bleiben. Seine Flucht führte den ungeliebten Kaiser auf die Bahamas, dann nach Mexiko, in die USA und schließlich über Panama noch einmal nach Ägypten. Er kehrte nie wieder in den Iran zurück.

Der nationalliberale Politiker Schapur Bakhtiyar, den der Schah zwei Wochen vor seiner Flucht als Ministerpräsidenten eingesetzt und mit der Regierungsbildung beauftragt hatte, konnte die persische Monarchie nicht retten. Bakhtiyar mußte bald nach der Heimkehr Khomeinis fliehen und tauchte später in Paris auf.
Dem fast achtzigjährigen, aus seinem Pariser Exil zurückkehrenden Ayatollah Khomeini wurde dagegen am 1. Februar 1979 in Teheran ein triumphaler Empfang bereitet. Wenige Tage später zerfiel die letzte Bastion der persischen Monarchie – das Militär. Aus ihren Beständen wurden Waffen und Munition an Zivilisten ausgegeben.
Am 2. April 1979 rief Ayatollah Khomeini die „Islamische Republik Iran“ aus. Vieles, was in den darauf folgenden zehn Jahren im Iran geschah, hing allein von dem kränkelnden Greis ab. Sein islamischer „Gottesstaat“ entpuppte sich schnell als politisch-religiöse Terrorherrschaft.

Die Haltung führender Oppositioneller gegenüber dem Ayatollah war von Anfang an zwiespältig. Viele von ihnen waren der Auffassung, daß ein Sturz des Schahs nur mit Khomeini möglich sei. Der Terror, der bald von dem neuen Regime ausging, wurde verdrängt oder aus taktischen Überlegungen sogar verteidigt. Dieser Fehleinschätzung des islamischen Regimes folgte die ebenso falsche Überzeugung, Khomeini sei nur eine vorübergehende Erscheinung.
Schon am 31. Juli 1979 hatte Bakhtiyar auf einer Pressekonferenz in Paris erklärt, daß er mit einem Zusammenbruch des Khomeini-Regimes in naher Zukunft rechne. Doch obwohl dem Regime von vielen Oppositionellen ein frühes Ende prophezeit wurde, konnte es sich weiter festigen.
Es überstand Sprengstoffanschläge und Sabotageakte. Am 28. Juni 1981 kamen 74 Angehörige der *Islamisch-Republikanischen Partei* bei einem Attentat ums Leben, darunter vier Minister und 27 Abgeordnete. Wenig später, am 30. August 1981 wurden der Staatspräsident und der Ministerpräsident ermordet, am 30. September 1981 der Verteidigungsminister, der Generalstabschef, der Luftwaffenchef und der Kommandeur der Revolutionsgarden.

Das Regime überstand einen Blitzangriff des Irak, der sich zu dem „iranisch-irakischen Krieg" (1980–1988) ausweitete. Und trotz seines hohen Alters gelang es Khomeini, erstaunliche Energien und Massen für diesen „heiligen Krieg" zu mobilisieren.
Auch in den baldigen Tod des Ayatollah wurden Hoffnungen gesetzt, und über dessen Nachfolge wurde früh spekuliert. Khomeini hatte oft in seinem Leben resigniert und sich Jahre vor seiner Rückkehr nach Teheran deprimiert in die Einsamkeit zurückzogen. Schon 1964, während seiner Verbannung in der Türkei, hatte sich der zweiundsechzigjährige Ayatollah auf seinen nahen Tod vorbereitet.
Auf dem Flug in den Iran 1979, dem „Revolutionsflug", soll ein Attentat auf ihn geplant gewesen sein. Doch der fast Achtzigjährige kam unversehrt in Teheran an. Er wurde nicht nur zu dem Architekten der neuen „islamischen Republik", deren zehnten Jahrestag er noch miterlebte, sondern auch zur Symbolfigur einer „islamischen Revolution" überhaupt. Seine persönliche Biographie ist mit dem Ablauf der Revolution im Iran vielfältig verknüpft.

Als Khomeini am 3. Juni 1989 bald neunzigjährig starb, überstand das Mullah-Regime auch diese Krise scheinbar mühelos. Es wurde deutlich, daß Khomeini als Mythos und Symbolfigur einer fundamentalistisch ausgerichteten Renaissance des Islam über seinen Tod hinaus wirken wird.

Auswirkungen der „Islamischen Revolution" auf das Ausland

Khomeinis religiös-politische Ideologie zur Schaffung eines islamischen „Gottesstaates" hat sich nicht nur im Iran erfolgreich organisiert, sondern fand auch im islamischen Ausland Resonanz, etwa in der Türkei, in Afghanistan oder in Pakistan. Der Iran wurde auch zu einem politischen Modell für islamische Fundamentalisten in westlichen Ländern.

Ungeachtet der Menschenrechtsverletzungen, der Hinrichtungen, des offenen politischen Terrors gegen ethnische und religiöse Minderheiten, gegen Intellektuelle und jedwede Opposition, – ungeachtet der Verbrechen, die das westliche Ausland dem Khomeini-Regime vorwarf, nahm die Bundesrepublik schon frühzeitig diplomatische und wirtschaftliche Beziehungen mit der neuen Islamischen Republik auf. Im September 1983 traf Staatssekretär Dietrich von Würzen in Teheran mit iranischen Politikern zusammen und unterzeichnete ein Memorandum über wirtschaftliche Zusammenarbeit. Die Bundesrepublik Deutschland war 1982 neben Japan, Italien, Großbritannien und den Niederlanden ein wichtiger Handelspartner des Iran. Sie lieferte allein 1982 Waren im Wert von 1.397 Mio. US-$, während die Einfuhr 703 Mio. US-$ ausmachte. Die Ausfuhr aus der BRD in den Iran stieg sogar von 2.734 Mio. DM im Jahre 1980 auf etwa 7.721 Mio. DM 1983 an, fiel 1984 auf 6.524 Mio. DM und 1985 auf 4.842 Mio. DM ab.

Die Einfuhr aus dem Iran in die Bundesrepublik sank zwar von 3.382 Mio. DM im Jahre 1980 auf zunächst 1.527 Mio. DM im folgenden Jahr ab, stieg dann jedoch wieder kontinuierlich auf 1.832 Mio. DM bis 1985. [1]

Am 28. Januar 1984 schloß die *Kraftwerk-Union* ein Abkommen mit dem Iran über die Wiederaufnahme der Arbeiten am Kernkraftwerk Buschehr. Im April schon behauptete eine britische Militärzeitschrift, daß der Iran dort innerhalb von zwei Jahren vermutlich eine eigene Atombombe entwickeln könne. Eine westdeutsche Firma habe 40 Experten zur Wiederaufnahme der Arbeiten entsandt. [2]
Als Anfang Juli 1984 bekannt wurde, daß Bundesaußenminister Genscher zu einem offiziellen Besuch in den Iran reisen wolle, appellierten die ehemaligen Ministerpräsidenten Irans, Ali Amini und Schapur Bakhtiyar, das „Treffen mit den verbrecherischen Führern Irans abzulehnen". Zwanzig Iraner, die im Exil in der Bundesrepublik leben, traten in einen unbefristeten Hungerstreik. Wenige Tage später flog Hans-Dietrich Genscher dennoch als erster Vertreter einer westlichen Regierung in den Iran, „um Khomeinis Gottesstaat Stabilität und Zuversichtlichkeit zu bescheinigen und ihm aus der Isolation herauszuhelfen", wie Bahman Nirumand schrieb. Demonstrativ legte Genscher am Grabmal der Ayatollahs Beheschti und Radschai, die bei den Bombenanschlägen 1981 ermordet und als „Märtyrer der islamischen Revolution" gefeiert wurden, Blumen nieder.
„Die Bundesrepublik ist der größte Handelspartner Irans, unter den deutschen Exportgütern befinden sich auch Waffen und Rüstungsmaterial. Deutsche Firmen wie *Daimler-Benz, MBB, MAN* und andere, die übrigens auch den Irak mit Kriegswaffen beliefern, machen dabei gute Geschäfte. Es ist zwar allgemein bekannt, daß die Menschenrechte im Iran in eklatanter Weise mißachtet werden, doch diese Frage konnte bislang unter den Teppich gekehrt werden und war nie ein Hindernis zur Pflege guter Beziehungen unter Staaten", resümierte Nirumand 1987. [3]

Ende November 1988 flog eine bundesdeutsche Delegation „in diplomatischer Mission" nach Teheran. Darunter befanden sich nicht nur Bundesaußenminister Genscher und mehrere Wirtschaftsmanager, sondern auch Orientexperten – sowie Religionswissenschaftler und Theologen: die Tübinger Theologen Prof. Dr. Hans Küng (der schon 1984 zu einem „christlich-islamischen Dialog" nach Teheran gereist war) und Dr. Karl-Josef Kuschel, der renommierte Islamwissenschaftler Prof. Dr. Josef van Ess (Tübingen) und der Orientexperte Dr. Udo

Steinbach (Hamburg). Während *Amnesty International* vom Höhepunkt einer neuen Hinrichtungswelle in iranischen Gefängnissen berichtete, wickelten Politiker und Wirtschaftsbosse in Teheran ihre Geschäfte ab, diskutierten Theologen über die Frage: „Was macht man, wenn eine Aussage der Bibel oder des Koran dem, was heutige Vernunft, heutiges Bewußtsein ist, glatt widerspricht?"
Die Teilnahme von Theologen an der deutschen Delegation zeigt, wie weit sich die Diplomatie mit dem Iran auf eine religiös-politische Ebene eingelassen hat und diese zu nutzen weiß. „Wenn einer ein Gespür hat für diese Dimension des Lebens, dann kommt ein ganz anderer Kontakt zustande", erklärte Küng auf dem Rückflug. Ergänzend fügte ein Industrievertreter hinzu (wahrscheinlich ohne sich des Doppelsinns bewußt zu werden): „Und Geschäfte machen wir immer nur mit Menschen." [4]
Krönung des Treffens in Teheran war der Abschluß eines *deutsch-iranischen Kulturabkommens*. Dazu Bahman Nirumand: „Ich frage mich, wie der Inhalt dieses Abkommens aussieht, und welche Art von Kultur der deutsche Außenminister repräsentierte, um die Zustimmung von Khomeini und seiner Männer zu erlangen. Ich frage mich auch, wie die bittere und erstaunliche Tatsache zu erklären ist, daß die Träger der Kultur in der Bundesrepublik, Künstler, Schriftsteller, Wissenschaftler, Verleger sich nicht wehren, wenn in ihrem Namen Beziehungen zu einem Regime hergestellt werden, das nicht nur die Menschen, sondern auch die Kultur zutiefst verachtet. [...] Sind es der Eurozentrismus, die Ost-West-Fixierung oder die neue Innerlichkeit, die jene Länder in die Ferne gerückt haben und es zulassen, daß deutsche Unternehmer und Politiker fast unwidersprochen sich in iranische Ruinen begeben und sich dort neben Massengräbern und Folterkellern vor Freude über ihre großen Geschäfte die Hände reiben?" [5]

Der Inhalt des deutsch-iranischen Kulturabkommens wurde bis heute nicht veröffentlicht. Es wurde von den meisten Bundesländern auch nicht ratifiziert. Denn nur einige Wochen später, Mitte Februar 1989, schockierte Ayatollah Khomeini die Weltöffentlichkeit mit einem religiös begründeten Hinrichtungsbefehl gegen den in London lebenden Schriftsteller und mehrfachen Literaturpreisträger Salman Rushdie, auf den ein Kopfgeld von 400 Mio. Rial (etwa 9,2 Mio. DM) ausgesetzt

Während *Amnesty International* im November 1988 vom Höhepunkt einer Hinrichtungswelle in Gefängnissen Irans berichtete, unterzeichneten Bundesaußenminister Genscher und der iranische Außenminister Velayati in Teheran ein deutsch-iranisches „Kulturabkommen".

wurde. Erst dieser Hinrichtungsbefehl gegen den britischen Autor, erst die weltweite Empörung von Intellektuellen, führte dazu, daß das „Kulturabkommen" stillschweigend auf Eis gelegt wurde. Der Hinrichtungsbefehl fand jedoch bei vielen Moslems international Zustimmung, auch bei solchen, die seit Jahren im westlichen Ausland leben. Von jüdischen und christlichen Geistlichen wurde zwar der Hinrichtungsbefehl Khomeinis abgelehnt, gleichzeitig aber dem Romanautor „Gotteslästerung" und eine „Beleidigung des Islams" vorgeworfen. In einigen Ländern unterstützten Theologen ein Verbot des Buches, noch bevor es erschienen war. [6]
Mit dem Hinrichtungsbefehl – nach dem Tod Khomeinis durch Parlamentspräsident Rafsandschani, Staatspräsident Khamenei und Außenminister Velayati mehrfach bekräftigt – wurde ein Geltungsanspruch islamisch-fundamentalistischer Normen selbst für säkulare Staaten formuliert. Die öffentliche Verbrennung von Rushdies *Satanischen Versen* in Großbritannien, Morddrohungen gegen Verleger und Verkäufer des Buches in Europa, die Ermordung des Geistlichen al-Ahdal in Brüssel machten deutlich, mit welcher Vehemenz dieser Anspruch vertreten wurde. Al-Ahdal galt als Gegner des von Khomeini vertretenen Fundamentalismus und hatte sich als oberster moslemischer Geistlicher der Benelux-Staaten von dem Hinrichtungsbefehl gegen Rushdie distanziert. Mit ihm erschossen wurde der Bibliothekar des islamischen Kulturzentrums in Brüssel, Salem al-Behir. In einem Schreiben an Nachrichtenagenturen in West-Beirut erklärte die proiranische Gruppe „Soldaten der Gerechtigkeit", sie habe ein „Gottesurteil vollstreckt". Die „Soldaten der Gerechtigkeit üben ihre islamischen Pflichten aus und verfolgen die Feinde des Islam in der ganzen Welt", hieß es weiter. Auch andere gemäßigte Moslem-Führer in Europa wurden mit dem Tod bedroht. [7]

Jedoch wurde nicht in allen islamischen Ländern der schiitische Staat im Iran begrüßt, wie es auch eine ganze Reihe Moslems gab, die den Hinrichtungsbefehl Khomeinis scharf verurteilten. Die Spannungen, die durch die Gründung der Islamischen Republik ausgelöst wurden, zeigten sich beispielsweise auch in dem „Bruderkrieg" zwischen Iran und Irak sowie in den Massakern, die wiederholt in der islamischen Pilgerstadt Mekka angerichtet wurden.

Der „Khomeini von Köln"

Khomeini war zeitweilig Symbolfigur eines sich auch in der Bundesrepublik politisch organisierenden islamischen Fundamentalismus. Unter dem Titel *Die Ayatollahs von Köln, radikale Muslime in der BRD* sendete die ARD am 26. April 1988 eine Reportage von Jürgen Roth und Yüksel Ugurlu. Der Film zeigte türkische Demonstranten in der Bundesrepublik, die islamisch-fundamentalistische Sprüche in türkischer Sprache skandierten: „Der islamische Staat muß her" und „Der gottlose Staat wird von uns gestürzt werden. Gesetz ist der Koran". Ihre Parolen richteten sich gegen die Regierung in der Türkei, wo 1924 unter Kemal Atatürk (1881–1938) ein streng laizistischer Staat nach westlichem Vorbild gegründet worden war.

Kopf der Bewegung des islamischen Fundamentalismus in der BRD ist der 1981 aus der Türkei geflüchtete Hodscha Chemalettin Kaplan. Der ehemalige Mufti von Adana war bis zum Putsch 1980 Angestellter der staatlichen Religionsbehörde *DIYANET* und verfaßte Religionsbücher für Kinder. Wegen seiner fundamentalistischen und anti-laizistischen Forderungen wurde er vorzeitig pensioniert. Der 64jährige hält sich seitdem in der Bundesrepublik auf, trat Anfang 1982 dem *Islamischen Zentrum Köln* bei und wurde 1983 Präsident des *Komitees für Mission und Rechtleitung* bei der fundamentalistischen Organisation *Nationale Sicht* (AMGT). Im Juni 1984 gründete er die *Islamische Union Köln und Umgebung* und im November des gleichen Jahres den *Verband der Islamischen Vereine und Gemeinden*, dem er heute als *Emir* vorsteht. Dem Verband gehören in der BRD etwa 100 Ortsvereine an (Filialen gibt es außerdem in den Niederlanden, Belgien und Frankreich).[8] Kaplan versuchte von Köln aus, Moslems für eine islamische Revolution zu mobilisieren, um ein „Islamisches Reich" in der Türkei zu schaffen als Schritt zur islamischen Weltherrschaft. Ähnlich wie Khomeinis Reden, die er in seinem Exil hielt, als Tonband- und Videokopien im Iran Verbreitung fanden, werden auch die Reden des sogenannten „Khomeini von Köln" mit Video- und Tonkassetten propagiert. Seine Botschaft: „Der Islam kommt, der Islam wird kommen, der Koran wird die Staatsverfassung."

Der „Khomeini von Köln“, Chemalettin Kaplan, spricht zu rund 3000 Teilnehmern einer Demonstration in Bonn-Bad-Godesberg am 14. Februar 1987.

Nach dem erfolgreichen Vorbild des iranischen Ayatollah predigte Kaplan in seinem Kölner Exil: „Wer sich gegen die islamische Regierung stellt, der ist verteufelt. Warum? – Weil es eines Tages eine Armee mit islamischem Geist gibt. In den Gotteshäusern und an den Rednerpulten wird dann nur noch der Koran vorgelesen, die Verfassung des islamischen Staates."

Sein militantes Handlungskonzept lautet: „In der Moschee werdet ihr die Religion lehren, danach müßt ihr die islamische Bewegung organisieren, und in den Kasernen werdet ihr lernen, den Abzug zu ziehen. Nachdem ihr diese drei heiligen Pflichten erfüllt habt, werdet ihr entweder Soldat, Offizier oder sogar Kommandeur der islamischen Armee sein, so Gott will."

Seine geistige Nähe zu Khomeini drückt sich in seinen Reden aus, die er – wie jener – vor dem Hintergrund einer westlich orientierten Wirtschafts- und Bündnispolitik des Heimatlandes hält. Der Iran unterstützte die Mission Chemalettin Kaplans vor allem ideell und finanziell. Nach Aussagen ehemaliger Anhänger Kaplans wurde nicht nur Propagandamaterial vom Iran bezahlt. Zum Teil erhielt die in Deutschland ansässige türkische Anhängerschaft Kaplans im Iran (in der heiligen Stadt Ghom, Khomeinis langjährigem Wohnsitz), in Afghanistan und in Pakistan eine militärische Ausbildung. Die Trainer trugen dann ihrerseits in dem türkischen *Verein Islamisches Internat für junge Muslimin* in Köln die politisch-religiöse Propaganda der Ayatollahs und die erlernten Kampftechniken weiter. Kaplan organisierte auch einen „Jugendaustausch" mit der *Organisation der Islamischen Jugend des Iran* über das Gästehaus der Iranischen Botschaft in Bonn.

„Künftig gibt es nicht mehr heidnische, sondern Gottesgebote, keine Ungläubigen, sondern nur noch den Glauben an Allah, keine Barbarei, sondern Gerechtigkeit und Zivilisation, keine Unterdrückung, sondern Freiheit. Der Koran ist unsere Verfassung, das Scharia unser Gesetz. Das ist das Ziel unserer Bewegung. Unsere Methode ist die Verkündung, unsere Grundlage der Koran und unser Führer der Heilige Mohammed. Auf diesem Weg sind wir kompromißlos ohne Wenn und Aber." [9]

In der Zeitschrift des *Verbandes islamische Vereine und Gemeinden*, die den Titel *Ümmet-i Muhammed* („Die Nation Mohammeds") trägt, hieß es noch deutlicher: „Die Muslime haben die ihnen von ihrem

Glauben erteilte Aufgabe, Gewalt anzuwenden und sich zu verteidigen, wer es auch immer sei, der diese Aufforderung behindert. Um die Glaubensfreiheit zu sichern und die Sicherheit der Personen zu gewährleisten, die Allah auf den richtigen Weg geführt hat, ist die Anwendung von Gewalt eine völlig legale Aufgabe. Es ist eine göttliche Aufgabe, alle Mächte, die sich den Muslimen in den Weg stellen, die diese göttliche Aufforderung in Freiheit verkündigen, oder die ihre Glaubensfreiheit bedrohen, in tausend Stücke zu zerschlagen und sie zu stürzen..." [10]

Seit der Ausstrahlung der Reportage von Jürgen Roth ist es um den „Khomeini von Köln" still geworden. Kaplan trat in Köln nicht mehr öffentlich auf.

Sein Internat wurde auf Anordnung des Innenministers von Nordrhein-Westfalen zweimal geräumt (am 11. und 30. Mai 1988). Mehrere Anträge vom Verein *Islamisches Internat für junge Muslimin* und seitens der Eltern, mit denen sie eine Wiedereröffnung des Internats forderten, wurden gerichtlich abgelehnt. „Der bei der Räumung zutage getretene Fanatismus der Kinder und Jugendlichen" spreche „dafür, eine Fortführung des Heims nicht zuzulassen. Der Verein sei im übrigen durch Verfügung des Innenministeriums als verboten zu behandeln", heißt es in einem Artikel über das Urteil. [11]

Die AMGT hat am 26. April 1990 eine *‚öffentliche Gewaltverzichtserklärung, verbunden mit einem Bekenntnis zur demokratisch säkularen Ordnung'* abgegeben, schied aus dem *Verband islamischer Vereine und Gemeinden* aus und distanzierte sich von Chemalettin Kaplan. [12]

Schließlich spaltete sich von Kaplans *Verband der islamischen Vereine und Gemeinden* eine Gruppe ab und gründete in der BRD die *Islamische Bewegung*. Der jüngste Verfassungsschutzbericht 1989 geht nicht näher auf diese neue Gruppierung ein.

In der Türkei sind Gruppen ähnlichen Namens aktiv. Eine Gruppe „Islamische Bewegung" bekannte sich dazu, am 31. Januar 1990 den 73jährigen Verfassungsrechtler Muammer Aksoy vor seiner Wohnungstür in Ankara durch drei Schüsse getötet zu haben. „Noch nie in der Geschichte der türkischen Republik war die Gefahr religiös reaktionärer Massenbewegungen so akut wie heute. Die Scharia [das islamische Recht] bedeutet das Ende der Meinungsfreiheit in der Türkei", hatte Aksoy wenige Tage vor seinem Tod geschrieben. In einem Bekenneranruf hieß es, Aksoy sei „wegen seiner Feindschaft zur islamischen Bekleidungsordnung bestraft worden.“ Mit dem Mord begann eine Serie von Drohungen und Anschlägen, denen im März der Journalist Çetin Emeç, im September der Schriftsteller Turan Dursun und im Oktober 1990 die 71jährige Sozialdemokratin Prof. Bahriye Üçok zum Opfer fielen. Die ehemalige Senatorin und Dekanin der theologischen Fakultät Ankara hatte sich noch am 4. Oktober gegen einen Gesetzentwurf ausgesprochen, der das Tragen einer Haarbedeckung für Studentinnen vorsah. Wenige Tage später erlag sie in der Universitätsklinik Verletzungen, die ihr durch die Explosion einer Paketbombe zugefügt worden waren. Prof. Üçok war in diesem Jahr bereits das elfte Opfer religiös-politisch motivierter Mordanschläge in der Türkei. [13] Auch zu diesem Mord bekannte sich eine „Organisation Islamische Bewegung“. Ob zwischen solchen Gruppen und der Gründung einer „Islamischen Bewegung“ in der Bundesrepublik ein Zusammenhang besteht, muß hier dennoch offen bleiben.

Muslimische Vereinigungen in der Bundesrepublik

In der Bundesrepublik Deutschland leben 1,9 Mio. Muslime. Davon stammt eine Mehrheit von 1,4 Mio. aus der Türkei (130.000 kommen aus arabischen Ländern und 100.000 aus Jugoslawien). Am 31. Juli 1987 wurden 894 Moscheen und islamische Gebetsstätten in der Bundesrepublik und Berlin-West gezählt. Dieser Statistik zufolge war der größte Zusammenschluß der im November 1986 gegründete *Islamrat für die Bundesrepublik* mit 380 Gemeinden. [14] Im Gegensatz zu den fundamentalistischen Organisationen plädierte der Islamrat *für* eine Integration der Moslems in die deutsche Gesellschaft. [15]
Fundamentalistische türkische Muslime werden in der BRD durch die bereits erwähnte *Avrupa Millî Görüs Teskilatlari* (AMGT, Vereinigung der neuen Weltsicht in Europa e.V.) vertreten, die ihren Sitz in Köln hat. Sie ist auch kurz als *Millî Görüs* bzw. *Nationale Sicht*

geläufig. Die AMGT kann als Sammelbecken der in der Türkei verbotenen *Nationalen Heilspartei* (MSP) bzw. ihrer Nachfolgeorganisation *Wohlfahrtspartei* (RP) angesehen werden. Die MSP soll in der Türkei übrigens nicht nur von Chemalettin Kaplan unterstützt worden sein, sondern früher auch von Turgut Özal, dem jetzigen Regierungschef. [16]
In München, Aachen und Köln ist die AMGT identisch mit dem Islamischen Zentrum der internationalen Moslembruderschaft.
Ein Motto der AMGT und gleichzeitig Eid der *Moslembruderschaft* lautet: „Unser Ziel ist Allah, der Prophet ist unser Führer, der Koran ist unser (Grund)Gesetz, der Dschihad ist unser Weg. Auf diesem Weg zu sterben ist unser größter Wunsch." [17] Die AMGT bezeichnete in ihren Publikationen die laizistische Türkei und die Bundesrepublik als „Sumpf des Unglaubens", als „Land des Unglaubens" und „des Krieges". Sie rief daher immer wieder zum Kampf gegen diese „illegalen Regime", „diese Lande des Unglaubens, voller Niedertracht, Hurerei und Schmutz" auf. „Der Europäer ist ein Atheist und Götzenanbeter, ein Wucherer, Kapitalist, Sozialist, Zionist, Kommunist und Imperialist, ständig brünstig und besoffen, ehebrecherisch und materialistisch. Er hat sich dem Teufel verschrieben." [18]
Der Verfassungsschutz stuft die AMGT als „extremistisch" ein und berichtet seit Jahren über diese und andere fundamentalistische Gruppierungen in der BRD. Sowohl die AMGT als auch die *Islamischen Kulturzentren* verzeichneten zwischen 1981 und 1985 einen starken Mitgliederzuwachs. Die Zahl der Mitglieder Islamischer Kulturzentren stieg von 12.000 auf 18.000, die Zahl der AMGT-Mitglieder von 3.000 auf 19.600. Der Verfassungsschutzbericht 1989 geht jedoch nur noch von 15.700 türkischen Anhängern eines islamischen Fundamentalismus in der BRD aus (mit eher abnehmender Tendenz). Die AMGT selbst gibt dagegen ihre Mitgliederstärke sogar mit 50.000–60.000 an. Karl Binswanger, Mitarbeiter des *Instituts für Geschichte und Kultur des nahen Orients* in München, kam zu dem Schluß, die AMGT sei „der größte islamische Dachverband der Bundesrepublik". [19]
Während die islamisch orientierten Organisationen in den letzten Jahren erheblichen Zuwachs an Mitgliedern bekamen, verloren im gleichen Zeitraum türkisch-nationalistische Organisationen an Bedeutung. Die Mitgliederstärke der sogenannten „Idealisten" bzw. „Grauen Wölfe" (ADÜTDF) sank von 23.000 auf 6.450 ab. [20]

Islamische Frauen demonstrieren gegen den sogenannten Kopftuch-Erlaß der türkischen Regierung, mit dem Studentinnen türkischer Universitäten verboten werden sollte, sich „islamisch zu verhüllen“ (Bonn-Bad-Godesberg, 14. Februar 1987).

Das *Islamische Zentrum* in München, das mit der *Moslembruderschaft* und der AMGT in Verbindung steht, betonte in einem Bericht vom 2. Juni 1987, „sie (die Moslems) hätten allen Grund, selbstbewußt als ‚Gläubige des reinen und ethischen Monotheismus' aufzutreten, die einem ‚desorientierten Volk' den Weg zur Wahrheit zeigen könnten. Wer sich der deutschen Gesellschaft anpasse, von dem werde auch verlangt, daß er sich immer weiter anpasse, ‚bis er sich selbst verloren hat'. Der Islam erhebe den Anspruch, die ‚Religion und politische Ordnungsmacht für die gesamte Menschheit zu sein und im Verlauf der künftigen Geschichte auch real zu werden'." [21]

Als Gegenpol zu den fundamentalistischen Vereinen und den von den Moscheen angebotenen, als rechtsradikal und fanatisch geltenden Korankursen, gründete das staatliche Religionsamt Ankara über das türkische Generalkonsulat in Bonn die *Türkisch-Islamische Union der Anstalt für Religion*, kurz DITIB, mit 520 Ortsvereinen. [22]

Die DITIB ist in jüngster Zeit vor allem in Berlin ins Gerede gekommen. Zusätzlich zum muttersprachlichen türkischen Unterricht darf sie zwei Stunden wöchentlich islamischen Religionsunterricht an Berliner Schulen erteilen. Dafür hatte der Berliner Senat 1986 dem türkischen Generalkonsulat 11.630 DM gezahlt. [23]

Mittlerweile kritisierte die *Gewerkschaft für Erziehung und Wissenschaft* die von der DITIB verwendeten Schulbücher scharf. Sie „vermittelten, undemokratische, nationalchauvinistische', kriegsverherrlichende und dem friedlichen Zusammenleben von Menschen unterschiedlicher ethnischer, kultureller und religiöser Herkunft zuwiderlaufende Inhalte". [24] Anderen Berichten zufolge sei die DITIB schon jetzt von der *Moslembruderschaft* und Mitgliedern der *Nationalen Sicht* (AMGT) unterwandert. Für eine islamisch-fundamentalistische Unterwanderung spricht wohl auch eine Untersuchung, nach der „zwischen 1980 und 1984 die amtlich in Europa eingesetzten türkischen Religionslehrer mit bis zu 1100 Dollar pro Monat aus saudischen Kassen bezahlt wurden". Ferner sollen die Saudis 50.000 Exemplare des Buches *Der Götze* (gemeint ist Atatürk) an Chemalettin Kaplan verschenkt haben. [25] Wie die AMGT warnt auch die DITIB ihre Mitglieder davor, zu enge Kontakte zu Nichtmoslems in der BRD zu schließen, stellen Binswanger/Sipahioglu in ihrem Vorwort fest. Denn Muslime befürchten häufig, in der deutschen Gesellschaft Opfer von

Missionsabsichten zu werden. Der Mitgliederschwund bei türkischen Nationalisten und der Zuwachs islamischer Fundamentalisten in den letzten Jahren sowie der rasche Erfolg beim Aufbau der DITIB lassen sich nach Binswanger/Sipahioglu dahingehend interpretieren, daß der Islam als Faktor der Identitätssuche und Selbstorganisation von Muslimen in der Bundesrepublik an Bedeutung gewinnt. [26]
Iranische Organisationen spielen in der Bundesrepublik eine untergeordnete Rolle. Die *Union islamischer Studentenvereine in Europa* (UISA) vertritt als einzige die Ziele der Islamischen Republik Iran. Am Tag nach Khomeinis Tod führte sie im *Islamischen Zentrum Hamburg* eine Veranstaltung durch, an der etwa 400 Personen teilnahmen. Vor dem Gebäude kam es zu Auseinandersetzungen mit Khomeini-Gegnern, bei denen mehrere Personen durch Messerstiche und Schläge mit Latten verletzt wurden. [27] Leiter der Moslembruderschaft in Hamburg soll Mitte der 60er Jahre der Khomeini-Schüler Ayatollah Beheschti gewesen sein, der spätere Führer des Revolutionsrates in Teheran.

Viele der bisher erwähnten Punkte verdienten eine eingehendere Behandlung. Sie sollen hier jedoch nur das Spannungsfeld zeigen, in dem Biographie und Hagiographie Khomeinis diskutiert werden müssen. Zusammenfassend läßt sich sagen, daß die islamische Ideologie Khomeinis nicht nur die Politik im Iran bestimmte, sondern auch auf andere islamische Länder, ja bis nach Europa Wirkung zeigt. Islamische Gruppierungen bilden in Europa eine „latente Masse“, die in Krisensituationen mobilisiert werden kann, wie die Auseinandersetzungen um den Roman von Salman Rushdie deutlich machten. Der islamische Fundamentalismus ist auch bei uns, wo sich ein Nachahmer Khomeinis in Chemalettin Kaplan bereits gefunden hat, Thema und brisanter Konfliktstoff. Dabei scheint die Kluft zwischen Moslems in der europäischen Diaspora und ihrer Umgebung nicht ohne weiteres überbrückbar. Die Erfahrung der europäischen Aufklärung, die Diskussion als Mittel der Konfliktbewältigung, der Pluralismus der modernen Gesellschaft – all dies erweist sich gegenüber der Selbstgewißheit des Fundamentalismus als wirkungslos. Die Reaktionen auf die Bilder und Informationen aus dem Iran, die uns bruchstückhaft über die Medien erreichen, scheinen heute zwischen ethnozentristischer Ablehnung und Ratlosigkeit zu schwanken.

Deutschsprachige Veröffentlichungen über den „Islamischen Gottesstaat“

Unter dem Publikationsdruck des aktuellen Geschehens im Iran erschien seit 1979 eine große Zahl von Artikeln, Heften, Informationsbroschüren und auch eine Reihe von Büchern über die islamische Revolution und Ayatollah Khomeini (Konzelmann, Nußbaumer, Quitter, Rinser, Schröder, Stein, Tilgner u. a.). „Medien und Orient-Wissenschaften reagierten wie unter einem Schock, in dem eine wahre Lawine ‚revolutionskundlicher‘ Publizistik in kürzester Zeit ins Rollen gebracht wurde.“ [28]

Die Übersetzung des Buches von Fred Halliday wurde zwar ebenfalls 1979 auf deutsch publiziert, war jedoch schon Ende 1978 abgeschlossen und fällt insofern aus dem Rahmen. Sein Buch wurde lediglich in der deutschen Ausgabe um ein Vorwort zur „iranischen Revolution“ erweitert und um Passagen in der Schlußbetrachtung des englischen Originals gekürzt. [29] Hallidays *Analyse einer Gesellschaft im Entwicklungskrieg* – so der Untertitel des Buches – ist insofern bemerkenswert, als sie eine gründliche Untersuchung der iranischen Gesellschaft unmittelbar vor dem Sturz des Schahs lieferte.
Die deutschsprachigen Veröffentlichungen des Jahres 1979 beschäftigten sich in erster Linie mit dem Verlauf der islamischen Revolution und dem Beginn der Islamischen Republik. Im Gegensatz zu manchen Titeln, die umfassende Darstellungen und Analysen der Ereignisse im Iran erwarten lassen, sind die Bücher eher Materialsammlungen, Dokumentationen, Interviews mit führenden Vertretern der Opposition, enthalten einzelne Aufsätze und bearbeiten eher Teilaspekte des Geschehens.
Unter den Verfassern finden sich viele Journalisten. Sie bemühen sich einerseits um Verständnis für die „Revolution“ und ihren religiösen Charakter, versuchen andererseits, der offiziellen Berichterstattung entgegenzuwirken. Nicht zuletzt schien der Sturz des Schahs und die islamische Revolution auch den Studentenunruhen 1967/68 in der Bundesrepublik, die durch den Besuch des Schahs ausgelöst worden waren, eine nachträgliche Bestätigung zu geben. Fundierte Analysen

der revolutionären Vorgänge konnte man von der deutschsprachigen Literatur des Jahres 1979 noch nicht erwarten. Das wird unter anderem an Versuchen deutlich, den Anschein einer *sozialistischen* oder zumindest *sozialen* Revolution aufrecht zu erhalten, die zu diesem Zeitpunkt bereits gescheitert war. Halliday hält daher fest: „In jedem Fall aber stellen die Ereignisse zu Beginn des Jahres 1979 eine *politische* Revolution dar, d. h. die gewaltsame Übertragung der politischen Macht von einem Sektor der herrschenden Klasse auf einen anderen." [30]

Andere Veröffentlichungen verlieren sich in ausführlichen Darstellungen der iranischen Geschichte des Mittelalters oder in Definitionen des islamischen Rechtssystems. Wolfgang Freund spricht in diesem Zusammenhang von einer „spezifischen ‚islamkundlichen' Revolutionsliteratur". [31] Interessant sind die Arbeitshefte, die anläßlich eines Workshops *History and Politics of Religious Movements in Iran* 1980/81 am Berliner *Institut für vergleichende Sozialforschung* in deutscher und englischer Sprache entstanden. Sie erschienen später als *Jahrbuch zur Geschichte und Gesellschaft des mittleren Orients.*
In den folgenden Jahren veröffentlichten mehrere Politiker, die in unterschiedlicher Weise an den Geschicken des Schah-Regimes und der Islamischen Republik beteiligt waren, ihre Memoiren und ihre Sicht des Geschehens auf englisch und französich bzw. persisch (Bakhtiyar 1983; Banisadr 1982; Bazargan 1982 und 1984; Brzezinski 1983; Carter 1982; Huyser 1981; Pahlawi 1980 und 1982; Sullivan 1981; Vance 1983; Yazdi 1984).
Bücher, die nach der ersten Publikationswelle in deutscher Sprache erschienen, sind zum Teil Übersetzungen, verarbeiten die islamische Revolution aus zeitlichem Abstand und setzen sich in erster Linie mit dem islamischen Staatsystem, der Rolle der Mullahs im Iran und dem Golfkrieg auseinander (Ebert/Henner/Müller 1987; Fabry 1983; Funk 1985; Gholamasad 1985; Laffin 1980; Mahrad 1983; Malanowski/Stern 1987; Mottahedeh 1982; Nirumand 1985 und 1987; Richard 1983; Scholl-Latour 1983; Taheri 1985 und 1987; Tellenbach 1985; Tibi 1987; Wright 1985 u. a.).
Mehrere Broschüren wurden von iranischen Gruppierungen in der BRD geschrieben, in denen für Khomeini geworben wird. Darunter – noch während des Umsturzes im Iran von der *United Islamic Students*

Association veröffentlicht – *Verschiedene Interviews mit Imam Khomeini, Führer der islamischen Bewegung im Iran* (Januar 1979).
Auch in den Zeitschriften *Freunde der Islamischen Revolution*, *Stimme und Bild der Islamischen Republik Iran* oder *Iran Echo* (herausgegeben von der Botschaft der Islamischen Republik Iran in Bonn) wurden Reden oder Interviews Khomeinis auf deutsch veröffentlicht. Ulrich Tilgner dokumentierte in seinem Buch 1979 ebenfalls einige ältere Reden des Ayatollah. *Auszüge aus drei Hauptwerken des Ayatollah* erschienen dann 1980 als *Playboy Report* im Moewig Verlag. Mehrere Reden Khomeinis sind dem Buch von Schreiner/Becker/Freund von 1982 zu entnehmen – um nur einige der vielen Stellen zu erwähnen, wo Reden und die sogenannten „Botschaften" Ayatollah Khomeinis in deutscher Übersetzung zu finden sind.
Hervorheben möchten wir in diesem Zusammenhang Khomeinis Buch *Der Islamische Staat*, 1983 in Berlin-West erschienen (188 S.). Es wurde jedoch in der DDR übersetzt und gedruckt; das Copyright liegt beim Union-Verlag in Berlin-Ost. Die Übersetzung aus dem Persischen von Nader Hassan und Ilse Itscherenska, beide Mitarbeiter der *Akademie der Wissenschaften* der DDR, ist mit einem „neutral" gehaltenen Vorwort versehen: „‚Der islamische Staat' ist eine Sammlung der Vorlesungen, die Ayatollah Khomeini im Januar und Februar 1970 in seinem Exil in Nadschaf (Irak) vor Theologiestudenten gehalten hat. Als die Schrift des Ayatollah erschien, nahm die breite Öffentlichkeit kaum von ihr Notiz. Niemand dachte im entferntesten daran, daß die Auffassungen des Verfassers eines Tages auch nur teilweise realisiert werden könnten." [32] Das Buch, das im Vorwort als „Hauptwerk" Khomeinis bezeichnet wird und damit erstmals als vollständige Übersetzung vorlag, war 1979 bereits im amerikanischen Verlag Manor Books erschienen. Die amerikanische Übersetzung – auf dem Titelblatt als ‚offizielle Übersetzung der US-Regierung' ausgewiesen – erscheint im Vergleich zur DDR-Ausgabe geglättet und grob vereinfacht. Sie kommt, obwohl mit einem längerem Vor- und Nachwort versehen und trotz ihres großzügigeren Layouts, auf bloße 154 Seiten. Ihr propagandistischer Titel: *Ayatollah Khomeini's Mein Kampf.*
„Like Adolph Hitler in another time, Ayatollah Ruhollah Khomeini is a tyrant, a hater, a baiter, a threat to world order and peace. The principal difference between the author of Mein Kampf and the compiler of the

vapid Islamic Government is that one was an atheist while the other pretends to be a man of God," beginnt George Carpozi, Reporter der *New York Post*, seine „Analyse", in der er auch auf ein psychologisches Profil des Ayatollahs vom CIA zurückgreift. Darin wird als Ursache für den Haß Khomeinis ein Trauma in seiner Biographie, der Tod seines Sohnes Mustafa, gleich mitgeliefert: „After Khomeini's son died, the gentleness went out of him. He is motivated by revenge..." [33]
Im gleichen Jahr erschien auch die Übersetzung ins Französische von M. Kotobi und B. Simon: *Pour un gouvernement islamique*. Ihr folgte 1981 eine weitere Übersetzung in den USA von Hamid Algar: *Islam and Revolution. Writings and Declarations of Imam Khomeini*. Ihnen liegen jeweils persische Ausgaben zugrunde. Es existieren jedoch mehrere Versionen des Textes in persischer und arabischer Sprache, die auf Mitschriften von Schülern Khomeinis zurückgehen. Die Frage, ob Khomeini seine Vorlesungen 1979 in persischer oder/und arabischer Sprache gehalten hat, ist indes nicht eindeutig beantwortet. Eine von Khomeini autorisierte Fassung scheint nicht vorzuliegen. [34]

Nach dem Tod Khomeinis erschienen einige überarbeitete Neuauflagen, z. B. *Islam, Die Macht des Glaubens* von John Laffin (1989). Das Buch ist eine erweiterte Fassung der Erstausgabe von 1980, deren englische Originalfassung *Dagger of Islam* bereits 1979 veröffentlicht wurde. Offensichtlich schien den Herausgebern eine Neuauflage durch die „Rushdie-Affäre" gerechtfertigt, auf die das Buch in einem besonderen Kapitel eingeht. Der Krieg zwischen Iran und Irak wird dagegen nicht behandelt; der Tod Khomeinis nur in einem Schlußsatz erwähnt. Hervorzuheben sind schließlich einige wissenschaftliche Arbeiten, etwa die Dissertation von M. A. Khatib-Semnani (1981) oder die Habilitationsschrift von Dawud Gholamasad (1985). Mehrere kleine Bibliographien listen die zahlreichen Publikationen zur Islamischen Revolution im Iran auf. Zu nennen ist hier z. B. der *Index Islamicus* 1976–1980 von J. D. Pearson und Wolfgang Behn. Asaf Hussain führt in seiner ebenfalls 1983 erschienen Bibliographie allein 438 Titel zur islamischen Bewegung im Iran auf. Diesem Abschnitt der kommentierten Bibliographie ist ein zusammenfassender Aufsatz vorangestellt, der auch eine kurze Darstellung von Ideologie und öffentlichem Wirken Ayatollah Khomeinis enthält.

Biographien über Khomeini

Eine der ersten Kurzbiographien Khomeinis schrieb Karl-Heinrich Göbel in der Zeitschrift des *Deutschen Orient-Instituts*, *Orient* 4/1978. Unter den Büchern der ersten Publikationsphase ist jedoch lediglich Nußbaumers *Khomeini – Revolutionär in Allahs Namen* eine Biographie im eigentlichen Sinne. Heinz Nußbaumer schrieb für die Wiener Tageszeitung *Kurier* eine Serie über Khomeini, die Grundlage seines Buches wurde und sich unter anderem auf die Korrespondenten Brigitte Fuchs (Athen) und Thomas Fuhrmann (Paris/Teheran) stützt. Sein Buch bildete eine wesentliche Grundlage für spätere biographische Skizzen. Es wird beispielsweise vom *Munzinger Archiv* [35] erwähnt, einem Nachschlagewerk, das wiederum von vielen Journalisten verwendet wurde. Auch WDR-Fernsehredakteur Fariborz Riyahi griff in seiner Biographie Khomeinis, die 1986 im Ullstein Verlag erschien, auf Nußbaumer zurück.
In Teheran wurde zum 1. April 1979, „dem Tag der Verkündung der Islamischen Republik in Iran", auch vom *Islamischen Führungsministerium* eine kleine Biographie Khomeinis veröffentlicht, die um 1982 ebenfalls in Teheran in deutscher Übersetzung herausgegeben wurde.

Umfangreicher sind die Biographien *Khomeini und die Islamische Revolution* von Amir Taheri (1985) und *Mit Gott für die Macht, Eine politische Biographie des Ayatollah Khomeini* von Bahman Nirumand und Keywan Daddjou (1987). Vor allem die letzten beiden bilden die Grundlage für diese Arbeit.
Ebenfalls als „politische Biographie" ist die Skizze von Farhang Rajaee gekennzeichnet, die in seinem Buch *Islamic Values and World View, Khomeini on Man, the State and International Politics* (1983) enthalten ist. Es ist bemerkenswert, weil in ihm der Versuch unternommen wird, Khomeinis „Weltanschauung" systematisch nachzuzeichnen: „This inquiry is intended to provide a systematic treatment of that world view, its origins and background. What sets this work apart from others which have been written on Khomeini is that it treats his work in their totality." [36] Das Buch enthält eine Auswahlbibliographie von Khomeinis Schriften, die insgesamt etwa 40 Titel umfassen sollen. In seinem

Kapitel *The Life of an Alim: A Political Biography of Khomeini* verwendet Rajaee ausdrücklich auch iranische Darstellungen. Erwähnenswert ist ferner die Dissertation von Karl-Heinrich Göbel, *Moderne Schiitische Politik und Staatsidee* (1984), die eine Fülle biographischer Angaben zu Khomeini enthält. Wie Rajaee geht es Göbel um eine differenzierte Darstellung politischer Leitideen; der Autor stellt eine Auswahlbibliographie von Arbeiten Khomeinis zusammen und stützt sich ebenfalls auf persischsprachige Biographien.

Iranische Biographien und Sekundärliteratur sind als Quellen jedoch nicht unumstritten. „Nach der Revolution kamen zwar im Iran einige Bücher über den Revolutionsführer heraus, die meisten sind aber Lobhudeleien und für eine Biographie unbrauchbar", schrieben Nirumand/Daddjou in ihrem Vorwort. [37] Doch greifen beide Autoren – ebenso wie Rajaee, Riyahi, Taheri, Göbel – auch auf iranische Biographien zurück, die seit Mitte der 70er Jahre veröffentlicht wurden. [38]
Nach dem Tod Khomeinis erschien 1989 *Ayatollah Khomeini – Leben, Revolution und Erbe* von ARD-Korrespondent Ulrich Encke. Das Buch geht jedoch nur am Rande auf die Biographie Khomeinis ein, behandelt dagegen allgemein die Islamische Republik im Iran. Es bringt keine neuen Aspekte für eine Biographie, sondern fällt hinter frühere Veröffentlichungen zurück.
Von uns wurden ferner mehrere Kurzbiographien, beispielsweise verschiedene Jahrgänge des *Munzinger Archivs* oder der Aufsatz von Arnold Hottinger in *Meyers großem Lexikon*, sowie eine Anzahl von Zeitungsartikeln herangezogen.

Kaum eine der hier erwähnten Biographien kann als kritische Biographie gelesen werden. Zwar reflektieren Nirumand/Daddjou einige Legenden um die Person Khomeinis und die teils widersprüchliche Datierung, doch gleiten auch diese beiden Autoren in blumige Erzählungen ab, vor allem an Stellen, wo biographisches Quellenmaterial zu fehlen scheint.
Seitenlange Passagen des Buches sind aus dem bereits 1985 erschienenen Taschenbuch Bahman Nirumands *Iran – Hinter den Gittern verdorren die Blumen* und zwei 1987 veröffentlichten Aufsätzen wörtlich übernommen.

Es gäbe mehrere Möglichkeiten, sich der Thematik Islamische Revolution zu nähern. Hier soll vor allem der Rolle Khomeinis nachgegangen werden. Voraussetzung dafür wäre eine kritische Biographie, die jedoch noch nicht vorliegt. So wird in dieser Arbeit die Literatur miteinander verglichen und zunächst eine biographische Skizze versucht. Gleichzeitig soll dabei auf die jeweilige Rekonstruktion der Ereignisse bzw. der einzelnen Lebensphasen eingegangen werden.

Khomeini mit Koran und grünem Banner des Islams. Der Revolutionsführer überragt zwei kritische Szenen während der Revolution: das Massaker vom Zhala-Platz in Teheran am 8. September 1978 (der „schwarze Freitag") und die Demonstration von über zwei Millionen Menschen für die Gründung einer Islamischen Republik am 10. Dezember 1978 (Revolutionsplakat).

Ayatollah Khomeini – eine biographische Skizze

Geburt

Schon die Angabe des Geburtsjahres ist in der Literatur widersprüchlich. Sayyid Ruhollah Mustafafi – so der Name Khomeinis, wie er in Geburtsurkunde und Paß vermerkt sein soll [39] – wurde am 9. April oder am 17. Mai 1900, am 28. August, am 24. September oder 9. November 1902 in der Kleinstadt Khomein nordwestlich von Isfahan geboren. Sein Geburtstag fiel mit dem Geburtstag Fatimas, der Tochter des Propheten Mohammeds, zusammen – so wird berichtet. [40] Algar gibt in einem Aufsatz aus dem Jahr 1969 das Geburtsjahr nach dem islamischen Kalender mit 1320 Q / 1902–1903 an, Göbel nannte dagegen anfangs sogar noch 1892/93 als ein mögliches Geburtsjahr. [41] Informationen über Khomeinis Familie sind ebenso unsicher. Ruhollah war das sechste Kind (von drei Töchtern und drei Söhnen) einer geistlichen Gelehrtenfamilie. [42] Nach anderer Quelle war er der dritte von drei Söhnen. [43]

Die enge Verbundenheit mit dem Islam hat in Khomeinis Familie Tradition – auch in mütterlicher Linie. Nachdem seine Familie (väterlicherseits) im 18. Jahrhundert wegen Kriegswirren den Nordosten Irans verlassen mußte, gründete sein Urgroßvater Mir Hamed Hosein Nischapuri als schiitischer Geistlicher in Kaschmir (Indien) eine kleine theologische Schule. Er soll ein Buch verfaßt haben, das nach der Revolution 1979 neu aufgelegt wurde. Sein bissiger Stil und seine aggressive Prosa, schreibt Taheri, habe in gewisser Weise den Ton

vorweggenommen, den sein Urenkel Khomeini später anschlug. Laut Taheri nannte Nischapuri sich auch *Mir Hamed Hindi* („Fürst Mohammed aus Indien").
Khomeini selbst benutzte den Namen *Hindi* später als Pseudonym für seine Gedichte. Wegen dieses Beinamens der Familie wurde von Khomeinis Gegnern behauptet, er sei kein Iraner, sondern Inder. Das ist ebenso fragwürdig wie die Behauptung Carpozis, Khomeini habe seinen Namen *Hindi* abgelegt, weil ein Bruder Khomeinis in den dreißiger Jahren wegen linker politischer Aktivitäten verhaftet worden sei. Nußbaumer weist darauf hin, daß Regierungsbeamte bei der Einführung von „Familiennamen" im Iran „einen ausländischen Namen gerade für eine Priesterfamilie des Islam" für untragbar hielten. Die Regierungsbeamten forderten, entweder einen persischen Namen zu wählen oder den Turban abzulegen. Khomeini nannte sich seit etwa 1930 nach Khomein, dem Ort, in dem er aufgewachsen war. [44] Diese Form der Namensgebung war damals üblich.
Khomeinis Namen werden häufig verschiedene Ehrentitel beigefügt, etwa *Aghā* („Meister"), *Āyatullāh al-Uzma* („Großayatollah"), *Nā^cib-ul-Imām* („Bevollmächtigter des Imams") oder *Rahbar-i inqilāb* („Revolutionsführer").

Khomeinis Großvater wurde zur theologischen Ausbildung nach Nadschaf, dem Zentrum der schiitischen Geistlichkeit im Irak, geschickt. Yann Richard schreibt dagegen, „... his grandfather had traded in Kashmir". [45]
Auch der Vater Khomeinis, Ayatollah Sayyid Mustafa Musawi, erhielt, als die Familie nach Khomein übersiedelte, eine theologische Ausbildung in Nadschaf. In Samara studierte er unter Mirsa Mohammed Hasan Schirazi (+ 1885), der zu seiner Zeit *marǧa^c-i taqlīd*, einer der höchsten schiitischen Geistlichen, war und durch seinen Protest gegen die Verleihung des Tabakmonopols durch Schah Naser-od-Din (1848–1896) an einen Engländer 1891 bekannt wurde. Diese Proteste gegen das Tabakmonopol mündeten in die *Konstitutionelle Revolution* von 1906; Schirazi gilt laut Göbel als ein Vorläufer Khomeinis. [46]
Der Vater war in Khomein *muǧtahid*, ein zur selbständigen Rechtserkenntnis fähiger Gelehrter (Göbel). Doch Khomeini lernte seinen Vater nicht mehr kennen. Dieser wurde ermordet, als Khomeini wenige

Monate alt war (die Angaben schwanken zwischen drei und neun Monaten). Der gewaltsame Tod des Vaters war Anlaß für vielerlei Legenden, die mehr oder weniger politisch gefärbt sind.
Sie reichen vom Mord während eines Raubüberfalls durch Banditen [47] über die Ermordung durch zwei Grundbesitzer im Streit um den Ernteanteil [48] bis hin zur Behauptung, Khomeinis Vater sei durch zwei Agenten des Schahs ermordet worden, weil er politischen Widerstand geleistet habe. [49]
„Einige Biographen schreiben sogar, Mustafas Ermordung sei von den Briten geplant worden, die ‚ihren Lakaien auf den persischen Thron' gebracht hätten. Diese Darstellungen sind vollkommen unzutreffend und dienen lediglich dem Zweck, einen Mythos zu begründen, nach dem zwischen der Familie Khomeinis und der Pahlawi-Dynastie eine tiefverwurzelte Feindschaft besteht", schreibt dazu Amir Taheri. [50]
Tatsächlich kam Reza Khan erst 1921 durch einen Staatsstreich an die Macht, rund zwanzig Jahre nach dem Tod von Sayyid Mustafa Musawi. Und erst 1925 wurde Reza Khan zum *Schah-in-schah* erklärt und nahm den Beinamen *Pahlawi* an.
Nach einer weiteren Version verlor Khomeinis Vater sein Leben im gemeinsamen Kampf schiitischer Geistlicher und Liberaler gegen den Kadschare Schah für die (bis 1979 geltende) Verfassung von 1906. Die politisch-propagandistischen Versionen sollen erst während der Revolution 1979 entstanden sein und in offizielle Biographien Khomeinis Eingang gefunden haben. [51]
„Sein Vater wurde bekannt durch den Protest gegen die Verleihung des Tabakmonopols an einen Engländer 1891. 1903 fiel er einem politisch motivierten Überfall zum Opfer," schrieb das *Munzinger Archiv* noch 1980, deutet dagegen später keine genaueren Zusammenhänge mehr an und spricht nur noch „von einem wohl politisch motivierten Überfall". [52] George Carpozi erzählt indes, der Vater sei vom Bürgermeister des Dorfes bei einer persönlichen Auseindersetzung über den Vater des späteren Schah Reza Pahlawi getötet worden. [53]
Fariborz Riyahi bemerkt, die Täter seien „später hingerichtet" worden, während Taheri schreibt, „die beiden Mörder seines Vaters" hätten in der Stadt Arak „vor Gericht gestanden – und waren straffrei ausgegangen. Oft hatte er [Khomeini] seine Mutter über dieses Zerrbild eines Prozesses klagen hören." [54]

Nußbaumer und Rinser bezeichnen den Vater als „Wanderprediger". Dieser sei von Dorf zu Dorf gezogen und habe „vor den gequälten, bettelarmen und rechtlosen Bauern ... gegen Persiens Großgrundbesitzer, die alles Leben in den Dörfern und Städten schikanierten", gewettert. Aus seinen Worten, so Nußbaumer, schien „viel vom Geist Mahatma Ghandis zu sprechen." Tatsächlich lebte Ghandi jedoch bis 1914 in England bzw. Afrika und gewann erst ab 1915 mit der Errichtung seines Aschrams in Ahmedabad (Bundesstaat Gujarat) einige Popularität. Zu diesem Zeitpunkt war Khomeinis Vater schon 13 Jahre lang tot. In der überarbeiteten 2. Auflage des Buches wurde dies korrigiert und nur noch vom „Geist Indiens" gesprochen, „der später auch Mahatma Gandhi beflügelte". [55] Nußbaumer weiß ferner zu berichten, daß der Vater von Bauern mit „Holzprügeln und Ackergeräten" zu Tode geschlagen wurde. „Und sie mußten den wehrlosen Wanderer nicht lange traktieren, er war ja fast ein Greis" – ein Greis, dessen jüngster Sohn Ruhollah jedoch „noch in den Windeln" lag! [56] Dagegen betont Taheri: „Die bloße Tatsache, daß sein [Khomeinis] Vater starb, hätte schon genügt, um Ruhollah als ein Kind erscheinen zu lassen, dessen Blick man besser aus dem Weg ging. Daß sein Vater aber noch so jung [!] war und eines gewaltsamen Todes starb, machte die Sache noch schlimmer." [57] Nur Seiten vorher bemerkte Taheri, daß „seine junge Frau, die damals gerade 17 Jahre alt war, schon wieder schwanger" gewesen sei, als Ruhollahs Vater starb. Abgesehen davon, daß Ruhollah nach dieser Darstellung nicht der jüngste, sondern zweitjüngste Sohn gewesen ist, hätte seine Mutter mit knapp 17 Jahren bereits ihr siebtes Kind zur Welt gebracht. Denn nach Taheri wurden zuerst der älteste Bruder Mortaza, dann die Schwestern Gohar as-Sadat und Fakhr as-Sadat, darauf zwei Brüder, welche beide kein Jahr alt wurden, und schließlich Ruhollah und sein jüngerer Bruder geboren. [58] Rechnet man allerdings Taheris eigene Angaben über Alter bei der Heirat und Datum der Hochzeit nach, so ergibt sich, daß Khomeinis Mutter bei der Geburt Ruhollahs nicht 17, sondern mindestens 22 bzw. 24 Jahre alt gewesen sein muß, während sein Vater 31 bzw. 33 Jahre alt war. Den ältesten Sohn hätte sie demnach im Alter von zwölf oder 13 Jahren geboren. Das *Islamische Führungsministerium der Islamischen Republik* schreibt sogar, Khomeinis Vater sei im Alter von 42 Jahren ermordet worden. [59]

Die dichte Folge von der Geburt Khomeinis auf den Tod des Familienoberhauptes führte dazu, daß seine Geburt als böses Omen betrachtet wurde. „Frauen trafen sich auf dem lehmbedeckten Flachdach seines Elternhauses, um über das Unglückskind zu tratschen. Immer wieder gingen sie in allen Einzelheiten den Tod Mustafas durch und betonten, daß der Ermordete durch sechs Stiche getötet worden sei – je einen für einen Monat in Ruhollahs jungem Leben", erzählt Taheri. [60] Dieser Darstellung folgen auch Nirumand und Daddjou. Die Mutter, deren Name mit Banu Hadschar Saqafi Musawi und an anderer Stelle mit Sadiqeh angegeben wird [61], gab Ruhollah in Panik zu einer Tante (ihr Name wird mit Roqiya und an anderer Stelle mit Banu Sahiba angegeben, einer Schwester von Khomeinis Vater). Er soll bei ihr in relativer Einsamkeit aufgewachsen sein. [62] Taheri erzählt weiter, daß die Mutter das „ungeliebte Waisenkind" nach der Geburt des dritten Sohnes immer seltener besuchte. Eine echte Mutter-Sohn-Beziehung habe zwischen beiden nie bestanden. [63]
Nach anderen Quellen zog Khomeini jedoch erst *nach dem Tod* seiner Mutter zur Tante. Nußbaumer beschreibt dies so: „Während die älteren Söhne bereits das Haus verlassen, bleibt der junge Ruhollah Musawi Khomeini unter der Obhut seiner Mutter, die selbst einen bekannten Theologen, Mirsa Ahmad, zum Vater hatte. Nach ihrem Tod lebt Ruhollah bei einer energischen und gottesfürchtigen Tante, die in ihm endgültig die Sehnsucht nach einem Leben für Allah weckt." [64] Mit geringfügigen Abweichungen, offensichtlich der gleichen Quelle entnommen, liest sich dies bei Riyahi so: „Die energische Mutter und die gottesfürchtige Tante weckten in ihm wohl die endgültige Sehnsucht nach einem Leben für die Religion." Abweichend stirbt hier jedoch die Tante noch vor der Mutter. [65]

Die angeführten Widersprüche lassen erahnen, daß die Darstellungen nicht die biographischen Umstände der Geburt wiedergeben, sondern eher auf eine mythische Herkunft des späteren Imam Khomeini verweisen. Die historischen und biographischen Spuren verblassen vor der religiösen Größe und dem Schrecken der Revolution, den er verbreitete. Datierung und Aufbau der Erzählung folgen der inneren Logik einer Legende, die seiner Kindheit etwas Außergewöhnliches oder zumindest Traumatisches verleihen will. Einzelne Elemente der Erzählung

werden dabei positiv oder negativ gedeutet und hervorgehoben. Negativ gedeutete Elemente ließen sich etwa folgendermaßen zusammenfassen:
Schon die Geburt Khomeinis war *bad-qadam*, „unheilverkündend", denn sechs Monate später wurde sein Vater mit sechs Messerstichen von Banditen ermordet. Damit wird Ruhollah indirekt zum Schuldigen am Tod des Vaters. Er wächst vaterlos und einsam auf. Auch seine Mutter kann nicht mehr zu ihm stehen und gibt das Kind weg. Seine Tante (seine Stiefmutter) gilt als sehr streng. Der Name *Ruhollah*, der in der persichen Literatur nur Jesus als Prophet zukommt, ist anmaßend und eine Gotteslästerung. Das Haus ist im Ort nur als *ḫāna-yi hindī*, als „Inderhaus", oder als *garāž-i hindī*, als „Indergarage" bekannt; Khomeinis Eltern sind Ausländer. Sie wohnen in einem armseligen, „formlosen Bauwerk aus Lehm und Ziegeln" in einer „jener iranischen Oasenstädte, die man oft als *āḫir-i ḫaṭṭ* (wörtlich: ‚das Ende der Reihe' [das ‚Hinterletzte']) bezeichnet. Niemand will dort gern leben, es sei denn, er hat keine andere Möglichkeit." [66]
Als Staatsmann kompensiert Khomeini seine als Kind erlittenen Stigmatisierungen, wird zum grausamen Rächer. So dichtete Piruz Khaᶜefi später die folgenden Schmähverse auf ihn:

O Khomeini! Du bist das Idol der vaterlosen Gewaltverbrecher
Du bist der Dracula unserer Zeit –
Durstiger noch nach Blut als Attila
und Dschingis Khan.
Dein Wein ist das Blut unseres Volkes,
Die Blutgerinsel erschlagener Jugendlicher
sind Henna für deinen Bart. [67]

Die einzelnen Elemente der Kindheitserzählung lassen sich jedoch auch zu einer anderen Version deuten: Schon durch seine beiden Großväter war Khomeini für eine religiöse Laufbahn vorgeprägt. Auch sein Vater und seine Mutter sind religiös. Die Familie gehört zu den *Sayyids*, das heißt, zu direkten Abkommen Mohammeds. Als *Musawi-Sayyids* führten sie sich auf den siebten Imam Musa al-Kasim (745–799) zurück. Als äußeres Zeichen trugen *Sayyids* („Herren") einen schwarzen Turban und einen grünen Schal um den Gürtel. [68]

Sein Vater, der gegen Großgrundbesitzer und gegen die Schahfamilie kämpfte, wurde von diesen ermordet (und damit quasi zum Märtyrer). Das Ansehen des Vaters wird bei dieser Deutung auf den Sohn übertragen. Nach der Islamischen Revolution wurde sein Geburtshaus in Khomein schlicht als *ḫāna-yi Aghā*, als „Haus des Meisters", bezeichnet.[69] Schon sein Name *Ruhollah* („Seele Gottes") deutete seine außergewöhnliche Rolle an. Er wächst als Waise auf, aber der Verlust der Eltern und der Tante ‚diente nur dazu, seine Willenskraft zu stärken', wie es in der Biographie vom Islamischen Führungsministerium heißt. Die frühe Verwaisung und die Einsamkeit seiner Kindheit erschienen als erste Prüfungen, die der Junge zu überstehen hatte. Seine Anhänger fanden dafür eine positive Erklärung: „Sie erinnerten sich nämlich daran, daß auch der Prophet Mohammed als Waise bei seiner Tante und seinem Onkel aufgewachsen war."[70]

In der Beschreibung der ersten Lebensphase Mohammeds deuten sich die Parallelen an. „Über das Leben des Propheten bis zu seiner Berufung ist nicht viel zu berichten", schreibt der Religionswissenschaftler Gustav Mensching. „Der Vater Abdallah starb kurz nach seiner Eheschließung mit Amina auf einer Reise nach Syrien. Als Mohammed mit sechs Jahren auch seine Mutter verlor, erzog zunächst der Großvater Abd al-Muttalib den vater- und mutterlosen Knaben. Zwei Jahre später starb aber auch der Großvater, so daß nun der Onkel Mohammeds, Abu Talib, den Knaben erzog."[71] Während über diese erste Lebensphase Mohammeds nur wenig sicher bekannt ist, ranken sich zahlreiche Legenden darum, „aus denen man das Charisma des religiösen Führers besser erkennt als aus trockenen Fakten."[72] Der Islamwissenschaftler Rudi Paret stellt daher fest: „Wir müssen uns damit zufrieden geben, daß der Koran über die ersten vierzig Jahre des Propheten so gut wie nichts aussagt, im übrigen aber versuchen, mit der nötigen Phantasie zwischen den Zeilen zu lesen." Er diskutiert Spekulationen darüber, wieweit „gewisse soziale Mißstände im zeitgenössischen Mekka den in diesem Milieu heranwachsenden, schon früh verwaisten jungen Mann bedenklich gestimmt haben, und ob er nicht gerade unter dem Eindruck einer mangelhaften Gesellschaftsordnung zu einem Grübler und schließlich zu einem Gottsucher geworden ist".[73]

Auch die ersten Lebensjahre Khomeinis, über die fast keine Daten vorliegen, wurden derartig ausgeschmückt. Offensichtlich las man in der Biographie Khomeinis ebenfalls ‚mit der nötigen Phantasie zwischen den Zeilen'. Sein Aufwachsen als Waise und seine Einsamkeit wurden als Bedingung verstanden für seine intensive religiöse Suche und seine außergewöhnliche Verbindung zu Allah. Noch zu Lebzeiten Khomeinis sagt Ayatollah Mortaza Mottahari über ihn: „Er ist ein Geschenk Gottes an unser Jahrhundert, an unser Zeitalter. Er ist die lebendige Verkörperung der Verheißung des Heiligen Koran, Allah werde stets jemanden senden, der seine Feinde zerschmettert und die Widerspenstigen zurück auf den rechten Pfad bringt ..." [74] Und in einer Hymne auf den Revolutionsführer heißt es überschwenglich:

Khomeini, oh Du unser Führer!
Oh, Du Kämpfer, oh Du Symbol der Ehre,
Der Du Dein Leben gibst für unser Ziel
Rettung der Menschheit heißt Deine Parole,
Für das Recht den Tod zu geben, ist Deine Ehre.
Du bist der Wächter des Rechts,
Der Feind des Teufels,
Der Freund des Rechts.
Deine Parole lautet: Aufstand für das Recht.
Von uns für Dich ein Salut, von uns für Dich ein Gruß:
Khomeini, oh Du unser Führer. [75]

Fast alle erwähnten Biographien Khomeinis enthalten widersprüchliche Elemente der Geburtslegende, die von einer Ambivalenz der Autoren gegenüber Khomeini zeugen. Diese Ambivalenz spiegelt etwas von dem wider, was Rudolf Otto mit den Begriffen *mysterium tremendum* und *fascinans* umschrieb, einem Schrecken und einer eigenartigen Anziehung, die von dem Heiligen auszugehen scheint. Durch die zeitliche Verknüpfung der Geburt Khomeinis mit anderen Begebenheiten in der Familie wird die Person überhöht. Die spätere Rolle eines racheübenden Revolutionärs und religiösen Propheten findet in dieser Mischung von ausschmückender Biographie und beginnender Hagiographie ihren Ausgangspunkt in den Umständen der Geburt. Hier wiederholen sich tradierte Elemente der Geburtslegenden islamischer Heiliger, Imame und Propheten. Insbesondere die frühe Verwaisung erinnert an den Propheten Mohammed.

Abulaziz Abdulhussein Sachedina untersucht in seinem 1981 veröffentlichten Buch *Islamic Messianism* die für den Schiismus typische Erwartung eines „islamischen Messias“, die Wiederkehr des im 9. Jahrhundert verschwundenen zwölften Imams, des *Imam Mahdi*. Dabei weist er auf die Überlieferung von übernatürlichen Umständen bei der Geburt der Imame hin. „In general the birth of an Imam holds a special significance in Schi'ite hagiography, because none of the historical sources has what the pious Imamite literature has preserved for us; moreover, if the historical works like that of al-Mufid ever begin to describe the supernatural events surrounding the birth of an Imam, those passages become hagiographical.“ [76]
Die ausführliche Bearbeitung der Schilderungen von Khomeinis Geburt an dieser Stelle ist – wenn auch biographisch fragwürdig und widersprüchlich – gerechtfertigt. Denn für das Verständnis einer beginnenden Hagiographie sind sie von besonderer Bedeutung. Khomeini wurde später nicht nur von vielen seiner Anhänger als der „zurückgekehrte Imam“ angesehen, in iranischen Propagandaschriften wird er schlicht als „der Imam“ bezeichnet und konnte eine allein dem *Imam Mahdi* vorbehaltene politisch-religiöse Stellung einnehmen. Zwar behauptete Khomeini von sich selbst nicht, der „verborgene Imam“ zu sein, doch haben wir es zumindest in den Augen seiner Anhänger nicht mit der Geburt eines gewöhnlichen Menschen, sondern mit der Geburt eines islamischen Revolutionärs, ja, eines Heiligen, zu tun.

Kindheit und Jugend in Khomein

Khomein liegt an einer alten Karawanenstraße auf der Strecke Boruscherd–Ghom, rund 200 km von Isfahan entfernt. Der Ort wird der Provinz Teheran und der Region Scharestan zugeordnet. Er ist Hauptdorf des Kamareh Distrikts und war Sitz der Lokalregierung. Um 1918 gab es dort drei Karawansereien und drei Bäder. Der Ort gehörte Landbesitzern. Durch einen nahen Fluß wurden die Felder künstlich bewässert, auf denen Weizen, Gerste, Opium und Baumwolle angebaut wurde. Eine wichtige Ertragsquelle des Ortes bildeten Wollweberei und Teppichherstellung. Das *Historical Gazeteer of Iran*, das für geheime britische Verwaltungszwecke um 1918 erstellt wurde, zählte in Khomein 300 Webstühle. Der Ort soll zu dieser Zeit rund 10.500 Einwohner gezählt haben. [77]

Der Ägyptologe Prof. Heinrich Brugsch – nach seiner Konvertierung zum Islam: Mohammed Brugsch-Pascha (1827–1894) – schilderte ausführlich eine Reise durch Persien, an der er als Mitglied der *Königlich Preußischen Gesandtschaft* 1860/61 teilnahm. Sie führte ihn im September auf der Straße von Arak (damals Sultanabad) nach Golpayegan durch Khomein: „Massenhafte Gebirgsstöcke und isolirt stehende Bergkegel, deren oberster Rand wie ein Hahnenkamm ausgezackt erschien, gaben das malerische Bild einer vollständigen Alpenlandschaft. Aus weiter Ferne sichtbar, am entgegengesetzten Ende des Plateau's, lag am Fuße der Gebirge und in der Nähe anderer Dörfer das heutige Menzil Khomein. Die Straße nahm immer mehr die südöstliche Richtung an und wurde einigermaßen angenehm unterbrochen durch das Vorhandensein von Dörfern, die rechter und linker Hand an unseren Blicken vorüberzogen. Sie liegen eine gute Wegstunde vor Khomein und erfreuen durch den Anblick ihrer runden und viereckigen Thürme, ihrer gezackten Mauern und ihrer hochgelegenen *Balakhanèh's*. Die Felder (darunter viele Baumwollenpflanzungen, deren Stauden kaum fußhoch waren, mit aufgesprungenen Kapseln), sehr gut angelegt und in sehr künstlicher Weise berieselt, schienen auf Ordnung und Wohlstand hinzudeuten. Die Leute säeten bereits die Wintersaat. [...]

Khomein ist eine große, am Fuß der Berge lang ausgedehnte Ortschaft mit üppigem Baumwuchs und prangenden Gartenanlagen. Ehe man in dieselbe einzieht, passirt man eine Straße, welche mit Scherben und Trümmern in reichlicher Fülle bedeckt ist. Die Einwohner haben ihre Sagen darüber und erzählen von einer alten großen Stadt (*Homayun* d. h. ‚die Königliche', wohl nur des Anklangs halber an Khomein so getauft), die mit Mann und Maus Gottes Zorn in Ruine verwandelt haben soll." Brugsch erzählt, wie die Gesandtschaft in einem offenen Gartenhaus eines persischen *Serheng* mitten in einem frucht- und blumenreichen Garten am Rande der Ortschaft Quartier bezog. Honoratioren des Ortes besuchten die Fremden und bewirteten sie reichlich mit Tee, Zuckerwerk, Weintrauben, Melonen, Pfirsichen und Granatäpfeln inmitten eines künstlich bewässerten Gartens. Am nächsten Tag besuchte die Gesandtschaft das Haus ihres Gastgebers. „Das weitere Gespräch berührte Frengistan [Deutschland], Preußen und Berlin, wobei die Frage gestellt wurde, ob Preußen die Hauptstadt von Berlin sei, und ging zuletzt auf das glückselige Iran und auf Khomein und die benachbarte Landschaft über. Wir erfuhren, daß hier im Winter der Schnee drei Monate lang fußhoch zu liegen pflege, daß es dann sehr kalt und windig sei und man deßhalb in Kaminen tüchtig heizen müsse. Das Holz komme aus dem *Kuh* d. h. dem Gebirge, wo dasselbe in großer Fülle vorhanden sei. Wenn die Erntezeit vorüber wäre, so gingen die Leute hier zu Lande auf die Holzlese aus und versorgten sich für den bevorstehenden Winter mit dem nöthigen Brenn- und Heizungsmaterial."

Brugsch erwähnt, daß sich von Isfahan ausgedehnte Siedlungen von christlichen Armeniern bis nach Khomein hinstrecken. Zu dieser Zeit, 1860, galt die nahegelegene Stadt Arak (Sultanabad) noch als „Hauptort für den Teppichmarkt" und Golpayegan war berühmt für seine Waffenschmieden. Schenkt man dem Urteil von Brugsch Glauben, der auch diese Städte besuchte, so befanden sich die genannten Handwerkszweige damals bereits im Verfall. [78]

Dieser Eindruck wird durch Taheri bestärkt, der über 100 Jahre später Khomein und auch das Geburtshaus Khomeinis beschreibt: „Dieses langsam zerbröckelnde Haus steht noch immer, besser gesagt, es lehnt sich an seine Nachbarhäuser. Das einzige Stockwerk enthält elf Räume rings um einen schmutzigen Hof, dessen Mitte ein flaches Wasserbecken einnimmt. Sogar zwei kümmerlich aussehende Bäume gibt es. [...] Es gibt nur eine ‚türkische' Toilette – ein winziges, fensterloses Gelaß mit einem Abzugsloch im Boden und wimmelnd von Ungeziefer aller Art. Im Jahre 1978 verfügte das Haus, wie andere Häuser in Khomein auch, über Elektrizität und eine Wasserleitung. [...] In seiner deprimierenden Häßlichkeit läßt dieses Haus all das Anheimelnde vermissen, das üblicherweise persischen Häusern anhaftet." [79]

Die eigentliche Darstellung von Kindheit und Jugend Khomeinis scheint in den deutschsprachigen Biographien eher eine Rekonstruktion aus dem schichtspezifisch Üblichen zu sein, durchsetzt wiederum von hagiographischen Elementen. Sie orientiert sich an nur wenigen biographisch gesicherten Daten.

Persische Schule zwischen 1873 und 1880 in Isfahan, etwa 200 km von Khomeinis Geburtsort entfernt, aufgenommen von Ernst Höltzer (1835–1911).

Gerade vier Jahre alt, schreibt Taheri, besuchte Ruhollah einen lokalen *maktab* („Ort des Schreibens"), eine Koranschule für Kinder. „Als er gerade sechs Jahre alt geworden war, konnte er schon den gesamten Koran auswendig und bewies bereits Talent als Polemiker." [80] „Schon im Alter von nur zehn Jahren hatte Ruhollah zu dichten begonnen, und als er den Entschluß gefaßt hatte nach Arak zu gehen, hatte er bereits Dutzende von *ġazals* (Sonette) und *qasīdas* (Oden) verfaßt. Die Wüste muß ihm als eine stetige Quelle der Inspiration erschienen sein." [81] Bei Nirumand/Daddjou liest sich dies ähnlich, wenn auch deutlich abgeschwächt: „Mit fünf Jahren lernte er lesen und schreiben. Unter seinen Mitschülern galt er als der begabteste. Er las viel, studierte den Koran und konnte nach wenigen Jahren viele Passagen auswendig hersagen." [82] Von Riyahi erfahren wir noch die Namen seiner Lehrer, Mirsa Mahmud Abolghassan und Hamseh Agha Mahallati. [83] Arnold Hottinger, das Munzinger Archiv und andere biographische Quellen erwähnen die Schulausbildung und Jugend kaum.

Über den Mangel an faßbaren Daten der Kindheit und Schulausbildung Khomeinis wird bei Taheri, Nirumand/Daddjou und Nußbaumer geschickt hinweggegangen, indem sie ganze Seiten mit allgemeinen Darstellungen der historischen Situation im Iran oder der üblichen Schullaufbahn und mit fragwürdigen Charakterstudien füllen.

Nußbaumer schreibt an entsprechender Stelle beispielsweise: „Schulen im westlichen Sinn sind damals in Persiens Dörfern und Städten praktisch unbekannt. Nur die Mullahs holen sich die Kinder, zumeist im Winter, wenn die Feldarbeit ruht. Es sind die Kinder der Bauern ebenso wie die der Grundherren und der Priester. Sie lernen den Koran lesen, und mit dem Buch Gottes als einzigem Lehrbehelf üben sie notdürftig das Schreiben. Vom Rechnen erfahren sie soviel, daß der Handel und eine gerechte islamische Sozialabgabe auch weiterhin gesichert sind. Der Priestersohn Ruhollah Musawi sitzt vier Jahre lang an der Seite des Mullah von Khomein." [84]

Die Kargheit der Landschaft, in der Khomeini aufwuchs, und die Armut ihrer Menschen erscheint bei Taheri und Nirumand/Daddjou romantisch überzeichnet. Die Autoren binden Khomeini in diese Landschaft ein und schaffen so ein ästhetisches Bild von ihm. Der junge Khomeini scheint Spiegel seiner Umgebung zu sein, steht in Einklang mit der Natur und mit Gott.

Sie beschreiben den Jungen als schlank, geben seinem Gesicht regelmäßige, fast feminine Züge, schildern sein Verhalten als vornehm, bescheiden und höflich. Er soll sich von Jungenstreichen ferngehalten haben und hatte keine Freunde. Mit seinem „durchdringenden Blick", seinem „ruhelosen Geist", seinen „tiefsinnigen Gedanken" antizipieren die Autoren hier bereits das spätere Charisma. Die Passagen sind so überzeichnet, daß sie ausführlich zitiert werden sollen:
„Die Khomein umgebende Landschaft, der unendlich scheinende Horizont der Wüste, die kahlen Hügel und Berge und die dort spürbare Einsamkeit, der Tod des Vaters und der Mangel an familiärer Geborgenheit formten den heranwachsenden jungen Mann zu einem melancholischen, einsamen und mystisch veranlagten Menschen. Freunde hatte er keine. Nach der Schule ging er geradewegs nach Hause, verkroch sich in sein Zimmer, wanderte allein durch die Wüste oder setzte sich im Schatten eines Baumes nieder, las den Koran oder die Gedichte von Hafis, dem großen persischen Dichter, der vielen iranischen Mystikern als Vorbild dient. [...] Seine Herkunft aus einem geistlichen Hause, seine Begabung, die ihn aus seinen Mitschülern herausragen ließ, seine vornehme Bescheidenheit und Höflichkeit, sein durchdringender Blick und zugleich seine Unnahbarkeit wirkten auf die Bewohner von Khomein beeindruckend. Selten konnte man seinen strengen Gesichtszügen ein Lächeln entlocken. [...] Aufmerksame Beobachter spürten, daß sich hinter seiner hohen Stirn tiefsinnige Gedanken formten. [...] Er wurde als ein Sonderling angesehen, geachtet, bewundert, ja, obwohl er noch so jung war, manchmal auch gefürchtet. Zu seinen Mitschülern hatte er kaum Kontakt. Keiner von ihnen, die ihn ebenfalls bewunderten und als Autorität akzeptierten, wagte eine Annäherung und den Versuch einer Freundschaft zu ihm. Von Jugendstreichen, Herumtoben, Lärmen und Spielen hielt er nicht viel, auch am Sport fand er keine Freude. Nur manchmal spielte er Fußball, wenn seine Schulkameraden ihn höflichst dazu aufforderten – und dabei gehörte er, wie er sich später selbst rühmte, nicht einmal zu den schlechtesten Spielern. [...]Nur einem einzigen öffnete er sein Herz und seine Seele ohne Einschränkung: seinem Schöpfer, dem er eine grenzenlose Liebe entgegenbrachte. All die Zuneigung, die man gewöhnlich in diesem Alter den Eltern, Geschwistern, Freunden und seiner Jugendliebe entgegenbringt, richtete sich bei ihm einzig auf Gott, dem er sich voll hinzugeben bereit war." [85]

Die Diktion dieser verklärenden Darstellung Khomeinis bei Nirumand/Daddjou lehnt sich offensichtlich an Taheri an: „Allerdings war der junge Ruhollah durchaus kein verbitterter Mensch, und es fehlte ihm auch nicht an Charme. [...] Schlank, aber nicht eben feingliedrig, wirkte er, als ob er es im Sport zu etwas bringen könnte. [...] Sein Gesicht zeigte regelmäßige, in einem gewissen Sinne fast weibliche Züge, doch das Beeindruckendste an ihm war der durchdringende Blick. Viele seiner Vertrauten schildern seine Augen als ‚unauslotbare Ozeane'. Es ist, als ob alle Hoffnungen und alle Verzweiflung seiner Jugend und all die Konflikte im Himmel und auf Erden, die seinen ruhelosen Geist beschäftigten, sich in diesen Augen spiegeln, die alles in ihren Bann schlagen." [86] „Er schien sich nur dann wohlzufühlen, wenn er in seinem hermetisch abgeschlossenen Raum allein war. So manche Stunde wanderte er in der Wüste umher und betete", schreibt Taheri, fügt aber sogleich an: „Die Schmeichler und Schönfärber, die seit seinem triumphalen Sieg seine offiziellen Biographien verfaßten, machten aus diesen Wüstenspaziergängen Begegnungen mit Engeln, die vom Himmel gesandt wurden, um dem jungen Mann Botschaften Allahs zu übermitteln." [87] Bereits Taheri erwähnte die Anekdote, die Khomeini 1979 während einer Ansprache an die Mitglieder der iranischen Fußball-Nationalmannschaft einflocht, in der er an seine eigene „kurze und wenig ruhmreiche Laufbahn" als Stürmer in der Fußballmannschaft in Khomein im Jahre 1916 erinnerte. [88] Da nur wenig über die Kindheit Khomeinis bekannt ist, bekommt dieses Detail in manchen Biographien eine eigene Bedeutung. In der *Current Biography* von 1979 heißt es knapp: „ Ruhollah attended Koranic school in his hometown and was apparently an apt student as well as an enthusiastic soccer player." Später, in seinem Pariser Exil, soll Khomeini angeblich mit einigem Interesse auch Fernsehübertragungen von Fußballspielen verfolgt haben. [89]

Auffallend sind hier Klischees, wie sie in ähnlicher Form immer wieder auftauchen, etwa die „einsame Platane", unter welcher der Junge sich ausruhte, oder die „einsamen Wüstenspaziergänge". Schützende Bäume und Engel wiesen auch auf die herausragende Bedeutung des vaterlosen, armen und noch jugendlichen (späteren Propheten) Mohammed hin.

Zum Vergleich eine Passage aus der Lebensgeschichte Mohammeds (nach Mensching): „Wieder ereigneten sich bei einer Karawanenreise, auf die Abu Talib den Zwölfjährigen mitgenommen hatte, wunderhafte Dinge. Es wird berichtet, daß eine Wolke über dem Knaben schwebte, als er in der Karawane ritt, und daß ein Baum seine Zweige über ihn senkte und ihm Schatten spendete. In diesen Wundern sah man den Hinweis auf die künftige Bedeutung Mohammeds. Mit 25 Jahren trat Mohammed in die Dienste einer reichen Kaufmannswitwe Khadidscha, die selbst 40 Jahre alt war. Sie schickte ihn mit einer Karawane nach Syrien. Als er zurückkam, sah Khadidscha, wie er von zwei Engeln beschattet wurde, als er auf seinem Maulesel ritt. Khadidscha bot ihm daraufhin ihre Hand an und sie heirateten. [...] Durch diese Heirat wurde Mohammed, der als armer, vaterloser Junge aufgewachsen war, reich und gewann eine wirtschaftlich unabhängige Stellung."[90]
Auf Wunder im Zusammenhang mit der Biographie Khomeinis werden wir später eingehen, ebenso auf die Propagandaplakate der islamischen Revolution, auf denen Khomeini mit Engeln dargestellt wird.
Der junge Ruhollah überließ sich nicht nur erhebenden Gedanken, sondern arbeitete auch körperlich. „Vielleicht dachte er bisweilen sogar an die einsame Platane am Rande des bescheidenen Städtchens, die ihm oft genug an Nachmittagen voller Hitze und Staub großzügig Schatten gespendet hatte, wenn er von der Arbeit auf den kärglichen Gerstenfeldern seines Onkels nach Hause kam. [...] Möglicherweise erinnerte sich der Ayatollah auch nur der aus Haut und Knochen bestehenden Ziegen und Schafe, die, weil es ihnen auf den ‚Weiden' an geeignetem Futter fehlte, durch die Staub erfüllten Straßen von Khomein streiften – stets auf der Suche nach irgend etwas, das sich fressen ließ, gleich, ob es weggeworfene Wassermelonenschalen, Kartonfetzen oder alte Zeitungen waren. Als er für seinen Onkel arbeitete, war Ruhollah selbst Hirt einer kleinen Schaf- und Ziegenherde gewesen, die den Hauptbestandteil des Familienbesitzes ausmachte."[91] Hier ist anzumerken, daß auch Mohammed Hirte war, bevor er als Händler in den Dienst seiner späteren Frau trat.
Die Islamkundlerin Annemarie Schimmel bemerkt in ihrer Bearbeitung der Hagiographie Mohammeds, daß sich in der arabischen Literatur schon früh ein eigenes Genre der Darstellung der „guten Eigenschaften

und körperlichen und seelischen Qualitäten" Mohammeds entwickelte; „...und im Laufe der Jahrhunderte wuchs die Literatur auf diesem Gebiete ins Ungemessene." [92] Die alten Berichte skizzieren den jungen Propheten so: „Nicht übermäßig groß und nicht klein, von leuchtender Gesichtsfarbe (– sein Gesicht wird oft dem milde leuchtenden Mond verglichen –), nicht zu weiß, nicht mit kurzem Kraushaar und nicht mit langsträhnig herabhängendem Haar, mit breiter offener Stirn und langen Wimpern, mit vollem Haupt und gewaltigem Barte." [93] Alle Berichte betonen, so die Islamkundlerin, seinen „freundlichen Ernst und heben hervor, daß er nicht viel gelacht habe. [...] Er habe jedoch ein gewinnendes Lächeln gehabt, das seine Mitmenschen immer wieder bezauberte." [94] „Er war mit der Sorge vertraut, viel in Gedanken versunken, hatte wenig Ruhe, schwieg lange und redete nicht ohne Anlaß, begann und endete seine Rede mit der Formel ‚Im Namen Gottes'." [95] Der ideal gedachte Charakter Mohammeds findet in einem ideal vorgestellten Körper seine Entsprechung: „Denn wie der Prophet der Schönste an Charakter war, so auch an Aussehen." [96] Dieses vollkommene Ideal zeichnet schon den jugendlichen Mohammed als Propheten aus. Bei der Darstellung der Jugend Khomeinis scheint die Hagiographie Mohammeds Vorbild gewesen zu sein.

Die hagiographische Überzeichnung Khomeinis – selbst in der „politischen Biographie" Nirumand/Daddjous – korrelliert mit dem Mangel an sicheren biographischen Daten. Hamid Algar betonte schon 1969: „Little is known of his early life." [97] Schon auf den ersten Seiten seines Buches beschreibt Taheri seine Schwierigkeiten bei der Recherche, mit der er bereits 1968 begonnen haben will. 1977 führte er sie im Iran und im Irak weiter, „fühlte sich dabei als eine Mischung aus Detektiv und Archäologe, der sich immer tiefer in die Schichten der Vergangenheit hineinwühlt. Khomeini, der Mullah aller Mullahs, brachte es gleichwohl fertig, nach der Lehre des Scheichs Abu Sa'id zu leben – das heißt ohne Spuren zu hinterlassen. [...] Der Ayatollah war Fragen über sein Privatleben stets ausgewichen. Er sprach äußerst ungern über persönliche Dinge." [98] Diesen Punkt heben auch Nirumand/Daddjou in ihrem Vorwort hervor: „Unsere Arbeit wurde nicht zuletzt durch den Umstand erschwert, daß es über längere Lebensabschnitte des jetzt sechsundachtzigjährigen Ayatollah glaubhafte Zeugnisse kaum gibt. Bis zu seinem sechzigsten Lebensjahr war Khomeini in der Öffentlichkeit unbekannt. Er selber hat sich über seine Kindheit und Jugend bisher nur spärlich ausgelassen. Nach der Revolution kamen zwar im Iran einige Bücher über den Revolutionsführer heraus, die meisten sind aber Lobhudeleien und für eine Biographie unbrauchbar." [99]

Taheri und Nirumand/Daddjou grenzen sich also kritisch von den offiziellen „Lobhudeleien" der „Schmeichler und Schönfärber", von einer Legendenbildung ab. Wie bereits erwähnt, greifen sie jedoch auch auf iranische Biographien zurück, insbesondere auf Ruhani und Dawani. Zwar kritisieren Nirumand/Daddjou die von Taheri zwei Jahre früher verfaßte, umfangreichere Biographie: „Taheris Angaben müssen mit Vorsicht gelesen werden. Viele Ereignisse aus Khomeinis Leben, die Taheri detailliert beschreibt, sind reine Phantasieprodukte. Verschiedene Geschehnisse, die zeitlich auseinanderliegen, bringt er willkürlich zusammen, läßt seiner Feder freien Lauf und konstruiert neue geschichtliche Tatsachen." [100] Und in vier Fußnoten weisen Nirumand/Daddjou auf einzelne Widersprüche bei Taheri hin. Man könnte daraus schließen, daß es sich bei der „politischen Biographie des Ayatollah Khomeini" um eine kritische Darstellung handelt. Tatsächlich greifen jedoch auch sie häufig auf Taheris Darstellung zurück (in der Regel ohne dies anzugeben). Die Stellen sind leicht zu identifizieren, denn in Stil und Diktion orientieren sie sich klar an Taheri. Die Autoren bemühen sich lediglich darum, seine Darstellungen abzuschwächen, was diese nicht überzeugender macht. Vielmehr fallen gerade solche Passagen aus dem Kontext ihrer Biographie heraus.

Die bisher erwähnten Widersprüche in der Datierung und die Neigung der Autoren, Lebensphasen – über die sichere Daten ganz fehlen – durch Ausschmückung zu ergänzen, sind bei den deutschsprachigen Biographien Khomeinis augenfällig. Sie suggerieren dem Leser eine Unmittelbarkeit und lassen eine größere Nähe der Autoren zu Khomeini – zumal wenn es sich um bekannte iranische Autoren handelt – erwarten als tatsächlich vorhanden war.

Gleichzeitig kann hier bereits festgestellt werden, daß die vorhandenen Widersprüche und Verzerrungen in der Biographie kein Problem deutschsprachiger Autoren allein sind. Vielmehr muß davon ausgegangen werden, daß von iranischen Biographien und Sekundärliteratur über Khomeini zur Zeit kaum eine Klärung zu erwarten ist.

Theologische Ausbildung in Arak

Mit rund 15 bzw. 17 Jahren schloß Khomeini die Schule ab. Etwa zur gleichen Zeit starben seine Mutter und seine Tante. Khomeini setzte seine Ausbildung – so die Version einiger Autoren – bei seinem älteren Bruder Mortaza Pasandida fort. Nußbaumer schreibt, daß Mortaza „später ein berühmter islamischer Theologe in Ghom" wurde [101] und Richard nennt ihn sogar „Ayatollah Pasandida". [102] Dagegen Taheri: „Doch Mortaza trieb zwar theologische Studien, Mullah aber wurde er nicht. [...] Schließlich brachte er es dann bis zum Notar und praktizierte bis 1982." [103] Er wurde später ein erfolgreicher Geschäftsmann. In den vierziger Jahren betrieb er ein Busunternehmen (zusammen mit Khomeini) und eine Speditionsfirma. [104] Durch Spekulationen gelangten die drei Brüder in den fünfziger Jahren zu beträchtlichem Landbesitz, auf dem 1960 rund 3000 Familien arbeiteten. [105] Die geschäftliche Tätigkeit des Bruders bildete die materielle Grundlage für den späteren Erfolg Khomeinis als Ayatollah.

Nach Abwarten der Trauertage für seine Mutter und seine Tante verließ Khomeini seinen Geburtsort für immer. Laut Göbel, Munzinger Archiv, Nußbaumer und Riyahi ging er mit etwa 17 Jahren zum Studium nach Isfahan (Munzinger Archiv und die Kurzbiographie von Göbel datieren dies vermutlich zu früh auf das Jahr 1914/15). Wie wenig auch über diese Lebensphase Khomeinis sicher bekannt ist, machen die widersprüchlichen Angaben darüber deutlich. Das Munzinger Archiv gibt an, daß er sich fünf bis sechs Jahre in Isfahan aufhielt, nach Riyahi ist er nur ein Jahr dort gewesen – während Nirumand/Daddjou der Ansicht sind, daß er nie dort gewesen sei. [106] Sie argumentieren, eine Reise nach Isfahan wäre für den Siebzehnjährigen zu „riskant" gewesen. „Daher zog er es vor, sich in die nächstgelegene Stadt Arak zu begeben. Er schloß sich einer kleinen Handelskarawane an. Als Khomein hinter ihm lag, schaute er noch einmal zurück [!]. Sein Herz war froh, und es tat ihm nicht weh, die Stadt seiner Geburt zu verlassen. Nur der Abschied von der vertrauten Landschaft, in der sich Himmel und Erde zu vereinen schienen und in deren Mitte er sich geborgen fühlte, stimmte ihn doch sehr traurig", erzählen Nirumand/Daddjou [107] , während es bei Taheri heißt: „Als er schließlich Khomein verließ, brauchte er nicht mehr zurückzublicken [!]. Die letzten beiden Menschen in Khomein, zu denen er so etwas wie Zuneigung verspürt haben mag, waren für immer von ihm gegangen." [108] Nach Göbel begab sich Khomeini 1920 von Isfahan nach Arak [109], wo er seine eigentliche Ausbildung zum Theologen begann. Zwei Lehrer beeinflußten ihn entscheidend, auf die näher eingegangen werden muß.

Scheich Mohsen Araki war islamischer Fundamentalist und Dogmatiker. Er war Freund und Weggefährte des bekannten Scheich Fazlollah Nuri, der im Jahre 1909 öffentlich hingerichtet wurde. Fazlollah Nuri war um die Jahrhundertwende ein herausragender „Führer der klerikalen Gegner des konstitutionellen Systems". Von Taheri wird er als „undurchsichtiger Typ" beschrieben, der von seinen Anhängern den Ehrentitel *Hoǧǧat-ul-Islām-wa-l-muslimīn* („Statthalter des Islam und der Moslems") erhalten hatte, von seinen Gegnern jedoch *gāw-i moǧassam* („Rindvieh", „leibhaftiger Ochse") genannt wurde.

Durch die politische Auseinandersetzung zwischen Absolutismus (Schah-Anhängern) und fortschrittlicheren Ideen einer konstitutionellen Monarchie kam es auch zur Spaltung des islamischen Klerus: Die *mašrūṭa* (Konstitutionalisten) unterstützten die Anti-Schah-Bewegung und Reformen auf der Grundlage des Islam. Sie waren europäisch orientiert und sahen in der Schaffung eines Nationalstaates nach europäischem Vorbild einen Kompromiß. Die Gegenfraktion der *mašrūᶜḥ* (Theokraten) propagierte die Errichtung eines islamischen Staates. Dabei lehnte sie die Wahl eines Parlaments, ein säkulares Rechtssystem und jegliche Form der Trennung von Islam und Staat ebenso kategorisch ab, wie die Einführung der allgemeinen Schulpflicht oder eines Steuersystems nach westlichem Vorbild. Ihr Führer wurde Scheich Fazlollah Nuri (1842–1909), der „bei weitem gelehrteste Teheraner *Muǧtahid*" (Göbel). Nachdem er die Errichtung eines konstitutionellen Systems nicht verhindern konnte, bezeichnete er die Verfassung als *bidᶜa* („unerlaubte Neuerung"), erklärte der neuen Staatsform den *Dschihad* und nannte die gewählten Vertreter im Parlament *al-kāfir al-harbī*, wörtlich: deren Blut von den Gläubigen vergossen werden müsse. Mit seiner extremen Haltung hatte er sich jedoch weitgehend isoliert. Fazlollah Nuri wurde schließlich in einem Schauprozeß von Ayatollah Sandschani zum Tode verurteilt, da er sich gegen Allah aufgelehnt und auf Erden verderblichen Einfluß ausgeübt habe.

Führer einer Gruppe von Revolutionären im Sommer 1909, darunter Saphadea (oben, 2. v. links), der spätere Großwesir am Hofe. Die Konstitutionelle Revolution im Iran hatte um 1907 zur Einrichtung der konstitutionellen Monarchie geführt.

Am 31. Juli 1909 wurde Fazlollah Nuri öffentlich, auf dem *Tup-Khane*-Platz mitten in Teheran, durch den Strang hingerichtet. Theologen verteilten Pamphlete, in denen sie ihn als korrupt, unmoralisch und des Todes würdig bezeichneten. Nachträglich wurde er durch Regierungserlaß enteignet; seine großen Besitztümer fielen an den Staat.
Diese Auseinandersetzung zwischen Absolutisten, Konstitutionalisten und Fundamentalisten um die Jahrhundertwende ist von Bedeutung. Historiker bezeichnen sie als *Konstitutionelle Revolution.* Taheri nennt sie eine „Kostümprobe" für die Islamische Revolution 1978. Mit der Hinrichtung Fazlollah Nuris war ein Märtyrer geschaffen. Die Fundamentalisten waren tief gedemütigt worden; ihre Bewegung war zerschlagen. Zu den engsten Gefolgsmännern Fazlollah Nuris hatte Scheich Mohsen Araki gehört. Er zog sich nach dessen Tod nach Arak zurück, wo Khomeini um 1918 zu seinem Schüler wurde. [110]
Nirumand/Daddjou stellen die Beschreibung der Hinrichtung Fazlollah Nuris ihrem Buch voran. Sie schildern seine Person so, daß man zunächst annimmt, es handele sich um Khomeini selbst. Auf diese Weise konfrontieren sie den Leser geschickt mit Elementen des islamischen Fundamentalismus als Reaktion auf säkulare, demokratische und nationalstaatliche Ideen. Die Fundamentalisten der Jahrhundertwende nahmen Ideen der Islamischen Revolution vorweg, etwa die Einrichtung eines Wächterrats als oberste gesetzgebende und kontrollierende Instanz, bestehend aus Vertretern des Klerus.
Heute wird Fazlollah Nuri in einem Zug mit Märtyrern der Islamischen Revolution genannt. Im Iran erschienen 1983/84 mehrere Bücher über den „Märtyrer Scheich", auf die sich Nirumand/Daddjou und Taheri stützen. [111] Nußbaumer, Hottinger, Riyahi, Munzinger Archiv und auch das Islamische Führungsministerium erwähnen in ihren Biographien Khomeinis weder Fazlollah Nuri noch Mohsen Araki. Über den „Märtyrer Scheich" sagte Khomeini nach seiner Machtübernahme 1980: „Der gesegnete Scheich Fazlollah Nuri leistete Widerstand und verlangte, daß der Staat dem Glauben untergeordnet wird. Er forderte eine islamische Gesetzgebung. Aber schon damals fürchteten die Gegner des Islam und die Ausländer die Macht der Geistlichkeit. Sie haben dem ehrwürdigen Scheich Fazlollah einen Schauprozeß gemacht, ein falscher Geistlicher hat ihn verurteilt, er wurde auf dem Kanonenplatz in Teheran erhängt, und die Bevölkerung hat gejubelt und getanzt." [112]

Der „Märtyrer Scheich" Fazlollah Nuri (1842–1909), (Revolutionsplakat).

Ausbildung in Ghom

Der zweite Lehrer, der Khomeini entscheidend prägte, war Scheich Abdol Karim Ha^{c}eri Yasdi (1859–1937). [113] Fast alle Biographien erwähnen seinen Einfluß auf Khomeini.

Scheich Abdol Karim stammte aus der Wüstenstadt Yasd; er hatte einige Zeit in Nadschaf gelehrt und zog von dort nach Arak. Er galt zu seiner Zeit als Autorität des Islams. Nirumand/Daddjou erwähnen, daß die Briten damals Scheich Karims Ausreise aus dem Irak unterstützt hätten. Ihr Ziel sei gewesen, den Irak zu einem britischen Protektorat zu machen. Dagegen hätte der Klerus, der besonders im irakischen Nadschaf mächtig war, heftigen Widerstand geleistet und die Bevölkerung zum *Dschihad* aufgerufen. Den Briten sei daran gelegen gewesen, daß im Iran ein schiitisches Gegenzentrum entstünde. [114]

Khomeini traf in Arak mit Abdol Karim zusammen und gehörte über Jahre zum engsten Kreis seiner Schüler. 1920/21 zog er mit dem Scheich von Arak nach Ghom. [115]

Die Gründe, die Abdol Karim damals veranlaßten, nach Ghom zu ziehen, sind nicht eindeutig geklärt. Taheri behauptet, der Scheich sei an dem Titel *ālim* („Wissenschaftler, die mehr Kenntnisse besitzen als ihre Zunftgenossen“) interessiert gewesen. In einer politisch wie religiös unbedeutenden Stadt wie Arak war dieses Ziel kaum zu erreichen, noch weniger in einer fortschrittlichen Stadt wie Teheran, die als beinahe anti-islamisch galt. Ghom war ein alter Wallfahrtsort, von Taheri als außerordentlich verarmt, rückständig und konservativ beschrieben. Dort baute Abdol Karim mit Unterstützung der Regierung eine theologische Schule auf und verhalf damit sich und der Stadt zu neuem Ansehen.

Richard bezeichnet Abdol Karim als „unpolitisch“ [116] und Taheri schreibt, daß er zwischen den zwei Lagern der Mullahs vermittelte und auf Versöhnung drängte. [117] „Im Gegensatz zu anderen führenden Mullahs seiner Generation hatte er nicht aktiv an der konstitutionellen Revolution teilgenommen. Man konnte bei ihm schon fast von einem angeborenen Widerwillen gegen alles sprechen, was mit Politik zu tun hatte.“ [118] Abdol Karim war, so Taheri, der persischen Mystik zugetan und führte Khomeini an die Gedichte des Mystikers Hafis heran.

Khomeini dagegen konnte den Gedichten nicht viel abgewinnen und war bereits politisch interessiert. Obwohl Khomeini nach Taheris früheren Angaben bereits mit zehn Jahren angefangen haben soll zu dichten, schreibt Taheri in diesem Zusamenhang: „Ruhollah hatte anfangs wie der Prophet die Dichter gehaßt“. [119]
Unter Abdol Karims Einfluß begann Khomeini seine eigenen Gedichte (unter dem Pseudonym *Hindi*) vor Studenten zu lesen, kam aber auch mit schiitischen Flüchtlingen aus Aserbeidschan und Armenien zusammen, die in Ghom Zuflucht suchten. Ihre Berichte von der russischen Revolution und blutigen Massakern an schiitischen Moslems legten bei Khomeini die Grundlage für eine antibolschewistische und eine antijüdische Haltung: „Darüber hinaus schildern die Emigranten den Bolschewismus als jüdisches Komplott gegen Islam und Christentum zugleich. Sogar Lenin und Stalin erhielten – so stellte man die Dinge dar – als ‚militante Juden‘ Befehle von einer Geheimzentrale jüdischer Rabbis irgendwo in Mitteleuropa. Dieser aberwitzige Gedanke sollte Ruhollah niemals mehr loslassen.“ [120] Soweit die Darstellung von Amir Taheri.
Nirumand/Daddjou zeichnen dagegen ein umgekehrtes Bild von beiden – Abdol Karim als politischen Menschen und Khomeini als einen der Mystik verfallenen „Sucher“.
Obwohl es Zeiten voller Unruhen waren, obwohl im Februar 1921 die Regierung des Königs Ahmad Schah gestürzt wurde, soll sich Khomeini in Arak und anfangs auch in Ghom kaum für Politik interessiert haben. Mit Gedichten hatte sich Khomeini – nach Darstellung Nirumand/Daddjous – schon vor der Begegnung mit Abdol Karim beschäftigt.
„Alle diese Ereignisse ließen Ruhollah unberührt. Er war mit sich selbst beschäftigt, mit seinem eigenen Schicksal, seinen Wünschen und Sehnsüchten. War er verliebt? War er auf seinen Wanderungen durch die Stadt, durch den Basar oder in den schönen Gärten, die die Stadt Arak zu bieten hatte, einer Frau begegnet, die unbekannte Gefühle und Leidenschaften in dem Jungen geweckt hatte? Er las Gedichte von Hafis, obwohl die Werke dieses großen Mystikers in religiösen Kreisen, zumindest unter den Fundamentalisten und Dogmatikern wie Araki, verpönt waren. Ja, Ruhollah begann sogar selbst zu dichten, schlechte Verse mit holprigem Reim.“ [121]

Nachdem sich Abdol Karim Ende 1921 in Ghom niedergelassen hatte, nahm der neuernannte Kriegsminister Reza Khan mit Abdol Karim Kontakt auf, um das Vertrauen der Geistlichkeit zu gewinnen. Nur wenige Monate zuvor hatten die Briten mit Hilfe Reza Khans, damals Führer einer Kosakenbrigade, den König Ahmad Schah gestürzt (Reza Khan bestieg Ende 1925 als Reza Khan Pahlawi selbst den Thron und begründete damit die Pahlawi-Dynastie). Mehrfach trafen Reza Khan, nun auch Ministerpräsident, und Scheich Abdol Karim zusammen. „Inzwischen hatte sich die Beziehung zwischen den beiden soweit vertieft, daß sie sich in kürzeren Abständen trafen und die Koordinierung von religiösen und staatlichen Aktivitäten abstimmten. [...] Der Scheich lehnte, wie seine geistlichen Kollegen, den Plan Reza Khans zur Gründung einer Republik ab und empfahl ihm, sich öffentlich davon zu distanzieren. Reza Khan nahm diese Empfehlung an." [122]
Khomeini soll sich auch während dieser Jahre vornehmlich mit islamischer Mystik und Gedichten beschäftigt haben. „Politik schien ihn nicht sonderlich zu interessieren, auch wenn seine Beobachtungen in Arak und die Ereignisse in Ghom ihn, den ahnungslosen jungen ‚Sucher' aus Khomein, die Verlockungen der Macht und den Genuß von privilegierten Stellungen hatten erahnen lassen. Aber, wenn schon Rang und Namen, dann wollte er sie als Geistlicher, als Schriftgelehrter erreichen. Daher widmete er sich mit großem Eifer seinem Studium." [123]
In das Gebiet der Mystik wurde Khomeini – laut Nirumand/Daddjou – auch nicht von Abdol Karim, sondern von Khomeinis späterem Meister, Mirsa Mohammed Ali Schahbadi, eingeführt. Sechs Jahre lang soll Khomeini von ihm als einziger Schüler in Mystik und Philosophie unterwiesen worden sein. Göbel erwähnt, daß Khomeini auch *fiqh* (islamische Jurisprudenz), Koran- und Ḥadīt-Wissenschaften, Astronomie, Kosmologie und Gnosis studiert habe. Als er während dieser Zeit selbst anfing zu unterrichten, fand er schnell ein positives Echo. 1927 erhielt er die Befähigung zum *iǧtihād*, d. h. die eigenständige Rechtsfindung auf der Grundlage der religiösen Quellen (nach Nußbaumer erhielt er diesen Titel erst im Sommer 1941) und qualifizierte sich damit für die Tätigkeit eines Muǧtahid. [124] Er veröffentlichte um 1929 sein erstes Buch *Miṣbāḥ al-hidāya alā al-ḫilāfa wal-wilāya* („Die Lampe, das leitende Licht der Rechtleitung hinsichtlich Kalifat und Statthalterschaft"), in dem er seine eigene Entwicklung als „Sucher"

und seine „innere Reise zur Erkenntnis“ beschrieb.[125] Anfang der 80er Jahre wurde es aus dem Arabischen ins Persische übersetzt.

Festzuhalten bleibt an dieser Stelle, daß in der Biographie der ersten Lebensphase Khomeinis eine Reihe voneinander abweichender Daten und andere Widersprüche auftauchen. Diese Fragen zu klären, muß einer biographisch-historischen Forschung überlassen werden. Nur wenige Autoren weisen jedoch auf diesen Umstand hin. Dennoch scheint den meisten von ihnen bei der Durchsicht der vorhandenen Biographien die Vielzahl von Widersprüchen aufgefallen zu sein. Häufig verzichten die Autoren daher ganz auf eine Darstellung von Geburt, Kindheit und Ausbildung Khomeinis.
Auch in den folgenden Abschnitten der biographischen Skizze soll auf solche Widersprüche eingegangen und insbesondere die Rekonstruktionen von Taheri und Nirumand/Daddjou gegenübergestellt werden. Die Autoren schildern den jungen Khomeini in einem Spannungsfeld von islamischer Mystik und islamischer Dogmatik. Ihnen geht es darum, in der Entwicklung Khomeinis zum politischen Führer seine Beschäftigung mit islamischer Mystik zu erklären, die durch die Veröffentlichung seines ersten Buches dokumentiert ist. Dabei werden Mystik und Politik von den Autoren als Gegensatz gedacht. Der Konflikt zwischen politischer Einflußnahme und eher weltabgewandter Mystik, welcher unter einigen Mullahs zweifellos bestanden hat, wird von Taheri und Nirumand/Daddjou jedoch in unterschiedlicher Weise auf den jungen Khomeini und seine Lehrer projiziert.

Pilgerreise nach Maschhad und Heirat (1924–1930)

Seit der Machtübernahme 1924 durch Reza Khan Pahlawi, erst recht nach seiner Krönung im April 1926, verschlechterte sich die Situation der Mullahs drastisch. Der neue Schah setzte auf „Fortschritt“ im Sinne einer Verwestlichung und führte im Laufe der Jahre umfangreiche Maßnahmen zur Säkularisierung durch. Dazu gehörten der Ausbau der

Infrastruktur, die Einführung von Gesetzbüchern nach französischem Vorbild, die Reorganisation des Verwaltungsapparates, die Einführung eines Erziehungssystems mit weltlichen Schulen und Universitäten und schließlich Eingriffe in religiöse Bräuche und Riten. Schah Reza Khan Pahlawi reduzierte die religiösen Feiertage, verbot um 1935 den Schleier für Frauen, übertrug notarielle Aufgaben des islamischen Klerus dem Staat und führte auch eine neue Kleiderordnung für die Mullahs ein. Nur höhergestellte Schriftgelehrte sollten Turban und Umhang tragen dürfen. „Unter dem Gelächter der Passanten zwangen sie [die Polizisten] die Mullahs, ihre Kleidung abzulegen und rasierten ihnen sogar die Bärte ab", schreiben Nirumand/Daddjou dazu. [126] Taheri erzählt: „Im Jahre 1928 hatte das neue Regime [...] nicht nur das Tragen von Turbanen und Bärten verboten und allen Untertanen eine Ziviluniform europäischen Zuschnitts verordnet, sondern man bereitete auch Maßnahmen vor, die Schah Reza als ‚Entarabisierung' des Irans bezeichnete. Im Zuge der neuen ‚Persifizierung' wurden Hunderte von Städten und Dörfern umgetauft, die bisher Namen schiitischer Heiliger getragen hatten. Nun erhielten sie neue Namen, die auf vorislamische Zeiten zurückgingen – Namen altpersischer Könige oder Namen aus der antiken Mythologie. Später wurde sogar eine eigene Akademie gegründet, um das Persische von möglichst vielen arabischen Lehnwörtern zu reinigen." [127]

Nachdem 1929 die „Anti-Mullah-Kampagne" abflaute, unternahmen etwa zwei Dutzend Mullahs – darunter auch Khomeini – eine Pilgerreise nach Maschhad, angeführt von Mohammed Lawasani. [128] Als die Pilgergruppe in der Stadt Semnan auf Angehörige der Bahai-Religion stieß, die als Abtrünnige gelten, versuchte Ruhollah in der verlassenen Moschee der Stadt eine Versammlung gegen die Bahai- Anhänger zu organisieren. Doch seine Freunde überredeten ihn, dies auf später zu verschieben. Lawasani soll damals Ruhollah im Scherz als *šarūr* („Unruhestifter") bezeichnet haben, ein Spitzname, der Khomeini bis Ende der siebziger Jahre anhaftete, so zumindest Taheri. [129]

Der ursprünglich nur für Tage geplante Aufenthalt in der vergleichsweise lebenslustigen Stadt dehnte sich bald über Wochen aus. „Einige der Wallfahrer nahmen sich sogar ‚Frauen auf Zeit', was ihnen die schiitische Version des Islam ja gestattete. Ob auch Ruhollah von dieser Möglichkeit Gebrauch machte, ist nicht bekannt, doch möglich wäre es“, spekuliert Taheri und fügt eine längere Passage über die schiitisch legitimierte Form der Prostitution an.[130] Ein Teil der Pilgergruppe entschloß sich, den Winter über in Maschhad zu bleiben, während Ruhollah mit den übrigen Pilgern den Rückweg antrat. Unterwegs beschlossen er und Lawasani, auch die Stadt Teheran zu besuchen. „Vielleicht dachte er auch daran, den Besuch in Teheran zu nutzen, um um die Hand einer der Töchter des Ayatollah Saghafi anzuhalten. Jedenfalls kaufte er außergewöhnlich viele Geschenke der verschiedensten Art, wie man sie Verwandten und Freunden mitbringt, wenn man von einer langen Reise, insbesondere einer Pilgerfahrt zurückkehrt.“[131] In Teheran heiratete Khomeini tatsächlich eine Tochter des Ayatollah Saghafi.

Nirumand/Daddjou erwähnen diese Pilgereise nicht. Aber auch sie beschreiben an dieser Stelle die schiitische „Zeitehe“ *– für eine Stunde bis 99 Jahre –* spekulieren über Khomeinis sexuelle Wünsche, um dann zu seinen Heiratsabsichten überzuleiten.
Im Gegensatz zu Taheri beharren Nirumand/Daddjou jedoch auf dem Bild des einsamen und mittellosen Ruhollah, dem sowohl Eltern als auch Freunde fehlen, um eine Heirat zu arrangieren. „Da er nun keine Freunde hatte, suchte er einen Bekannten, einen wohlwollenden Vermittler. [...] Ruhollah stieß bei seiner Suche auf einen würdigen Herrn namens Lawasani und trug ihm seinen Wunsch vor.“[132] Khomeini und Lawasani fuhren daraufhin nach Teheran und besuchten dort Ayatollah Saghafi, der nach einer kurzen Bedenkzeit in eine Hochzeit mit seiner Tochter Batul einwilligte.
Taheri dazu: Während der Verhandlungen servierte Batul, verhüllt mit einem *Tschador*, ihrem Vater und dem fremden Gast Tee. „Sie konnte zwar ihren Zukünftigen sehen [!], doch alles, was Ruhollah sah, war eine winzige, in schwarz eingewickelte Kreatur, die sich bewegte.“[133]
Nirumand/Daddjou dagegen: „Batul [...] hatte von all dem keine Ahnung, sie hatte ihren künftigen Bräutigam nie zuvor zu Gesicht bekommen. Und auch Ruhollah hatte sie bis zum Hochzeitstag nicht sehen [!] dürfen.“[134]
Diese beiden Textstellen sind ein weiteres Beispiel dafür, wieweit sich Nirumand/Daddjou in der Konzeption ihres Buches an Taheri orientieren, selbst Details geringfügig verändert aufgreifen.

Wie dem auch sei, Taheri erzählt in diesem Zusammenhang die folgende Anekdote: „Saghafi brachte vielleicht den einen oder anderen Einwand vor, doch seine Zweifel wurden rasch zerstreut. Batul hatte geträumt, Fatima, die Tochter des Propheten, habe ihr verheißen: ‚Schwester, du wirst einen Mann heiraten, der an meinem Geburtstag geboren wurde.‘ Sofort wurde dieser Traum dem noch zögernden Ayatollah hinterbracht. Und nach kurzer Nachforschung stellte sich heraus, daß Ruhollahs Geburtstag tatsächlich mit dem der Tochter Mohammeds zusammenfiel. Da Batul dies nicht gewußt haben konnte, nahm man diesen Traum als Fingerzeig des Himmels dafür, daß Allah die bevorstehende Verbindung segnen werde.“ [135] Wie in der Legende Mohammeds wurde auch hier der zukünftigen Ehefrau ein göttliches Zeichen gegeben, wer der Auserwählte sein würde.
Die Trauung mit der zehnjährigen Batul fand wenige Tage darauf, im Spätsommer 1929, in Teheran statt. „Allerdings“, schreibt Taheri weiter, „durfte er, bevor er nach Ghom abreiste, wenigstens einen kurzen Blick auf das Gesicht der ihm Angetrauten werfen – das lächelnde Gesicht eines gesunden Kindes.“ Das Mädchen wurde Ende Dezember von seinen Brüdern nach Ghom gebracht. „Im Januar 1930 begann Batul ihr elftes Lebensjahr und erwartete gleichzeitig ihr erstes Kind. [...] Batuls erste Schwangerschaft bescherte zwar dem neuvermählten Paar noch kein Kind, doch 1932 gebar Batul nach einer zweiten Schwangerschaft einen Sohn.“ [136] Die Ehe wird von Taheri und Nirumand/Daddjou als glücklich beschrieben; ihr entstammen drei Töchter und zwei Söhne. Andere Quellen behaupten allerdings, daß Khomeini zweimal heiratete. Seine erste Frau, die inzwischen verstorben sei, habe 1933 den Sohn Mustafa geboren. Seine zweite Frau, Tochter eines reichen Landbesitzers der Gilan Provinz, soll die Mutter des Sohnes Ahmad und der drei Töchter gewesen sein. [137]
Die Identität Batuls wurde erst 1979 in der Öffentlichkeit bekannt, denn ihr Name wurde nie vor Fremden ausgesprochen. „Beispielsweise wußte bis 1979 niemand, wie Khomeinis Frau hieß. Erst als er im Iran die Macht übernommen hatte, war er bereit, auf Drängen westlich erzogener Ratgeber hin, ihren Namen ausländischen Reportern zu nennen ...“ [138] Nach unterschiedlichen Quellen werden die Namen von Khomeinis Frau bzw. Frauen mit Batul, Qesiran, Khadidsche und Ghodsi angegeben.

Pilgerreise nach Mekka (1937)

Bis Ende der 20er und Anfang der 30er Jahre hatte sich das Verhältnis zwischen der Regierung des Schahs und der islamischen Geistlichkeit nicht entspannt; es kam zu brutalen Ausschreitungen.
In Ghom fanden Auseinandersetzungen um die Einführung des säkularen Rechtssystems statt, die Nußbaumer so beschreibt: „Das treibt die Geistlichkeit von Ghom in eine wütende Konfrontation mit dem Kaiserhaus und das Land von April bis November 1927 in einen Generalstreik. Um die Mullahs, unter ihnen auch den äußerst aktiven Khomeini, zu beruhigen, schickt Reza [Khan] Schah im November seine Frau als Vermittlerin nach Ghom. Von den wütenden Theologen fühlt sich die Ehefrau des Monarchen [...] so bedrängt, daß sie in einer Eildepesche ihren Mann um Hilfe bittet. Was daraufhin passiert, fixiert das Verhältnis zwischen Persiens theologischer Führung und der Pahlawi-Dynastie über Jahrzehnte. Der Schah kommt mit seinen Soldaten nach Ghom, betritt gegen die primitivsten Gesetze des Islam mit seinen Reiterstiefeln die heilige Moschee, prügelt mit seinem Spazierstock einen mächtigen Ayatollah und räumt brutal unter seinen Gegnern auf." [139]
Abdol Karim hielt sich bei diesen Auseinandersetzungen zurück, eine Haltung, die von Khomeini nicht geteilt wurde. Taheri: „Die unterschiedlichen Auffassungen darüber, wie der immer antiklerikaleren Politik der Regierung zu begegnen sei, wirkten sich auch auf das Verhältnis zwischen Ruhollah und seinem Lehrer Scheich Abdol Karim aus. Während der junge Sayyid energisches Handeln forderte, empfahl der siebzigjährige Scheich eine Politik des Stillhaltens und Abwartens." [140]

1933 genehmigte Scheich Abdol Karim seinem Schüler, der nun mit *Hoğğat-ul-Islām* angeredet wurde, ihn auf den höchsten Stufen der Theologenausbildung zu vertreten. Über seine Lehrtätigkeit bemerkt Taheri, es gäbe so gut wie keine Anhaltspunkte dafür, daß Khomeini schon damals so etwas wie „politische Theologie" gelehrt habe. Nur wenige seiner damaligen Vorlesungen seien erhalten und zeugten eher von poetischen Neigungen als von politischem Kämpfertum. [141]

Nußbaumer schreibt, die wenigen Daten aus seiner Studien- und Lehrzeit in Ghom seien so widersprüchlich, daß sie keine Erwähnung verdienten: „Schon sehr früh [...] ist der Mann aus Khomein ein anerkannter Lehrer für bereits fortgeschrittene Schüler der islamischen Theologie, bis er selbst den höchsten Grad der schiitischen Lehre, den ‚iğtihād', erreicht. Seine Vorlesungen über islamische Moral zählen zu den am meisten besuchten in Ghom. [...] Was Khomeini aber weit mehr noch als seine akademische Laufbahn bekannt macht, ist ein persönliches Engagement für gesellschaftliche Probleme, das den normalen Einsatz schiitischer Theologen offenbar beträchtlich übersteigt. Schon in den Studentenjahren, vor allem aber später als Professor, präsentiert er sich als leidenschaftlicher Kämpfer für die sozial schwächer Gestellten." [142]
In ihrer Darstellung der beginnenden Lehrtätigkeit Khomeinis heben Nirumand/Daddjou wiederum das Interesse an islamischer Mystik hervor. „Viele wollten erfahren, was dieser Sonderling für Ansichten und Gedanken hatte. Auch seine Art, Meinungen und Thesen darzustellen, seine klare und gebildete Sprache und der Ton seiner Stimme schlugen viele Zuhörer in den Bann. Nur wenige wagten, ihn zu kritisieren, denn was er vortrug, war so scharf durchdacht und durch eine in sich stimmige Logik untermauert, daß die Studenten kaum eine Lücke zu finden vermochten, mit der sie ihrem Lehrer eine Falle stellen konnten." [143]

Als 1936 Abdol Karim starb, gehörte Khomeini bereits zu den bedeutenden Lehrautoritäten Ghoms.[144] Er tat zwar alles, „um so schnell wie möglich in die Fußstapfen seines Meisters zu treten. Doch die Hierarchie in Ghom verhinderte dies. Man ließ ihn nicht einmal die Trauerrede halten und binnen weniger Wochen verlor er auch sein Seminar." [145] Unklar ist, ob der Verlust des Seminars und die Verhinderung der Trauerrede auf Rivalitäten innerhalb der Geistlichkeit oder auf Intervention des Schahs zurückzuführen ist. Göbel schreibt beispielsweise, alle öffentlichen Begräbnisfeierlichkeiten zum Gedenken an Abdol Karim seien von Reza Khan verboten worden. [146]
Nach Rajaee, der in Khomeinis Biographie zwei wesentliche Abschnitte erkennt, markiert der Tod Abdol Karims den Beginn einer Phase als „Lehrer und Schüler".

Im Jahre 1935 waren in Maschhad bei einer Protestaktion der Mullahs mehrere Geistliche durch Polizei und Militär getötet worden. Es war der erste bedeutendere, religiös motivierte Aufstand gegen den Schah. Erst der Einsatz von schwerer Artillerie, die die Außenmauer des berühmten Heiligtums von Maschhad und den Hof einer benachbarten Moschee beschädigte, soll den Aufruhr beendet haben. Die Rädelsführer wurden hingerichtet. Schnell wurde das Ereignis durch Gerüchte aufgebauscht. Nach der Islamischen Revolution entstand die Legende, daß Khomeini der eigentliche Führer dieser Revolte gewesen sei. „Berichte über Khomeinis heldenhaftes Kämpfertum im Zusammenhang mit dem Mullah-Aufstand von Maschhad sind wohl ebenso aus der Luft gegriffen wie vergleichbare Schilderungen, die ihm eine führende Rolle bei Anti-Schah-Aufmärschen und Streiks 1924 in Teheran sowie 1927 in Täbris zuschreiben. Mit Sicherheit traf Khomeini nicht einmal mit den führenden Köpfen dieser tragisch endenden Versuche zusammen, um dem Lauf der Dinge Einhalt zu gebieten." [147]
Nirumand/Daddjou beschrieben Khomeini zu dieser Zeit so: Für Khomeini „waren diese Ereignisse wie ein Alptraum. Die Angriffe gegen die islamische Geistlichkeit erschütterten ihn so heftig, daß er in tiefe Resignation verfiel. Monatelang verließ er sein Haus nicht mehr. [...] Er fühlte sich wie in der Hölle, umgeben von großen und kleinen Teufeln, von Gotteslästerern und Ungläubigen, die ihn ständig verfolgten und zu Sünden und Untaten verleiten wollten. Flammen von Rache, Haß und Wut loderten in seiner Brust". [148]
Nach dem Massaker von Maschhad pilgerte Khomeini für über ein Jahr nach Mekka und entzog sich so den Auseinandersetzungen. Nirumand/Daddjou handeln diesen Auslandsaufenthalt mit nur wenigen Sätzen ab, während Taheri ihm mehr Bedeutung zumißt. In der übrigen Literatur ist diese Reise überhaupt nicht erwähnt.

Nach Taheri trat Khomeini die Reise 1937 per Schiff vom Hafen in Buschehr aus an. Sie führte ihn in den Irak, nach Nadschaf und Kerbela. Dort setzte Khomeini seine Bemühungen fort, einige einflußreiche Ayatollahs zur Rückkehr in den Iran zu bewegen. Nach Taheris Angaben kam Khomeini in Nadschaf mit zwei wichtigen politischen Strömungen in Berührung, mit der Moslembruderschaft und mit dem Nationalsozialismus.

Die Moslembruderschaft (*al-Iḫwān al-Muslimīn*) war eine halb geheime, militante Organisation, 1928 in Ägypten gegründet. In den 30er Jahren war sie in den meisten arabischen Ländern aktiv und bekam starken Zulauf an Mitgliedern. Auf einer Konferenz in Kairo 1939 wurde ihre grundlegende Doktrin festgelegt: „Sie besagt, daß der Islam (1.) ein vollständig auf sich selbst beruhendes, totales System sei, (2.) auf Koran und *Sunna* basiere und (3.) zu jeder Zeit und an jedem Ort anwendbar sei.“ [149] Von Politikern war diese Organisation gefürchtet, weil ihre Mitglieder bereit waren, für die Ziele der Moslembrüder zu töten und zu sterben. Die Moslembruderschaft spielt bis heute eine wichtige politische Rolle in islamischen Ländern. (Wie bereits im Abschnitt „Muslimische Vereinigungen in der Bundesrepublik“ erwähnt, ist die Moslembruderschaft auch in mehreren Städten der Bundesrepublik aktiv.)
Khomeini soll durch Nawab Safawi (eigentlich: Sayyid Mudschtaba Mirlawi) mit der Moslembruderschaft in Kontakt gebracht worden sein. Er las die Pamphlete des Scheichs Hasan al-Banna, des Gründers und „obersten Führers“ der Moslembruderschaft. Mit Safawi habe er viele Stunden im Gespräch verbracht und auch an seinen Schießübungen teilgenommen. So die Darstellung Taheris. [150]
Dagegen Nirumand/Daddjou: „Diese Darstellung ist eindeutig falsch. Nawab war zu dieser Zeit 13 Jahre alt. Es ist kaum anzunehmen, daß er Khomeini (inzwischen 35 Jahre alt) Kontakte vermittelt und mit ihm Schießübungen veranstaltet hat. Hinzu kommt, daß die ‚beiden Männer‘ sich gar nicht in Nadschaf treffen konnten. Nawab weilte zu der Zeit in Teheran. Er kam 1941 zum erstenmal nach Nadschaf.“ [151]

Die zweite politische Strömung, mit der Khomeini damals in Berührung gekommen sein soll, war der Nationalsozialismus. Taheri erwähnt in diesem Zusammenhang die antibritische Bewegung von Raschid Ali Gilani im Irak und die Organisation „Junges Ägypten“. Er verweist auf die tiefe Bewunderung, die Schah Reza Khan und viele Mullahs im Iran Hitler entgegenbrachten. Deutsche Agenten im Iran „verbreiteten die wildesten Gerüchte – unter anderem, daß Hitler insgeheim Anhänger des Islam geworden sei und sich offen zum Glauben des Propheten bekennen werde, sobald er erst die Juden ausgerottet und England und Rußland zerschlagen habe. Den Schiiten machte man weis, Hitlers

Name sei in Wirklichkeit *Haidar*. (Dies war einer der Beinamen des Imam Ali, des ersten Imam der Schi^{c}a.) Es gab Mullahs, die in fester Überzeugung schworen, Hitler sei eigentlich ein Anhänger Alis und trage stets ein kleines, silbergerahmtes Portrait des Heiligen unter seinem Hemd am Herzen. Khomeini teilte zweifellos die allgemeine Bewunderung, die man Hitler entgegenbrachte..." [152]
Er soll, laut Taheri, jeden Abend das persiche Programm des *Reichssenders Berlin* gehört haben, ein Programm, daß im Iran und Irak „die größte nur denkbare Zuhörerschaft" hatte. Als er im Winter 1938 nach Ghom zurückkehrte, brachte er ein Radio mit, das er einem indischen Pilger abgekauft hatte. Zahlreiche Mullahs und „Suchende" versammelten sich abends in seinem Haus, um die Kriegsberichte aus Berlin und London zu hören. In einem Gedicht Khomeinis von 1941, das einen Hagelschauer im Blumengarten beschreibt, tauchen nun die Metaphern „Bombenangriff" und „Panzer" auf.

Taheri beschreibt diese zweite Pilgerreise als wichtigen Einschnitt im Leben Khomeinis: Sie markiert seine endgültige Entwicklung von der Mystik zum Fundamentalismus. Der antisemitische, der antibritische und antikommunistische Aspekt des Nationalsozialismus stößt zu dieser Zeit im Iran auf Sympathie. Khomeini erfährt außerdem die Wichtigkeit des Radios als modernes Propagandamittel.
Nirumand/Daddjou erwähnen in ihrer Darstellung der Mekka-Reise keines dieser Details. Sie erklären den beginnenden Fundamentalismus bei Khomeini aus einer Frustration nach seiner Rückkehr. Denn die Lage der Mullahs war während seiner Abwesenheit keineswegs besser geworden. „Wie recht hatte doch Scheich Fazlollah Nuri gehabt, als er dem Islam eine große Niederlage voraussagte, von der er sich Jahrzehnte lang nicht erholen werde. Die Geistlichkeit war jetzt so gut wie ruiniert. Khomeini wußte, ohne die ursprüngliche Geschlossenheit, ohne Rückbesinnung auf den Koran, ohne die uneingeschränkte Verteidigung der schiitischen Tradition, konnte es keine Rettung geben. Scheich Fazlollah wurde ihm zum Vorbild." [153]
Übereinstimmend sehen Nirumand/Daddjou, Taheri und Rajaee im Jahr 1937/38 einen wichtigen Einschnitt im Leben Khomeinis, der jedoch in unterschiedlichen Ereignissen dieses Zeitraums gesehen wird.

Khomeinis Kampf um politischen Einfluß und Veröffentlichung von Kašf al-asrār (1941–1950)

Am 25. August 1941 besetzten britische und sowjetische Truppen den Iran unter dem Vorwand, deutsche Agententätigkeit bekämpfen zu wollen. Wenige Wochen später wurde Schah Reza Khan (1878–1944) von den Alliierten wegen seiner offenen Sympathie für Hitler gezwungen, zugunsten seines Sohnes abzudanken. Er wurde auf die südafrikanische Insel Mauritius verbannt und starb im Juli 1944 in Johannesburg. Die Nachfolge trat der 22jährige Sohn Mohammed Reza Pahlawi an, der in der Schweiz eine Ausbildung erhalten hatte.

Nach Taheri nutzte Khomeini das Machtvakuum, das durch die Abdankung des Schahs entstanden war. Mit einer Delegation Mullahs fuhr er nach Teheran, um bei den Briten vorzusprechen und auf den Sturz der Dynastie hinzuwirken. Über diese Episode soll Khomeini später gesagt haben: „Als Reza Khan gegangen war, baten wir die Briten, uns zu gestatten, der Monarchie ein Ende zu machen, damit sich unser islamisches Volk eine Regierung wählen konnte, die ihm genehm war." [154]
Stalin drang jedoch darauf, im Iran Kontinuität zu gewährleisten, solange der Krieg andauerte. Man gestattete dem Kronprinzen, durch das besetzte Teheran zu fahren und als neuer Schah vor dem Parlament den Eid zu leisten. Khomeini kehrte unverrichteter Dinge nach Ghom zurück.

Bei ihrer Darstellung bemühen sich die Autoren, aus den spärlichen, zudem widersprüchlichen und von Legenden verzerrten Angaben eine in sich schlüssige Erzählung zu schaffen. Deutlich ist dabei ein Markierungspunkt zu erkennen, ein fixes Datum, an dem sich die Autoren orientieren: die Veröffentlichung von Khomeinis Buch *Kašf al-asrār*, etwa 1942. Da dieses Buch im Gegensatz zu bisherigen Äußerungen und Veröffentlichungen Khomeinis als Stellungnahme für den islamischen Fundamentalismus verstanden wird, mußten die Autoren diesen „Bruch" in der Biographie Khomeinis erklären.

Taheri betont hier den Einfluß der Lehrer Scheich Araki und Abdol Karim Ha^{c}eri, die Erfahrung politischer Auseinandersetzungen zwischen Geistlichkeit und Regierung, die Berührung mit der militanten *Moslembruderschaft* und dem *Nationalsozialismus* während seines einjährigen Auslandsaufenthalts. Laut Taheri vollzog sich diese Entwicklung allmählich und über einen längeren Zeitraum.

Nirumand/Daddjou beschreiben dagegen Khomeini zunächst als Sucher, als politisch wenig interessierten Sonderling, der erst 1941 seine politische Berufung erfuhr.

Die Veröffentlichung von Khomeinis Buch *Kašf al-asrār* sehen jedenfalls fast alle Autoren im Zusammenhang mit der Besetzung Irans durch alliierte Truppen und der Abdankung Schah Reza Khans. So schreibt Nußbaumer: „Als der Monarch aber 1941 [...] zurücktritt, setzt sich Khomeini in Ghom wieder an die Schreibmaschine und verfaßt sein erstes ausschließlich politisches Buch [...].“ [155] Ob aber das Manuskript tatsächlich im Zusammenhang mit dem Rücktritt des Schahs entstand, ist ebenso fraglich wie Nußbaumers Behauptung, er habe es auf einer Schreibmaschine getippt. Taheri erwähnt zumindest, Khomeini habe mit der Niederschrift schon 1939 begonnen. [156] Der Zeitpunkt für die Veröffentlichung des Buches wird im übrigen unterschiedlich angegeben. Das Munzinger Archiv und das Islamische Führungsministerium nennen hier das Jahr 1941, Riyahi 1941/42 und 1942/43, Taheri Ende 1942, Richard und Carpozi dagegen 1944. [157]

Der Titel des Buches lautet im Deutschen etwa *Aufdeckung der Geheimnisse*. Die 334seitige „Polemik“ (Nirumand/Daddjou) richtete sich gegen den Aufsatz *Asrār-i hazār sāla* (Tausendjährige Geheimnisse) von Ali Akbar Hakimizadeh (Nirumand/Daddjou nennen den Autor „Mullah Ghomi“, Göbel nennt ihn Scheich Mahdi Painschahr). [154]

Hakimizadeh hatte mit Intellektuellen zusammengearbeitet und soll Schüler des bekannten Historikers und Rechtsanwalts Sayyid Ahmad Kasrawi (1890–1946) gewesen sein. Dieser hielt den Schiismus für überholt und rückschrittlich. Er befürwortete die Bemühungen des Schahs, den Iran zu modernisieren, und plädierte für eine Rückkehr zum „reinen Ariertum“. Er publizierte das wöchentliche Magazin *Parḫam* („Die Fahne“), in dem 1943 auch das Essay Hakimizadehs als Anhang erschien. Es war der Versuch, Vorschriften der Schiiten systematisch zu widerlegen.

Khomeinis *Kašf al-asrār* war eine Antwort darauf. Wie Rajaee feststellt, orientierte sich Khomeinis Buch in Aufbau und Gliederung an dem Essay Hakimizadehs und trug dieselben Zwischenüberschriften.[159] Khomeinis Buch war eine rigorose Abrechnung mit dem Schahregime und religiösen Reformen; Taheri nennt es eine „Kampfschrift".

„Für uns ist die Diktatur Reza Khans ein einziges Verbrechen. Diejenigen, die dieser Regierung Achtung erweisen, sind ehrlos. (...) Alle Zeitungen, die die Handlungen dieser Regierung bejahen, sollten auf öffentlichen Plätzen verbrannt werden (...), damit diese Schreiberlinge endlich begreifen, welche Aufgaben sie zu erfüllen haben. ...Diese Diktatur hat uns alles geraubt, vor allem die Achtung vor dem Glauben, der einzigen Instanz, in deren Schatten Ehre und Moral geschützt werden und gedeihen können... All die großen und kleinen Verbrecher, diese Lustmolche, Betrüger und Gauner, müssen ausgerottet werden. Sonst werden wir noch furchtbarere Zeiten erleben, gegen die der heutige Zustand paradiesisch erscheint."[160] Auf drei Seiten zitieren Nirumand/Daddjou längere Passagen aus Khomeinis Buch; Auszüge sind auch in der vom Islamischen Führungsministerium in Teheran herausgegebenen Khomeini-Bioghraphie zu finden.

„Religion ist das einzige, was die Menschheit von Betrug und Verbrechen fernhalten kann. Unglücklicherweise besitzen diejenigen, die an Irans Staatssteuer sitzen, entweder einen falschen oder überhaupt keinen Glauben. Diese Demagogen sprechen mit Leidenschaft vom Schutz der Interessen des Landes, doch in Wirklichkeit geht ihr Blick nur nach dem eigenen Wohl. Wenn ein Bewerber um einen Sitz im Parlament soviel Geld hinaus wirft, um sich Stimmen zu kaufen, so deshalb, weil er die Erwartung hegt, mehr zu verdienen, wenn er gewählt worden ist. Nach einigen Monaten im Amt kann ein Minister, den wir einmal als arm annehmen, große Reichtümer anhäufen. Dienen sie ihrem Land wirklich ganzherzig? Modarres war ein frommer Geistlicher und im Parlament eine hervorragende Persönlichkeit. Als er starb, war er genauso arm wir vorher. Laßt solche die legislative, exekutive und judikative Gewalt in der Hand haben, die dem Beispiel Modarres folgen, um dem Unglück des Landes ein Ende zu setzen."[161]
Khomeini entwickelt in seinem Buch bereits die Idee einer Theokratie, die nach islamischen Gesetzen und unter Oberaufsicht der Geistlichkeit regiert wird. Er tritt für strenge moralische Prinzipien ein, die ein breites Spektrum umfassen: Verbot der Spirituosengeschäfte und Vergnü-

gungszentren, Auflösung der gemischten Schulen, Streichung des Faches Musik aus dem Lehrplan, Nichtzulassung von Frauen in Anwalts- und Richterberufen. Dieser Schrift folgte erste Anerkennung durch die in ihrem Selbstwertgefühl verletzte Geistlichkeit. Taheri kommentiert das Buch so: „Khomeinis Pamphlet ist giftig in Ton und Inhalt. Er geht soweit, den Tod Kasrawis zu fordern. Ohne den Namen des ‚Hauptschuldigen' zu nennen, gegen den er gerichtet ist, verkündet der Text, all jene, die den Islam kritisierten, seien *mahdūr ad-damm*, das heißt des Todes schuldige Geächtete, Vogelfreie, deren Blut zu vergießen Pflicht jedes wahren Gläubigen sei." [162] Tatsächlich wurde Kasrawi im Februar 1946 von der *Fidā'iyān-i Islām*, einer von Nawab Safawi im Iran gegründeten Untergrundorganisation, ermordet.
Die in seinem Buch vorgestellten Thesen wurden Anfang der 70er Jahre von Khomeini in seinem Buch *Der islamische Staat* konsequent weitergeführt.
Zwar betrat Khomeini mit dieser programmatischen Schrift um 1943 endgültig die politische Bühne – insofern ist das Buch für seine Biographie von besonderer Bedeutung – in der Öffentlichkeit fand es laut Taheri damals jedoch kaum Beachtung.
Nach dem Tod von Khomeinis Lehrer Abdol Karim Ha^{c}eri gab es drei bedeutende Großayatollahs in Ghom, die dessen Prestige aber nicht erlangten. Khomeini war selbst noch zu jung, um *marǧa^c-i taqlīd* zu werden (eine Bezeichnung für die höchste Autorität unter den Ayatollahs, die als unfehlbar anerkannt wird). Khomeini schwächte die Position bestimmter Anwärter, indem er gegen sie mit Hilfe seiner Schüler intrigierte und unterstützte die Nachfolge des alten, aber geachteten Ayatollah Mohammed Hosein Borudscherdi (1875–1961). Eine Delegation von Mullahs fuhr nach Borudscherd und überredete den Ayatollah nach Ghom zu kommen. Gleichzeitig versuchte eine Delegation des Schahs, ihn zu demselben Schritt zu bewegen. Nachdem sich Borudscherdi in ein Teheraner Krankenhaus begeben hatte, suchte ihn dort nochmals eine Delegation von 40 Mullahs auf, darunter Khomeini. Auch der junge Schah besuchte den Mullah am Krankenbett. Der Ablauf des Geschehens und welche Rolle Khomeini und der Schah dabei spielten, ist in den vorliegenden Büchern so widersprüchlich geschildert, daß sich jeder Vergleich erübrigt. Sowohl der Schah als auch Khomeini sollen sich für Borudscherdi eingesetzt haben.

Und Tatsache ist auch, daß der alte Mullah 1945 *marǧaᶜ-i taqlīd* wurde, – sechzigjährig, wie Taheri schreibt. Nußbaumer gibt sein Alter mit 86 Jahren an. (Diese Altersangabe wurde auch in der zweiten Auflage nicht korrigiert, obwohl sie kaum wahrscheinlich ist: Borudscherdi starb erst im März 1961 und wäre demnach über hundert Jahre alt geworden.) [163]
Khomeini wurde zu seinem wichtigsten Berater, obwohl Borudscherdi kein Fundamentalist war. Er vertrat vielmehr die Ansicht, daß ein Mullah, der Politik treibt, nicht mehr der Geistlichkeit zuzurechnen sei. Den jungen Schah schloß Borudscherdi „sofort ins Herz", wie Taheri schreibt; sie wurden Freunde. Wegen des Erstarkens demokratischer und kommunistischer Kräfte im Iran drang Schah Mohammed Reza auf Aussöhnung mit dem traditionalistischen und antikommunistischen Klerus. Die Biographen interessiert in dieser Lebensphase, die auffallende politische Zurückhaltung Khomeinis in den Jahren 1951–1953 zu erklären, sowie die Frage zu beantworten, wann und warum es schließlich zum Bruch mit Borudscherdi kam.
Das Verhältnis zwischen beiden, darin stimmen einige Autoren überein, war durch geschicktes politisches Taktieren Khomeinis bestimmt. Riyahi behauptet sogar, es hätte einen Vertrag zwischen beiden gegeben, „nach dem sich beide die Macht des *marǧaᶜ-i taqlīd* teilen wollten: Borudscherdi sollte repräsentieren und Khomeini die Administration – mit anderen Worten, die eigentliche geistliche Machtposition – übernehmen." [164] Da Khomeini jedoch mit der *Fidā'iyān-i Islām* konspirierte, wurde Borudscherdi von anderen Beratern dazu gedrängt, den Vertrag zu kündigen. Danach kühlte sich das Verhältnis zwischen den beiden Ayatollahs ab. Khomeini hielt keine Vorlesungen mehr.
Zwei iranische Biographen Khomeinis, die Rajaee anführt, behaupten, daß Borudscherdi durch britische Agenten von der Politik abgehalten wurde: „[The imperialists] installed their able and skillful agents in Burujerdi's office and distracted him from social problems. ... They were able to stop him from direct contact with the masses." (Ruhani) - „Haj Ahmad [Burujerdi's special associate] was a British agent who would persuade Burujerdi to stay aloof." (Dawani) [165] Nach Rajaee wird dies als *ein* möglicher Grund dafür wiedergegeben, warum auch Khomeini sich in dieser Zeit ausschließlich auf wissenschaftliche Arbeiten konzentrierte.

Etwas abweichend beschreiben Nirumand/Daddjou das Verhältnis von Khomeini und Borudscherdi. Khomeini wurde demnach zwar zu seinem wichtigsten Berater, aber allein die Überzeugung Borudscherdis sollte maßgeblich für die Mullahs sein. Khomeini hielt seine fundamentalistischen Anschauungen anfänglich zurück und wurde mit der Organisation der theologischen Schulen und der Ausarbeitung neuer Richtlinien betraut. Er führte auch die Verhandlungen mit Regierungsvertretern.

Borudscherdi war der Auffassung, daß Geistliche sich aus der Politik herauszuhalten hätten. Zu diesem Thema organisierte er eine Demonstration mit etwa zweitausend Mullahs in Ghom und gab eine Flugschrift heraus: „Jeder, der sich mit Politik befasse, sei nicht würdig, ‚das Gewand der Geistlichkeit' zu tragen und müsse daher aus dem Bund ausgeschlossen werden." [166]
Die Mitglieder der Versammlung nahmen eine feste *‚non-interventionist position'* ein, die es allen Mitgliedern des Klerus verbot, sich Parteien anzuschließen und Politik zu machen. Daß die Engländer Einfluß auf diese Versammlung gehabt haben sollen, ist unwahrscheinlich. In dem Beschluß dieser Versammlung, sich der Politik weitgehend zu enthalten, sieht Rajaee den eigentlichen Grund für die politische Zurückhaltung Khomeinis in diesen Jahren.
Nirumand/Daddjou führen dagegen – ohne genaue Datierung und unter Berufung auf ein Interview im Jahr 1986 mit einem nicht namentlich genannten Ayatollah – eine Begegnung zwischen Borudscherdi und Khomeini an, bei der Khomeini dem geistlichen Oberhaupt in Anwesenheit hoher Würdenträger offen widersprach: „Der Islam ist Politik. Ohne Einmischung in die Politik lassen sich die Vorschriften des Korans nicht durchsetzen. [...] Wir brauchen die Macht, auch die politische Macht. Ohne sie sind wir verloren." [167] Damit scheinen Nirumand/Daddjou (im Gegensatz zu Rajaee) andeuten zu wollen, daß Khomeini die Auffassung der Versammlung von Geistlichen in Ghom nicht teilte.
Wenig später, nachdem Borudscherdi weitere Informationen über Khomeini und sein Buch *Kašf al-asrār* eingeholt hatte, verzichtete er auf jede weitere Mitarbeit Khomeinis. Beide haben sich – laut Nirumand/Daddjou – danach nie wieder gesehen.

Nach ihrer Auffassung hatte Khomeini die extremistische *Fidā'iyān-i Islām* nicht unterstützt und ein Angebot zur Zusammenarbeit sogar abgelehnt. Den Forderungskatalog der Fidā'iyān soll Khomeini allerdings zum Teil wörtlich für sein eigenes Programm des islamischen Staates übernommen haben. [168]
Die ausführlichste Darstellung dieser Phase findet sich wieder bei Taheri. Um Borudscherdi für Ghom zu gewinnen, habe Khomeini dort zunächst eine Kampagne organisiert, die zu einem Handgemenge zwischen Anhängern und Gegnern Borudscherdis führte. Als dieser dann in die Stadt kommen sollte, setzte Khomeini alle Omnibusse ein, die ihm und seinem Bruder gehörten, und brachte eine große Zahl von Mullahs nach Teheran. Von dort begleiteten sie Borudscherdi demonstrativ nach Ghom.

Das enge Verhältnis zwischen Khomeini und Borudscherdi machte ihn für zahlreiche politische Gruppen interessant. Ende 1944 war Khomeini sogar als möglicher Kandidat der Stadt Ghom für das Unterhaus des Parlaments im Gespräch. Taheri führt es auf den Einfluß Borudscherdis zurück, daß sich Khomeini damals nicht zur Wahl stellte. 1944 und 1945 besuchte Khomeini eine Reihe von Provinzen, warb dort für Borudscherdi und überredete Kaufleute, ihre Spenden nicht mehr nach Nadschaf oder Maschhad, sondern nach Ghom zu schicken.
Bei Besuchen in Teheran hatte er Kontakte zu Ayatollah Abol Ghasem Hoseini Kaschani (gest. 1962) geknüpft. Kaschani war 1941 von den Briten nach Palästina verbannt worden, weil er sich für die Nationalsozialisten stark gemacht hatte. „Während des Zweiten Weltkrieges sympathisierte er [Kaschani] mit den Deutschen. Die Besetzung des Iran durch die Alliierten zwang ihn in den Untergrund. Er wurde bald entdeckt und in Haft genommen, 1945 jedoch wieder freigelassen. Die Stadt Ghom bereitete ihm einen stürmischen Empfang. Alle namhaften Ayatollahs kamen zu seiner Begrüßung.
Nach Teheran zurückgekehrt, wurde er wegen seiner kritischen Rede gegen die Einschränkung der Pressefreiheit abermals verhaftet und erst im Juni 1947 entlassen. In dieser Zeit begann seine Zusammenarbeit mit der *Fidā'iyān-i Islām*. [...] Ein mißlungenes Attentat auf den Schah, im Februar 1949, führte zu Kaschanis Verbannung in den Libanon." [169]

Ayatollah Kaschani, Revolutionsplakat um 1981/82.

Nach Taheri war das Attentat jedoch schon 1948 und von Kommunisten verübt worden. Eine weitere Version bietet das in der DDR erschienene Buch von Ebert/Fürtig/Müller: „Das von einem Anarchisten [!] am 4. 2. 1949 begangene Attentat auf Mohammed Reza Schah bot der Reaktion einen willkommenen Anlaß, ein Verbot der [moskautreuen] *Tudehpartei* zu verhängen, von dem auch der *Zentralrat der Gewerkschaften* betroffen war.“ [170]
Nachdem 1945 (nach Nirumand/Daddjou 1946) das „Todesurteil“ (Taheri), das Khomeini in seinem *Kašf al-asrār* über Kasrawi gefällt hatte, von der *Fidā'iyān-i Islām* vollstreckt worden war, wurde das Schicksal des Mörders zum Testfall. Kaschani forderte, der Mörder solle von einem *geistlichen* Gericht abgeurteilt werden, und er verteidigte den Mord als Akt der Frömmigkeit. Schließlich ließ sich Borudscherdi überreden, für eine Schonung des Mörders einzutreten. Khomeini wurde beauftragt, beim Schah vorstellig zu werden. Nach der Audienz wurde Sayyid Hosein Emami (laut Taheri der Mörder Kasrawis, laut Göbel der Mörder des ehemaligen Premierministers) zunächst begnadigt. Er soll später dennoch hingerichtet worden sein. [171]
Nirumand/Daddjou erwähnen ein Treffen in dieser Zeit zwischen Khomeini und dem Schah, ohne auf den Anlaß näher einzugehen. Es soll die einzige Begegnung zwischen Schah und Khomeini gewesen sein. Taheri schildert dagegen noch ein zweites Treffen. Bei dieser Gelegenheit warb Khomeini erfolgreich für die Finanzierung der Goldplattierung einer Moscheekuppel und für den Bau einer neuen Moschee in Ghom.
Khomeinis Beziehungen zu Kaschani und der *Fidā'iyān-i Islām* führten um 1949 zum Bruch mit Borudscherdi. Von der Fidā'iyān waren eine Reihe politischer Morde verübt worden. Zu ihren Opfern zählte der ehemalige Premierminister, gleichzeitig Verwalter des königlichen Haushalts, und der Erziehungs- und Kultusminister. Im März 1951 wurde auch der neue Premierminister erschossen. „Es ist nicht ganz klar, ob die religiösen Edikte, die die ‚Todesurteile‘ für diese Männer enthielten, von Khomeini oder Kaschani erlassen wurden. Jedenfalls hießen beide diese Tötungen ganz entschieden gut.“ [172] Kaschani erreichte als Sprecher des Parlaments wiederum einen Beschluß, der das Todesurteil gegen den Mörder des Premierministers aufhob und den Täter zum ‚Kämpfer des Islam‘ erklärte.

Die mißlungenen Attentate (1949 auf den Schah, 1952 auf den Außenminister) führten zu einer Verhaftungswelle. Anhänger der kommunistischen Tudeh-Partei, der Fidā'iyān und anderer politischer Gruppen versuchten auf dem Lande unterzutauchen. Wie das Foto zeigt, waren sie dort vor Verhaftungen nicht sicher.

Khomeinis Taktik, einerseits die Macht Borudscherdis zu nutzen, andererseits mit Kaschani und der *Fidā'iyān-i Islām* zusammenzuarbeiten, scheiterte letztendlich. Das Verhältnis zu beiden war gebrochen. Kaschani bezeichnete Khomeini als *šolūġī* („Unruhestifter"); Khomeini schimpfte Borudscherdi als *rīš-ḫirmiz* („Rotbart") während Borudscherdi Khomeini nur noch als *rūh-i šaiṭān* („Seele des Teufels" – anstelle von Ruhollah, „Seele Gottes") bezeichnet haben soll.

Quietistische Phase und weitere Buchveröffentlichungen (1951–1960)

Die Parlamentswahlen Anfang 1950 führten zum Sieg der nationaldemokratischen Bewegung unter Mohammed Mossadegh (1880–1968). Ihr wichtigster Programmpunkt war die Nationalisierung der Ölindustrie. Denn seit 1901 unterstanden Produktion und Export des iranischen Öls den Briten, die enorme Profite für sich erwirtschafteten. Schon im März 1951 – also ein Jahr nach der Regierungsübernahme durch die *Nationale Front* – wurde ein Gesetz zur Nationalisierung der Ölindustrie verabschiedet. Wenige Wochen später wurde Mossadegh zum Premierminister gewählt. Kaschani, der nun ebenfalls Mitglied des Parlaments war, verbündete sich mit ihm. Gleichzeitig brach er mit der *Fidā'iyān-i Islām*, denn die säkulare Einstellung der nationaldemokratischen Bewegung und Mossadeghs war mit dem Gedankengut der *Fidā'iyān* unvereinbar. Mehr noch – die *Fidā'iyān* plante die Ermordung Mossadeghs und verübte am 2. Februar 1952 ein Attentat auf den Außenminister (nach Nirumand/Daddjou). [173] Aber das Bündnis zwischen Kaschani und Mossadegh währte nicht lange: Es zerbrach noch im selben Jahr an internen Machtkämpfen. Kaschani schlug sich auf die Seite der Royalisten.
Auch außenpolitisch geriet Mossadegh unter Druck. Nach der Verabschiedung des Gesetzes zur Nationalisierung der Ölindustrie setzten die Engländer Streitkräfte in Bewegung, bezichtigten den Iran des Vertragsbruches und erwirkten beim *Internationalen Gerichtshof* in Den Haag eine einstweilige Verfügung.

Tankstelle in Persien mit dem Emblem von BP (British Petrol) in persischer Schrift um 1950. Persische Autofahrer kaufen britischen Firmen in Persien gewonnenen Treibstoff ab. Erst die Kampagne zur "Nationalisierung" der Ölindustrie unter Mossadegh stellte das Monopol Großbritanniens in Frage.

Am 19. August 1953 wurde Mossadegh von schahtreuen Truppen gestürzt und inhaftiert. Dieses Unternehmen war durch den CIA und den britischen Geheimdienst organisiert worden. Taheri hält für erwiesen, daß auch Kaschani eine wichtige Rolle dabei spielte, während Nirumand/Daddjou betonen, daß die Mullahs und die *Fidā'iyān-i Islām* am Putsch beteiligt waren. [174] „Enthüllungen" des iranischen Geheimdienstes sprachen rechtfertigend von einer kommunistischen Unterwanderung der Streitkräfte und einem raffinierten Komplott der moskautreuen *Tudehpartei*, das die Kommunisten an die Macht bringen sollte. [175]
Der Schah – er war zur Zeit des Umsturzes aus Sicherheitsgründen nach Italien geflohen – konnte nun mit massiver finanzieller und militärischer Unterstützung durch die USA rechnen. „Bereits am 5. September 1953 trafen die ersten 45 Millionen US-Dollar im Iran ein, ein paar Monate später weitere 15,5 Millionen, und für das Finanzjahr 1954 erhielt der Iran insgesamt 127,3 Millionen Dollar." [176] Im Oktober 1954 kam es zum Abschluß eines Ölvertrages mit einem internationalen Konsortium, dem die USA, Großbritannien und die Niederlande angehörten. Es garantierte den USA eine vierzigprozentige Beteiligung an der iranischen Ölförderung. Die USA unterstützten den Schah ferner mit Militär- und Geheimdienstberatern und bauten Irans Militär materiell und personell auf. „Seit Mitte der fünfziger Jahre durfte im Iran nichts geschehen, was den Interessen der USA widersprach." [177] Damit waren die neuen demokratischen Versuche, diesmal mit Unterstützung der USA, zerschlagen und stattdessen ein Marionettenregime installiert worden.
Kaschani protestierte zwar gegen den neuen Ölvertrag, aber nach einem Attentat wurden die Anführer der *Fidā'iyān-i Islām* und Kaschani verhaftet. Der Schah ging nun mit Hilfe des Geheimdienstes unerbittlich gegen Regimegegner vor. Mossadegh wurde zu drei Jahren Einzelhaft und verschärftem lebenslangen Hausarrest verurteilt. Der Schah führte eine Pressezensur ein, verbot zahlreiche Tageszeitungen und Zeitschriften, ließ Bücher beschlagnahmen, Druckereien schließen und kritische Journalisten verfolgen.
Die Informationen über Khomeini sind in dieser Zeit auffallend spärlich. Nirumand/Daddjou erwähnen, daß Khomeini vor dem Putsch oft im Hause Kaschanis gesehen wurde. Beide hatten den Putsch öffentlich

begrüßt. Khomeini hatte erneut versucht, das entstandene Machtvakuum zu nutzen. Nachdem er die schwache Position des Schahs und Mossadeghs erkannt hatte, mobilisierte er einige Mullahs zur Gründung eines islamischen Staates.

Borudscherdi hatte ihm daraufhin die Lehrtätigkeit an der theologischen Schule untersagt. Nirumand/Daddjou schließen daraus: „Während dieser Zeit fühlte er [Khomeini] sich sehr niedergeschlagen. [...] Nach langen Überlegungen kam er zu der Einsicht, daß es für ihn nur einen einzigen Ausweg gab: sich aus allem zurückzuziehen, die Politik aufzugeben, sich seinen theologischen Studien zu widmen, ein ruhiges Leben zu führen. [...] Die seltenen Besuche, die Khomeini empfing, meist seine ergebenen Anhänger, schwiegen ebenfalls über die Umstände seines Lebens und das, was er dachte und sagte. Möglicherweise hatten nicht einmal sie Einblick in seine Überlegungen und wußten nicht, ob er sich während dieser Jahre der selbstgewählten Isolation tatsächlich auf seine Studien konzentrierte oder ob sein Verhalten nur ein taktischer Rückzug war, ein Warten auf die nächste Gelegenheit.“ [178]

Nirumand/Daddjou zeichnen das Bild eines politisch gescheiterten und isolierten Mannes, betonen jedoch sein religiöses Charisma: „Nachbarn und Kollegen bekamen ihn nur auf dem Weg zur Moschee und zurück zu sehen. Wenn Bekannte ihm dabei begegneten und begrüßten, erhielten sie selten eine Antwort. Den Kopf nach unten gesenkt, schaute er fortwährend auf die Erde, Passanten, Geschäfte, spielende Kinder, Verkehrsmittel, Häuser, Blumen, Gärten interessierten ihn nicht. Seine Gesichtszüge waren noch strenger, sein Blick schärfer, sein Gang selbstbewußter geworden. Oft blieb, wer ihn sah, stehen und schaute ihm nach. Alle spürten eine große Ehrfurcht vor ihm, selbst die, die ihn nicht leiden konnten.“ [179]

Nach Taheris Darstellung war Khomeini während dieser Zeit weder depressiv noch hatte er eine charismatische Wirkung auf seine Umgebung – im Gegenteil. Nachdem Borudscherdi offen mit ihm gebrochen hatte, nachdem Kaschani erst mit der *Fidā'iyān-i Islām*, dann auch mit Mossadegh und dem Schah paktiert hatte, widmete sich Khomeini ausschließlich drei Zielen: „Erstens der Untergrabung des Ansehens von Borudscherdi, zweitens dem Ausbau seiner eigenen Karriere und drittens dem Ordnen und Mehren seines Vermögens.“ [180]

Khomeini hatte einen Kreis von Suchenden um sich versammelt und genoß hohes Ansehen. Zu seinen Jüngern gehörten damals Männer, die ihm noch während und nach der Islamischen Revolution zur Seite stehen sollten: Mortaza Mottahari, Hosein Ali Montazari, Mohammed Dschawad Bahonar, Scheich Ali Teherani und Scheich Sadegh Khalkhali. Khomeini hatte Stellvertreter in Täbris, Yazd und Teheran eingesetzt; in Ghom unterstützte ihn Beheschti.

Nach Angaben des Munzinger Archivs bildete Khomeini bis zu seiner Verbannung 1963 rund 1500 *iğtihād*-Anwärter aus.[181] Um möglichst vielen Suchenden ein Stipendium bieten zu können, versuchte er sein Kapital zu vermehren. Khomeini investierte in Ackerland, was sich bei steigenden Brotpreisen als geschickter Schachzug erwies. Außerdem verfaßte er einen Kommentar zur ersten Sure des Korans und gab eine Sammlung von religiösen Fragen und Antworten heraus, die aus seiner Praxis als Lehrer entstanden waren. In dieser Zeit veröffentlichte Khomeini auch *Taḥrīr al-wasīla* („Befreiung von den Mitteln"), nach Taheri „sein erstes und einziges Werk in arabischer Sprache", das nur in handschriftlichen Kopien erhältlich war. Es soll allerdings so fehlerhaft gewesen sein, „daß es kein Araber verstand", bis es von libanesischen Schiiten völlig umgeschrieben und 1984 in Teheran nochmals aufgelegt wurde.[182]
Diese Auffassung Taheris ist falsch, denn – wie bereits erwähnt – war schon Khomeinis erstes Buch *Miṣbāḥ al-hidāya* 1929 in arabischer Sprache verfaßt worden. Und eine Reihe weiterer Werke Khomeinis sollen erst Anfang der 80er Jahre aus dem Arabischen ins Persische übersetzt worden sein.[183]
1955 wandte sich Scheich Ali Akbar Halabi an Khomeini und bat ihn um Unterstützung bei einer Kampagne gegen die Bahais. Außer Khomeini sagte, laut Taheri, auch der Chef des SAVAK Generalmajor Teimur Bakhtiyar seine Unterstützung zu – freilich nur unter der Bedingung, daß sich die Mullahs zu einer Kampagne gegen die Linke bereit erklärten. Khomeinis Statthalter in Teheran hielt daraufhin eine zündende Predigt, in der er indirekt zum Mord an den Bahais aufrief. Der Bahai-Tempel in Teheran wurde besetzt und teilweise zerstört. Nur das Einschreiten Borudscherdis verhinderte die Fortsetzung dieser Kampagne.[184]

Nach Taheri gehörte Khomeini bereits seit 1958 zu den „zwölf lebenden Ayatollahs", – und nicht erst seit 1963, wie andere Quellen behaupten.[185] Khomeini soll zu dieser Zeit, gemeinsam mit anderen Ayatollahs seiner Rangstufe wie Montazari und Mottahari, an den Vorlesungen Borudscherdis teilgenommen haben. Er bedurfte für einen weiteren Aufstieg in der Hierarchie noch der Anerkennung des Schahs. Khomeini beendete die Attacken gegen ihn und schrieb versöhnliche Briefe.
Was Taheri über Khomeinis Charisma behauptet, widerspricht dem, was Nirumand/Daddjou dazu schreiben. Taheri: „Khomeini war nie eine besonders charismatische Persönlichkeit. Er besaß keine gewinnende Ausstrahlung. Als schlechter Redner, dessen monotone Sprache oft gar nicht zu verstehen war, hatte er nicht die geringste Chance im Wettstreit mit Magiern der Kanzel wie Scheich Mohammed Taqi Falsafi oder sogar seinem eigenen Schüler Scheich Mortaza Mottahari. [...] Seine tiefschwarzen Augen erinnerten an Raben, die verzweifelt aus Eisenkäfigen auszubrechen suchen. Seine buschigen Augenbrauen verliehen seinem ohnehin schon düsteren Gesicht noch strengere Züge. Und sein Bart, der nun die konfliktreiche Einheit von Schwarz und Weiß repräsentierte, wies seinen Träger als leidenschaftlichen Anarchisten [!] aus. Vorbei waren die Tage, in denen Sayyid Ruhollah, der Tradition unter den Mullahs folgend, tagtäglich eine längere Zeitspanne damit verbrachte, seine stolze Barttracht zu ordnen, zu legen und zu färben. [An anderer Stelle betont Taheri jedoch, daß Khomeini seinen Bart auch früher nie gefärbt habe.] Aufgrund der eben geschilderten Schwächen standen die Chancen nicht sehr günstig, daß Khomeinis neue Lehre im Iran oder sonst irgendwo auf der Welt Anhänger finden würde. Anfang der sechziger Jahre gelang es dem Ayatollah nicht einmal, eine nennenswerte Zuhörerschaft in seiner unmittelbaren Umgebung zusammenzubringen."[186]
Anfang der 40er Jahre hatte Khomeini also sein politisch-religiöses Fundament in Form seines Buches *Kašf al-asrār* gelegt, sich aber in politische Intrigen verstrickt. Anfang der 50er Jahre war Khomeini politisch und religiös weitgehend isoliert und zog sich aus der Politik für einige Jahre zurück. Richard bezeichnet die 50er Jahre daher als seine „quietistische Periode".[187] Diese Zeit wird in den Biographien meist nur knapp abgehandelt.

Ab 1959 verschlechterte sich das Verhältnis zwischen Regierung und Klerus deutlich. Während Einnahmen aus dem Öl-Export einen Wirtschaftsboom auslösten, nahm die Arbeitslosigkeit zu. Daraus resultierende soziale und wirtschaftliche Probleme versuchte der Schah durch eine „Erziehungsdiktatur“ (Göbel) und ein ganzes Bündel von Reformen zu bewältigen. Sie fanden zwar die Unterstützung der USA, stießen in breiten Kreisen der Bevölkerung aber auf Ablehnung. Eine aus dem Westen importierte Moderne, insbesondere ihr Konzept des Säkularstaates, stand im Widerspruch zum Wertesystem der iranischen Kultur und gesellschaftspolitischer Lehren des Schiismus. Eine Monarchie war nach schiitischem Dogma nur legitim, solange sie zentrale Glaubensregeln nicht mißachtete. Mit zunehmender Säkularisierung mußte der Schah in den Augen führender Theologen seine Legitimität verlieren. Die Geistlichkeit fühlte sich bedroht und fürchtete durch eine 1959 beginnende Landreform die Kontrolle über Stiftungsländereien (*awqāf*), die materielle Basis ihrer Unabhängigkeit, zu verlieren. Und mit der Entsendung eines Generalkonsuls nach Israel 1960 setzte sich der Schah eindeutig über religiöse Normen hinweg. Denn er hatte damit die nicht-islamische Regierung des heiligen Landes anerkannt. [188]
Kurz vor seinem Tod verurteilte Ayatollah Borudscherdi die Einführung des Frauenwahlrechts und erließ eine *fetwa* gegen die Landreform. Mit seinem Tod 1961 fand auch seine Politik des Ausgleichs zwischen Schah und Klerus ihr Ende. Unter den Ayatollahs gab es noch keinen, der seine führende Position einnehmen konnte.
Während über Kindheit und Jugend Khomeinis, über Ausbildung und erstes politisches Engagement eigentlich nur Taheri und Nirumand/Daddjou ausführlich schreiben, berichten alle Autoren über Khomeinis Aktivitäten seit den 60er Jahren. Die Darstellungen werden in sich dichter. Mit ihrer Anzahl scheint aber auch die Zahl widersprüchlicher Daten und Versionen zuzunehmen, so daß (mit Rücksicht auf den Umfang der biographischen Skizze) nur noch auf grobe Widersprüche eingegangen werden soll. Es tauchen nun neben hagiographischen Verklärungen auch politische Verzerrungen auf, die vom jeweiligen Standpunkt des Autors zeugen. Obwohl der zeitliche Abstand zur Gegenwart geringer wird, obwohl aus den 60er Jahren vermehrt historische Zeugnisse vorliegen, werden die biographischen Darstellungen nicht unbedingt klarer, – wie man vielleicht vermuten könnte.

Vor der Hauptpost in Teheran Anfang der 50er Jahre: Europäisch gekleidete Händler bieten Briefumschläge, Marken und gleichzeitig ihre Hilfe beim Abfassen von Briefen an. Mehr als die Hälfte der Bevölkerung sind Analphabeten.

Erster politischer Erfolg (1961–1963)

Mehrere Ereignisse katapultierten Khomeini zu Beginn der 60er Jahre wieder auf die politische Bühne; dazu gehörte der Tod Borudscherdis und dessen ungeklärte Nachfolge, die mißglückten Reformversuche des Schahs, die schließlich in die „weiße Revolution" mündeten, und der offene Konflikt zwischen Regierung und Mullahs, der schließlich zur Verbannung Khomeinis in die Türkei führte. Immer häufiger tauchen nun die Namen von Schülern und Anhängern Khomeinis auf, die für die Islamische Revolution entscheidende Bedeutung haben werden.

Khomeini soll sich 1960 mehrmals hintereinander für 40 Tage in die Einsamkeit zurückgezogen haben, ein Brauch, der in Persien als *čilā* bekannt ist. So schreibt Taheri: „Khomeini brauchte eine derartige Pause, um seine Gedanken neu zu ordnen und außerdem Schritte zu planen, die ihn dem näher bringen sollten, was er mehr und mehr als seine göttliche Sendung zu betrachten begann. [...] Nach dieser Phase langer Zurückgezogenheit war Khomeini mehr denn je davon überzeugt, daß Allah ihn dazu ausersehen habe, ganz besondere Aufgaben zu übernehmen. Ob er wirklich glaubte, er habe mit dem Erzengel Gabriel in Verbindung gestanden, der im Islam als Allahs wichtigster Sendbote gilt, bleibt ein Geheimnis." Hervorzuheben ist, daß Taheri hier auf ein ‚Berufungserlebnis' Khomeinis hinweist, das dieser möglicherweise für sich selbst geltend gemacht hat. Uns liegen darüber keine weiteren Äußerungen vor. „In seiner unmittelbaren Umgebung fehlt es nicht an Männern, die vor aller Welt andeuten, in seiner Zurückgezogenheit stehe Khomeini mit dem verborgenen Imam und durch diesen mit dem Allmächtigen selbst in Verbindung." [189]
Während dieser Phase besuchte ihn der Dichter Nader Naderpur: „Er fand den Ayatollah ‚entschieden gewaltorientiert' und auf die Idee fixiert, ‚jede Spur von Korruption vom Angesichte der Erde zu vertilgen'. Jeden Gedanken an eine Sozialreform wies er mit dem Argument zurück, es sei ‚reine Zeitverschwendung, sauberes Wasser in eine Jauchegrube zu schütten'. [...] Etwa zur gleichen Zeit prägte der Ayatollah auch seine berühmte Formel, der Islam sei ein Baum, der nur wachsen könne, wenn er durch das Blut der Jugend genährt werde." [190]

Taheri spekuliert weiter, Khomeini habe sich zu dieser Zeit von der Mystik abgewandt und auch mit dem Dichten aufgehört. „Er muß sich einen sorgfältig durchdachten Plan zurechtgelegt haben.“ [191] Von nun an wollte er nur noch die breite Masse der armen, ungebildeten, durch Elend und harte Arbeit schwer geprüften Bevölkerungsschichten ansprechen. Er legte sich daher eine einfache Sprache mit einem Vokabular von rund 2000 Wörtern zu, „die durch ständiges Wiederholen die Kraft magischer Formeln erhielten“. [192] Er schuf sich ein Weltbild, in dem es nur den Konflikt zwischen Gut und Böse gab. Das Böse verkörpere die derzeitige Regierung, das Gute komme von den Mullahs.

Laut Taheri plädierte Khomeini seit 1961 offen für eine Regierung schiitischer Geistlicher. „Was nützt es uns [d. h.: den Mullahs], von Gott gegebene Gesetze zu verkünden, wenn wir keine Macht haben, um durchzusetzen, daß sie befolgt werden?“ [193] Khomeinis Schüler, z. B. Mottahari und Beheschti, organisierten Diskussionen zu dem Thema der Machtübernahme durch die Mullahs. Riyahi betont dagegen, daß sich Khomeini zu dieser Zeit noch zur monarchistischen Staatsform bekannt und erst Mitte der 70er Jahre deren Sturz und eine islamische Republik gefordert habe. [194]
Den sozialen und wirtschaftlichen Problemen der breiten Bevölkerung versuchte der Schah Anfang 1960 mit einer langfristig angelegten Landreform zu begegnen. Sie war mit den USA abgesprochen und sollte auch Stiftungsländereien und Landbesitz der Mullahs beschneiden. Gleichzeitig versuchte die Sowjetunion, propagandistisch Einfluß auszuüben. In dieser Situation bemühte sich eine Gruppe von Khomeini-Anhängern, so Taheri, mit den Briten zu verhandeln, was allerdings mißlang.
Im Journal der *Britischen Akademie der Wissenschaften* erschien später ein Aufsatz über Mottahari, Beheschti und Khomeini von Anne Lampton, einer renommierten Iranistin, die – so behauptet Taheri – gleichzeitig Beamtin des britischen Geheimdienstes gewesen sein soll. [195] Von Khomeinis Anhängern wurde der Artikel als Zeichen der Billigung ihrer Ansichten durch Großbritannien mißverstanden. Taheri sieht in dem Aufsatz die Grundlage von Khomeinis Vorlesungsreihe, die er später im Iraker Exil hielt und die unter dem Namen *Hokūmat-i islāmī* (Islamische Regierung) um 1970 veröffentlicht wurde.

Auch Borudscherdi protestierte damals gegen die geplante Landreform. Einige Parlamentsabgeordnete – die als Großgrundbesitzer von der Reform betroffen waren – nahmen diesen Protest zum Anlaß, die Regierungsvorlage so auszuhöhlen, daß „von dem ursprünglichen Plan fast nichts mehr übrig blieb" – so jedenfalls Nirumand/Daddjou. [196]
Der Druck der USA auf den Schah, Reformen durchzuführen, verstärkte sich, nachdem John F. Kennedy 1960 Präsident geworden war. Die iranische Regierung beschloß daraufhin, Frauen bei Wahlen für Stadt- und Provinzräte das Wahlrecht einzuräumen. Taheri schreibt, daß Khomeini über diesen neuen Gesetzentwurf zwar beunruhigt und erbittert war, aber sich 1962 noch nicht stark genug fühlte, um der Regierung offen den Kampf anzusagen.
Nirumand/Daddjou beschreiben dagegen ausführlich Khomeinis Agitation gegen das Frauenwahlrecht, die zu einem ersten politischen Sieg gegen den Schah führte und auf Zustimmung in der Bevölkerung stieß. Nach dem Tod Borudscherdis im März 1961 (bei Taheri 1962) gewannen Khomeinis politische Reden an Einfluß. „Borudscherdi ist tot, Ghom aber lebt. Wir dürfen uns diese Provokation nicht gefallen lassen. Wir müssen der Regierung deutlich machen, daß wir mächtig genug sind, um antiislamische Maßnahmen und Gesetze zu verhindern. Wenn Sie nicht handeln wollen, werde ich es allein tun!", erklärte er auf einer von ihm selbst einberufenen Sitzung von Ayatollahs. [197]
Zwei Artikel des reformierten Wahlrechts widersprachen nach Ansicht Khomeinis dem Islam und den Auffassungen der *^{c}ulamā*. Sie waren vom *Council of Ministers* dennoch am 6. Oktober 1962 bestätigt worden. Artikel 2 sah vor, daß ein Bekenntnis zum Islam (bzw. zur zoroastrischen, christlichen oder jüdischen Religion) nicht mehr Vorbedingung für eine Teilnahme an den Wahlen sei; den Frauen sollte ein Wahlrecht eingeräumt werden. Und in Artikel 41 wurde festgelegt, daß der Eid bei Amtsantritt nicht mehr ausdrücklich auf den Koran, sondern auf das „heilige Buch" geleistet werden sollte. [198]
Die Ayatollahs Khomeini, Schariatmadari und Golpayegani sandten Telegramme an den Schah, in denen sie die Streichung aller Reformen forderten, die gegen den Islam gerichtet seien. [199] Nach weiteren Telegrammen, u. a. auch an Premierminister Alam, zog die Regierung ihren Beschluß zurück. Doch Khomeini und Schariatmadari forderten den Schah zusätzlich auf, seine Niederlage durch die Presse offiziell

bekanntzugeben, und sie zerrissen Flugblätter der Ayatollahs Maraschi Nadschafi und Golpayegani, in denen das Ende des Konfliktes schon bekanntgegeben worden war. Khomeini siegte mit dieser Kompromißlosigkeit nahezu im Alleingang, so Nirumand/Daddjou. Denn „der Protest der Mullahs gegen das Frauenwahlrecht war von keiner der politischen Parteien und Gruppen unterstützt worden mit Ausnahme der *Nahḍat-i Āzādī* (Freiheitsbewegung), einer islamisch orientierten bürgerlich-demokratischen Gruppe mit dem ehemaligen Mossadegh-Mitarbeiter Mehdi Bazargan an der Spitze. Bazargan sollte nach der Revolution der erste von Khomeini ernannte Ministerpräsident werden.“ [200]

Nach diesem Ereignis stieg Khomeinis Anhängerschaft sprunghaft an: „In religiösen Kreisen und unter der Bevölkerung in Ghom hatte seine Unbeugsamkeit große Hoffnungen geweckt. Endlich hatte es mal einer gewagt, den Putschisten die Stirn zu bieten. Der Gegenstand des Protestes spielte dabei nur eine untergeordnete Rolle.“ [201] Wie die Biographie des Islamischen Führungsministeriums datiert auch Richard Khomeinis „direkten Kampf gegen das Pahlawi-Regime“ auf das Jahr 1962, also noch vor die Zeit der sogenannten Weißen Revolution. Richard berichtet, daß ab 1960 immer mehr Studenten am Ethik-Kurs Khomeinis teilnahmen. Er habe sich dabei nicht – wie traditionell üblich – auf den für ihn vorgesehenen erhöhten Stuhl gesetzt, „sondern sprach auf dem Boden in einer Ecke des Raumes sitzend und faszinierte seine Zuhörerschaft durch seine Kritik an der Politik der Regierung.“ [202]

Auch Nußbaumer meint, Khomeini bleibe eine Randfigur „eigentlich bis zum Jahr 1961, obwohl sein Ruf als geistige Autorität nun auch in der Bevölkerung wächst. Bis seine erste große Stunde kommt.“ [203] Diese sieht Nußbaumer im Tod Borudscherdis. Wie und wann Khomeini die Anerkennung als *marǧa^c-i taqlīd* erhielt, ist jedoch nicht geklärt. Nußbaumer schildert in diesem Zusammenhang eine von Khomeinis Familie kolportierte Anekdote:

„Demnach saßen die Ayatollahs vor dem Begräbnis beisammen und besprachen, wie alles weitergehen solle. Sichtlich uneinig über den Mann, der künftig eine zentrale Rolle spielen sollte, baten sie Khomeini, nach dem Testament des Toten zu suchen. Er brachte das Schriftstück in einem Kästchen und begann es vorzulesen. Und der Inhalt

überraschte ihn selbst ebenso wie die anderen, die hier versammelt waren. ‚Ich habe noch nicht die Stufe erreicht, um jemanden von Euch als meinen Nachfolger vorzuschlagen, [...] Wäre ich aber heute in Eurer Gesellschaft und hätte tatsächlich jemand von Euch meine Meinung wissen wollen, hätte ich nichts gegen jenen gehabt, den ihr ausgewählt habt, um diese Zeilen vorzulesen ...'." [204]
Für Nußbaumer erklärt diese Geschichte, warum Khomeini sich ab 1961 „als der beglaubigte Interpret und Vertreter des ersehnten Imams fühlt und warum es andererseits viele persische Ayatollahs gibt, die diesen Anspruch Khomeinis lange nicht akzeptierten." [205] Wie bereits gesagt, wurde der Titel des *marǧa^c-i taqlīd* (wörtlich: „Quelle der Nachahmung", eine Bezeichnung für die anerkannte Autorität unter den Geistlichen) anderen Versionen zufolge dem Ayatollah erst einige Jahre später, nämlich kurz vor seiner Verbannung, zugesprochen.
Rajaee und Göbel weisen darauf hin, daß sich zunächst kein Ayatollah durch überlegene Gelehrsamkeit für die Nachfolge Borudscherdis qualifizieren konnte. Drei von ihnen ragten besonders hervor: Mohammed Hadi Milani aus Maschhad, Kasim Schariatmadari aus Ghom und Khomeini. Der Schah hatte nach dem Tode Borudscherdis einen weiteren Ayatollah, Scheich Muhsin al-Hakim, als Nachfolger favorisiert – auf ihn hatten sich die Mullahs aber nicht einigen können. Khomeini zeichnete sich vor allem durch ein besonderes gesellschaftspolitisches Engagement aus.
Etwa um 1962 hatte sich in Teheran ein „Zusammenschluß der kämpfenden Gottesmänner" gebildet, der sich für die Ziele Khomeinis einsetzte. [206] Außerdem ebnete eine Gruppe unter Führung von Ayatollah Mottahari den Weg für religiöse Reformen. Sie vertrat die Ansicht, daß in Zukunft die Gemeinde nicht mehr von einem obersten *marǧa^c*, sondern von einem Kollegium arbeitsteilig geleitet werden sollte. Das Schwergewicht des Theologiestudiums solle nicht mehr auf *fiqh* (Gesetzeslehre), sondern auf *a$\underline{h}$lāq* (Ethik), *^{c}aqā'id* (Dogmatik) und *falsafa* (Philosophie) beruhen – Fächer, auf die sich Khomeini als einer von wenigen Geistlichen spezialisiert hatte. [207] Der Einfluß dieser Gruppen kam Khomeini zu Gute. Für Rajaee markiert erst die Anerkennung als *marǧa^c-i taqlīd* den Beginn der zweiten Phase in Khomeinis öffentlichem Leben, der Phase des politischen Protestes gegen die Regierung des Schahs. [206]

Die Weiße Revolution und Khomeinis Auseinandersetzung mit dem Schah bis zu seiner Verbannung (1963)

Zwei Jahre lang waren die Reformpläne von 1959 in Vorbereitungen stecken geblieben. Um das Bündnis mit den USA nicht zu gefährden, setzte der Schah zu Beginn des Jahres 1963 die „Weiße Revolution" durch – mit Hilfe einer Volksabstimmung. Die Weiße Revolution bestand aus einem Sechs-Punkte-Programm, deren Kernstück eine halbherzig konzipierte Landreform war. Außerdem war vorgesehen: eine verstärkte Alphabetisierung, die Verbesserung der Gesundheitsversorgung und (erneut) die Einführung des Frauenwahlrechts. Khomeini erklärte in einem Flugblatt, das noch vor dem Referendum verteilt wurde: „Die Schriftgelehrten werden daran gehindert, für den Islam und seine Gesetze zu werben... Wir werden wie Sklaven im Mittelalter behandelt. Gott weiß, daß ich dieses schmähliche Leben nicht fortsetzen möchte... Ich wünschte, die Polizisten würden mich verhaften, mich daran hindern, meine religiösen Pflichten zu erfüllen." [209]
Der Schah reagierte auf die Proteste der Mullahs mit einer vernichtenden Rede in Ghom. Er beschimpfte sie als schwarze Reaktionäre und als Schmarotzer, die „glauben, das Leben bestehe lediglich darin, durch Unterdrückung oder Schmarotzerdasein Hab und Gut zu erlangen, sich die Bäuche vollzustopfen und sich schlafen zu legen..." [210] Dies kam großen Teilen der Bevölkerung entgegen, die die Mullahs für scheinheilig und für Schmarotzer hielten. Im Persischen findet sich das Wort *mollā-ḫur* („vom Mullah weggefressen"), was sinngemäß etwa mit „übers Ohr gehauen werden" übersetzt werden könnte. [211]
Die Auseinandersetzung zwischen Schah und Ayatollah, zwischen Regierung und Mullahs, brach nun bis zur Verbannung Khomeinis nicht mehr ab. Diese Phase in Khomeinis Leben wird zum Teil mit markigen Worten eingeleitet: „Den ersten Blitz schleuderte Khomeini ... im Januar 1963 gegen die kaiserliche Politik" (Nußbaumer), „Seine ersten Salven feuerte Khomeini am 20. März 1963 ab" (Taheri) oder „am 22. März 1963 ... gab Khomeini das Startsignal zum offenen Widerstand" (Göbel).

Am 20. März 1963 ordnete Khomeini in einem religiösen Edikt (*fetwa*) an, kein Gläubiger dürfe am folgenden Tag das *Nōrūz*fest feiern, da der Islam in Gefahr sei. *Nōrūz* heißt „neuer Tag", ist Neujahrsfest und Frühlingsanfang zugleich – nach Nirumand/Daddjou das einzige, freudig begangene Fest im islamischen Kalenderjahr. Es gehe auf vorislamische Zeiten zurück, meint Taheri, und habe daher den Ayatollah schon immer gestört: „Was sich zur Zeit ereignet, ist die Verschwörung eines Todgeweihten [gemeint ist der Schah], bedeutet jedoch nichtsdestoweniger eine Gefahr für den Islam. [...] Er ist angetreten, dieses Komplott um jeden Preis zu verwirklichen. [...] Um die islamischen *umma* [die Gemeinschaft der Moslems] vor den Gefahren zu warnen, die dem Koran und diesem Lande des Korans drohen, erkläre ich die Tage des Neujahrsfestes nicht zu einer Zeit des Feierns, sondern der Trauer." [212]
Taheri bemerkt, daß Khomeini die Tradition gebrochen habe, nach der die religiösen Edikte kurz und präzise zu sein hätten. Einig sind sich Nirumand/Daddjou und Taheri darin, daß kaum jemand Khomeinis Aufruf zur Trauer gefolgt sei.
Die Situation eskalierte jedoch am zweiten Tag des neuen Jahres im islamischen Kalender, am 22. März 1963. Offen rief Khomeini zum Widerstand auf: „ ... Erhebt Euch zu Revolution, *Ǧihād* und Reform, denn wir wollen nicht unter der Herrschaft der Verbrecher leben ..." [213]
Dazu Riyahi: „Dieser zweite Tag im neuen Jahr des iranischen Kalenders, der 2. Farwardi 1342 [an anderer Stelle fälschlicherweise 1341], war auch ein religiöser Trauertag, der Todestag des sechsten Imam Dscha^{c}far as-Sadegh. Aus diesem Anlaß fanden in der Feisiya-Schule in Ghom religiöse Gedenkfeiern statt. [...] Die Gedenkfeiern wurden von zivil gekleideten Militärs und Spitzeln des iranischen Geheimdienstes Savak gestört. Schließlich kam es zu blutigen Zusammenstößen, die zahlreiche Tote und Verletzte forderten." [214] Ausführlich schildert Taheri: „Die Regierung befahl Gegendemonstrationen in Ghom, und da sie in der Stadt nicht genug Anhänger fand, wurden mehr als 2000 Demonstranten aus Teheran dorthin gebracht. Diese Demonstranten, zum größten Teil handelte es sich um Angestellte der Teheraner Wasserwerke, die man für diese ‚Aufgabe' bereit gestellt hatte, erhielten für diesen einen Tag in Ghom den Gegenwert von etwa zehn DM. Einige trugen Bärte und waren – ganz in Schwarz mit weißen Turbanen

– als Mullahs verkleidet. Bei der Ausstattung hat eine Firma geholfen, die Theaterrequisiten herstellte. [...] In ein Dorf bei Ghom verlegte man eine Sonderbereitschaft der Armee, um sofort Truppen einsetzen zu können, wenn es zu Ausschreitungen käme. [...] Da die Menge auf keinen Widerstand stieß, griff sie das *Feisiya*-Theologieseminar an, das künftig eine Hochburg des Widerstandes werden sollte. [...] Dann plünderte der Mob einen Teil der Schlafräume, in denen die ‚Suchenden' untergebracht waren. Junge Mullahs wurden provoziert und als ‚Schwule' und ‚Frauenhasser' verhöhnt.“ [215]

Inzwischen wurde von Anhängern Khomeinis eine Gegendemonstration organisiert. Beide Gruppen stießen zusammen und gingen mit „Keulen, Messern, Sägeblättern sowie, als es Mittag wurde, mit Gewehren“ aufeinander los. Wieder schritt das Militär ein. Es gab zahlreiche Tote und Verletzte (so eine Schrift der iranischen Botschaft der Schweiz und Riyahi; die *Current Biography* 1979 nennt etwa 20 Tote, Taheri zwei Tote, Nirumand/Daddjou einen Toten). [216] Khomeini soll vorübergehend festgenommen worden sein. [217]

Die Ereignisse waren Auftakt zu weit brutaleren Auseinandersetzungen, die nach dem 10. Moharram 1342 (Anfang Juni 1963), dem *Aschura*-Tag, folgten. In Teheran wurde der Ausnahmezustand erklärt. Khomeini kritisierte den Reformkurs der Regierung und stachelte mit Flugblättern die Emotionen der Gläubigen an. Er „appellierte an die tiefverwurzelte Fremdenfeindlichkeit seiner Landsleute“ (Taheri). In einer Kampagne, mit der er sich im Mai 1963 an die Öffentlichkeit gerichtet hatte, sprach er von einem Komplott, das „von Juden und anderen Ausländern, die den Islam zerstören wollten“, geschmiedet worden sei. „Erinnert die Leute an die Gefahr, die Israel und seine Agenten bedeuten. Ruft ihnen die Katastrophen ins Gedächtnis, die dem Islam von seiten der Juden und Bahai-Anhänger drohen, und malt sie ihnen aus. Erklärt offen, wie ihr diese verräterische Regierung haßt...“ Die Regierung habe Millionen falscher Koran-Exemplare drucken lassen, um „unseren ruhmreichen Glauben zu untergraben“. [218]

Außer Khomeini protestierten nun auch gemäßigtere Mullahs. Im Gegenzug erließ der Schah ein Gesetz, nach dem künftig auch Mullahs zum Militärdienst eingezogen werden sollten (wovon sie bis dahin befreit waren).

Im Juni 1963 nutzte Khomeini zum ersten Mal die ohnehin schon aufgeladene Atmosphäre während des islamischen Trauermonats Moharram, um landesweit Massen gegen den Schah zu mobilisieren. Am *Aschura*-Tag gab es in Teheran eine große Protestaktion (die von Tayyeb angeführt wurde, demselben, der auch die Proteste gegen Mossadegh zehn Jahre zuvor geleitet hatte). Die Bevölkerung zog mit Parolen wie „Khomeini, Khomeini, Gott schütze dich, Khomeini, das Volk verlierst du nie" durch die Straßen.
Vorgewarnt durch diese Demonstrationen in Teheran, fanden in Ghom verstärkte Sicherheitskontrollen statt. Ein SAVAK-Offizier überbrachte Khomeini eine Botschaft „Seiner Kaiserlichen Majestät": „Verhaltet euch ruhig, oder wir brechen euch die Knochen!" [219] Dennoch fuhr Khomeini im offenen Wagen zum Kundgebungsort. Der Weg dorthin war von zehntausenden jubelnder Menschen gesäumt, während Khomeini bedeutungsvoll zum Himmel blickte. In seiner Rede ging Khomeini hart mit dem „erbärmlichen" Schah ins Gericht. Er nannte ihn den „Yasid unserer Zeit" [220] , womit er auf Yasid b. Mu^{c}awiya, den Umayyaden-Kalifen anspielte, der Imam Hosein und seine Gefolgsleute im Jahr 680 niedermetzeln ließ. Damit übertrug Khomeini Trauer und Wut, die sich am *Aschura*-Tag im Gedenken an dieses Ereignis kollektiv entladen, auf Schah Reza Pahlawi.
Vor mehreren tausend Anwesenden in einer Moschee sprach Khomeini: „Manchmal, wenn ich an diesen historischen Tag denke, fällt es mir schwer, zu begreifen, warum Yasid [...] so vandalisch und unmenschlich gegen schutzlose Frauen und unschuldige Kinder vorgegangen ist, war er doch nur mit Imam Hosein verfeindet. Was hatten Kinder und Frauen damit zu tun, was hatte der sechsmonatige Sohn Imam Hoseins verbrochen, daß er ermordet wurde?
Die Antwort auf diese Frage ist nicht schwer. Bei diesem Krieg ging es nicht um Personen, es ging um eine Idee, die zerstört und entwurzelt werden sollte. Dieselbe Frage muß man heute in unserem Land stellen. Die despotische Herrschaft ist mit der Geistlichkeit verfeindet. Was hat das aber mit dem Koran zu tun, den sie in der *Feisiya*-Schule zerrissen haben? Was suchten die Soldaten in dieser Schule? Was hatte der achtzehnjährige Sayyid Dschunes Rudbari denn verbrochen, daß sie ihn umgebracht haben? Die Antwort ist dieselbe. Es geht um die Substanz des Islam, sie soll zerstört werden.

Herr Schah, Seine Majestät, armseliger, erbärmlicher Schah! Ich rate dir, laß ab von diesen Untaten. Betrete nicht den Weg deines Vaters! [...] Du nennst den Islam und die Geistlichkeit ‚schwarze Reaktion' ... und du selbst machst eine ‚Weiße Revolution'. Was ist das für eine Revolution? Was veranlaßt dich dazu, das Volk zu belügen? Heute, habe ich gehört, sind Prediger und Schriftgelehrte ermahnt worden, sie sollten nicht gegen den Schah und gegen Israel reden, sollen nicht sagen, der Islam befinde sich in Gefahr. [...] Was verbindet den Schah mit Israel? Ist er ein Israeli, ist er ein Jude?
Herr Schah, soll ich öffentlich erklären, daß du ein Ungläubiger bist, damit man dich aus dem Lande jagt?... Sei gewiß, wenn sich eines Tages das Blatt wendet, werden alle, die heute an deiner Seite stehen, dich verlassen. Das sind nicht deine Freunde, sie sind die Freunde des Dollars.
Wahrlich, unser Land, der Islam befindet sich in größter Gefahr. Ich bin zutiefst besorgt. Diese unhaltbaren Zustände, die Regierung, der Herrscher, sind unerträglich. Gott möge sich unserer erbarmen." [221]
Nirumand/Daddjou bezeichneten diese Rede als die schärfste und provokativste, die je in der iranischen Geschichte gegen einen Potentaten gehalten worden war. Neben dem politischen Aspekt ist der religiöse Charakter dieser Rede vom 3. Juni 1963 von Bedeutung. Khomeini folgt hier der Tradition und der religiösen Berufung Mohammeds als „Warner". Um die Rolle des Propheten als „Warner" zu verdeutlichen, sei noch einmal ein Abschnitt aus der Biographie Mohammeds von Gustav Mensching zitiert: „‚Da aber sagt der Engel zu ihm: Du Eingewickelter, stehe auf und warne.' Diesem Befehl entspricht die Berufsauffassung Mohammeds: Er ist sich bewußt, ein Warner zu sein, einer der Gesandten Allahs, des einen Gottes der Welt, an die vielen Menschengruppen (*umma*), denen er durch solche Boten seinen Willen in Gestalt seiner Gesetze mitteilt." [222]
Bereits mit seiner *fetwa* zum Noruzfest hatte Khomeini die *umma* vor den Gefahren gewarnt, die dem Islam drohen. Hier warnte er zunächst den Schah („Herr Schah, ... Ich rate dir"). Am Schluß der Rede spricht Khomeini noch einmal eine umfassende Warnung mit prophetischen Charakter aus („Wahrlich, ... der Islam befindet sich in größter Gefahr"). Nach seiner Rückkehr aus dem Exil wird Khomeini noch des öfteren warnen: die Intellektuellen, die Verwestlichten, die Menschen-

rechtler, die Fremden. Er benutzte dabei Beschwörungsformeln wie: „Ich warne euch...", „...seid wachsam...", „...laßt euch nicht in die Irre führen...". [223]

Die Rede ist, wie Göbel bemerkt, eine Anklage – noch verbunden mit der Aufforderung zur Rückkehr. Der entscheidende Vorwurf war die Zusammenarbeit mit dem Staat Israel. „Sollte sich dieser Vorwurf als stichhaltig erweisen, dann droht *takfīr* (Bezichtigung des Unglaubens), worauf die Todesstrafe steht." [224]

Die religiösen Aufmärsche und Versammlungen dieses *Aschura*-Tages 1963 wurden zu einer entscheidenden politischen Demonstration gegen den Schah. Der Kampf gegen das Schahregime wurde zu einer Wiederholung des zentralen Mythos der Schiiten, zur Wiederholung der Tragödie von Hosein, zur Auseinandersetzung mit einem illegitimen Herrscher, dem „Yasid unserer Zeit".

Und von einem Tag zum anderen war Khomeini der populärste Mann im Iran, ein Held, ein Idol und – wie Imam Hosein – ein Märtyrer. Denn die Verhaftung Khomeinis und anderer hoher Geistlicher in der folgenden Nacht und die Militärkontrollen in Ghom mußten als direkte Bestätigung seiner Rede aufgefaßt werden. Es kam in den folgenden Tagen zu großen Demonstrationen in Teheran, Ghom und Maschhad, die vom Militär blutig unterdrückt wurden. Das Resultat war grauenhaft: Allein in Teheran sollen bis zu 9000 Menschen hingeschlachtet worden sein. Die Angaben darüber sind jedoch widersprüchlich. Sie schwanken zwischen mehreren hundert und 10.000 Toten. Taheri: „Legendenhaft ausgeschmückte und übertriebene Berichte sprechen freilich davon, daß an jenem 15. Tage des persichen Monats Khordad nicht weniger als 15000 gefallen seien – wohl weil sich die beiden Ziffern 15 und 15000 in ihrer Zusammenstellung so dramatisch ausnehmen." [225]

Kinos, Bars Spirituosengeschäfte wurden in Brand gesteckt. In Teheran wurde erneut der Ausnahmezustand erklärt.

„Unter dem Eindruck des Todes von Papst Johannes XXIII. nahm die Weltöffentlichkeit davon kaum Notiz", heißt es im Munzinger Archiv. Während Khomeinis Anhänger am nächsten Tag seine Bilder vor sich hertragend weiter demonstrierten, distanzierten sich einige linke Gruppierungen, so die *Nationale Front*. Die *Tudehpartei* bezeichnete die Aufständischen sogar als Reaktionäre. An den Demonstrationen sollen vor allem jüngere Mullahs, „Slumbewohner, Basarhändler, Straßenverkäufer“ sowie „Messerstecher, Halbstarke und Herumstreicher“ (Nirumand/Daddjou) beteiligt gewesen sein, weniger intellektuelle und fortschrittliche Kreise also.

Der 15. Khordad bekam für die Dynamik der Revolution eine besondere Bedeutung. Im Gedenken an die Märtyrer der Bewegung wurde er später sogar zu einem Nationaltrauertag der Islamischen Republik. Nachdem Khomeini am 4. Juni 1963 um 3 Uhr morgens verhaftet worden war, brachte man ihn ins *Qasr* -Gefängnis in Teheran. Er soll später in die Baracken von *Ischrat Abad* und dann in ein Gebäude des SAVAK in *Dawudiyeh* im Norden Teherans verlegt worden sein. [226] Am 20. Juli (nach Taheri im August) 1963 wurde die Haft in einen Hausarrest umgewandelt. Gleichzeitig wurde eine Regierungserklärung erlassen, der zufolge die Ayatollahs Khomèini, Ghomi und Mahallati versichert haben sollen, sich nicht mehr in politische Angelegenheiten einzumischen. [227] Angeblich hatten einige Ayatollahs befürchtet, so Nirumand/Daddjou, daß Khomeini durch eine Hinrichtung oder auch nur durch eine längere Haftstrafe zum Märtyrer stilisiert werden könnte und damit seine Ideen noch an Einfluß gewinnen würden. Sie erklärten ihn zum *marǧa*^{c}*-i taqlīd*, wodurch er volle Immunität erlangte und am 6./7. April 1964 freigelassen wurde. Nach seiner Heimkehr nach Ghom feierte die Bevölkerung dieses Ereignis drei Tage und drei Nächte auf den Straßen. Ein schweres Unwetter, das während seiner eigentlichen und geheimgehaltenen Freilassung angeblich ausgebrochen sein soll, wurde später als Zeichen Gottes gedeutet. Von der Inhaftierung ließ sich Khomeini wenig beeindrucken: „Der Islam ist Politik... Ich gehöre nicht zu den Mullahs, die nur herumsitzen und mit ihrem Rosenkranz spielen. Ich bin auch nicht der Papst, der nur sonntags religiöse Zeremonien veranstaltet. Selbstverständlich werde ich mich überall einmischen“. [228]

Entschieden wendete er sich gegen diejenigen, die aus taktischen Überlegungen zu den politischen Vorgängen schwiegen, und gegen die Unentschlossenen: „Schweigen (*sukūt*) gegenüber der Tyrannei und der Verschlagenheit der Unterdrücker in unserer heutigen Zeit wird als Kollaboration angesehen.“ Und an anderer Stelle: „Kann es sein, daß sich jemand fürchtet, der an das Jenseits glaubt?! Wir müssen Gott danken, wenn er uns mit dem Tod im Heiligen Kampf auszeichnet. Laßt uns in Scharen in die Reihen der Märtyrer drängen...“ [229]

Aber der Schah ging weiter gegen Mullahs und Islam vor. Die theologischen Schulen sollten dem Kultusministerium unterstellt werden, religiöse Stiftungen, Grund und Boden einer staatlichen Kontrolle. Ein Parlamentsbeschluß vom Oktober 1964 gewährte Angehörigen des US-Militärs im Iran juristische Immunität.
Khomeini kündete eine Protestrede an, die der mit US-Hilfe aufgebaute Sicherheitsdienst SAVAK (*Sāzimān-i iṭṭilā*^{c}*at wa amnīyat-i kešwar*) zu verhindern suchte. Zehntausende versammelten sich in Ghom: „Schließlich erschien der Ersehnte. Seine strengen Gesichtszüge, die buschigen Augenbrauen, die zusammengepreßten Lippen und vor allem sein stechender Blick verrieten einen ungeheuren Zorn“, schreiben Nirumand/Daddjou. [230]
Wieder stellte sich Khomeini als Märtyrer dar, bereit für seine Ideen zu sterben: „Mein Herz blutet ... Ich bin erschüttert, und frage mich, wann der ersehnte Tod mich von diesen Qualen befreien wird.“ Er appellierte an das Nationalgefühl der iranischen Bevölkerung: „Diese Regierung hat uns verkauft, sie hat unser Land verkauft und diesen Verrat auch noch gefeiert ... Ein Iraner wird minder bewertet als ein amerikanischer Hund. Denn wenn einer von uns einen amerikanischen Hund überfährt, wird er dafür bestraft. Wenn der Koch eines amerikanischen Generals den Schah überfährt, kann ihn niemand bestrafen ... Ich warne euch! Euch Militärs warne ich, euch Politiker, Kaufleute. Oh, ihr geistlichen Würdenträger, ihr erhabenen Schriftgelehrten, ihr Theologiestudenten in Nadschaf, Ghom, Teheran, Täbris, ich warne euch vor den Gefahren! [...] Die Geistlichkeit wird dieser Regierung ins Gesicht schlagen, sie wird diesem Parlament ins Gesicht schlagen und die Abgeordneten aus dem Land jagen. Sie wird nicht zulassen, daß ein amerikanischer Lakai (gemeint ist der Schah – d. A.) diese Untaten begeht. Sie wird ihn hinauswerfen“. [231] Mit den letzten Sätzen nahm Khomeini 1964 vorweg, worauf er noch 15 Jahre lang warten mußte.
Die religiös-politische Berufung Khomeinis war für große Teile der iranischen Bevölkerung 1963/64 bereits klar erkennbar: Khomeini war Nachfolger Mohammeds und Hoseins, sein Todfeind war wie Yasid ein illegitimer Herrscher. Die Ermordung hunderter Demonstranten in Teheran, für die der Schah verantwortlich gemacht wurde, war wie die Ermordung der Gefolgsleute Hoseins im Jahr 680. Die Möglichkeit,

den politischen Konflikt vor dem Hintergrund des zentralen Mythos zu deuten, führte die Schi^{c}a zu ihrem religiösen Ursprung zurück. Und die Rückführung darauf erwies sich gegenüber dem neugeschaffenen „arischen“ Nationalismus der Schah-Monarchie als mächtig. Jahrhunderte dauernde Herrschaft mongolischer, tatarischer und türkischer Dynastien hatten zudem das Gefühl verstärkt, daß „weltliche Macht gleich Fremdherrschaft“ sei.[232] Der Schah repräsentierte einen Nationalismus, berief sich jedoch auch auf moderne Staatsideen und vorislamische, arisch-persische Ursprünge. Dieser säkulare Nationalismus, der noch dazu mit kolonialer Abhängigkeit einherging, mußte langfristig in Konkurrenz zum schiitischen Fundamentalismus treten. So behauptete Khomeini immer wieder, der Schah wäre Ausländer, ein Lakai der Amerikaner oder ein Israeli – ein Jude oder ein Ungläubiger. Immer deutlicher entwickelte Khomeini seine politische Theologie des Widerstands. In einer Situation der Bedrohung des Islams durch politische, wirtschaftliche und soziale Reformen, durch europäischen Säkularismus und schließlich durch einen illegitimen Herrscher wäre es Pflicht jedes Moslems, den Islam zu verteidigen. Ein „Schweigen“ (*as-sukūt*) verböte sich den Theologen und die Pflicht zur Selbsterhaltung (*taqīya*), also letztlich zur Kooperation mit dem Regime, sei aufgehoben, um den Islam vor dem drohenden Untergang zu bewahren. Da die weltliche Regierung nicht den Erfordernissen der Gerechtigkeit entspräche, sei eine Zusammenarbeit mit ihr nicht erlaubt. Von der Regierung kontrollierte Theologenschulen müßten boykottiert, die falschen Theologen vertrieben werden. Maßnahmen im Kampf gegen die Tyrannei umfaßten Nichtkooperation, gutes Zureden, Drohungen und Schmähungen; sie reichten von Beleidigung und Lüge bis zu Schmeichelei. Selbst Gefangennahme, körperliche Züchtigung und Hinrichtung wurden erwogen – alle Maßnahmen waren jedoch nur unter Vorbehalten, nach sorgfältigster Abwägung und bei Wahrung der Moral erlaubt.[233] Während sich das politische Programm in Khomeinis *Kašf al-asrār* Anfang der 40er Jahre vorläufig formuliert hatte, brach der Konflikt mit dem Schah 1963 offen aus. Alle späteren Entwicklungen fanden vor dem Hintergrund dieser Auseinandersetzung statt. Khomeinis Exil, die Islamische Revolution und die postrevolutionäre Phase bis zu seinem Tod werden daher knapp gehalten. Sie sind weitgehend bekannt und in der Literatur ausführlich beschrieben.

Revolutionsplakat, Iran um 1978. Der Konflikt zwischen Schah und Khomeini, dargestellt als Allegorie von der Vertreibung des Satans aus dem Paradies (vgl. Koran 7, 10–12; 17, 63–66; 38, 71–85). Ähnlich dem „Himmelsturz“ Luzifers in der christlichen Mythologie (vgl. Neues Testament, Offb. 12, 7–9) ist die Verstoßung Strafe für eine Auflehnung gegen Gott. Während die Arme des fallenden Engels (des Satans) nach unten weisen, sind Khomeinis Arme nach oben geöffnet. Das Plakat zeigt ihn auf der Kuppe eines Berges stehend, Sinnbild für das Paradies: „Wenn das Ungeheuer weg ist, kommt der Engel“.

Stationen der Verbannung

Türkei (1964) und Irak (1965–1978)

Unmittelbar nach der zuvor erwähnten Protestrede gegen den Parlamentsbeschluß, der Angehörigen des US-Militärs juristische Immunität gewährte, wurde Khomeini in die Verbannung geschickt. „In der Nacht des 4. November 1964 wurde Ghom erneut von Truppen besetzt. Man nahm Imam Khomeini in Haft und fuhr ihn zum Flughafen Mehrabad, um ihn in die Türkei ins Exil zu schicken.“ [234] Auch Khomeinis Sohn Mustafa und einige andere Geistliche wurden später verhaftet.

Khomeinis erste Station soll die Stadt Ankara in der Türkei gewesen sein, wo er zunächst in einem Hotel, dann in einer Privatwohnung untergebracht war. [235] Nach einer anderen Quelle wurde er in die türkische Stadt Izmir verbannt. [236] Göbel behauptet, er habe ein Jahr lang in Ankara und Bursa gelebt. [237] In Bursa konnte er keine Besucher empfangen und stand unter Bewachung. Abgeschnitten von der Familie, von der Politik seines Landes, soll er sich – depressiv und hoffnungslos – auf seinen Tod vorbereitet haben, schreiben Nirumand/Daddjou. Er verfaßte sein Testament und verfügte, daß man nach seinem Tod zehn Jahre fasten und drei Jahre lang Gebete für ihn kaufen solle (für diese Tätigkeit werden Mullahs bezahlt). [238] Der Schah ließ sich auf ein Gnadengesuch nicht ein und schickte stattdessen auch Khomeinis ältesten Sohn Mustafa in die Verbannung. In der Isolation von Bursa soll 1965 das bereits erwähnte Buch *Taḥrīr al-wasīla* entstanden sein, das einen Katechismus enthielt, in dem nicht nur religiöse, sondern auch politische Fragen erläutert wurden.

Nachdem iranische Studenten in der Türkei Demonstrationen für Khomeini organisiert hatten, drang die türkische Regierung darauf, ihn los zu werden. Anfang September 1965 wurde Khomeini und seinem Sohn die Erlaubnis erteilt, in den Irak auszureisen. [239]

Am 5. Oktober 1965 fuhren sie nach Kerbela und ließen sich dann in der heiligen Stadt Nadschaf nieder, wo der Schia-Gründer Ali begraben liegt. Die Ayatollahs von Nadschaf verhielten sich eher reserviert. Khomeini mischte sich kaum in politische Angelegenheiten ein. Er soll viel gelesen haben.

Bemerkenswert für die eher asketische Natur Khomeinis: Er las viele Romane, aber auch Zeitungen in persischer Sprache. Seine Familie zog ebenfalls nach Nadschaf, wo Khomeini einige Vorlesungen hielt und, islamischem Brauch entsprechend, einige Studenten mit Stipendien unterstützte. An den iranischen Dichter Azarm, der eine Hymne auf ihn gedichtet hatte, schrieb Khomeini: „Ich bin jetzt sehr alt, verbringe die letzten Tage meines Lebens. Trotzdem habe ich dem Islam und den Gläubigen keine brauchbaren Dienste leisten können". [240] In diesen Zeilen deutet sich nichts vom kämpferischen Comeback Khomeinis an. Auch zur Politik im Iran, die eine Verwestlichung im Rahmen der Weißen Revolution rigoros vorantrieb, soll er sich kaum öffentlich geäußert haben. Khomeini „war bereits Großvater und litt unter Herzschwäche, Nierenbeschwerden und chronischer Migräne." [241]

Anläßlich des Juni-Krieges erließ Khomeini jedoch am 8. Juli 1967 einen Aufruf an die islamischen Staaten, Israel „von jeder Art materieller und ideeller Hilfe abzuschneiden" und mit den Feinden „alle wirtschaftlichen und politischen Verbindungen abzubrechen und den Gebrauch israelitischer Produkte insgesamt zu verweigern." [242]

1968 gab Khomeini eine *fetwa* heraus, mit der er zur Pflicht erklärte, einen Teil der Abgaben „für die Glaubenskämpfer zu bestimmen... um den ungläubigen unmenschlichen Zionismus zu vernichten..." Er forderte zur Unterstützung bestimmter Palästinenserorganisationen auf, etwa der *Fatah*, *ᶜAsifa* und der *Fidā'iyān*, und erinnerte das iranische Volk an seine religiöse Pflicht zur Hilfeleistung an die Glaubenskämpfer. [243] Laut Göbel soll er für seinen theologischen Beistand von den Palästinensern logistische Hilfe im Kampf gegen den Schah erhalten haben. Bei der Aufstellung der schiitischen Amal-Miliz 1975 im Libanon soll der Iraner Mustafa Camran eine Rolle gespielt haben.

Nach seiner Rückkehr in den Iran wurde er zunächst zum Leiter der Revolutionsgarden. Aber selbst nach seiner Ernennung zum Verteidigungsminister Irans soll er weiterhin Mitglied im Kommandorat der libanesischen Amal-Miliz geblieben sein. [244]

Die Kontakte zur PLO, die Göbel anführt, wurden vor und nach der Islamischen Revolution im Iran verstärkt. Sie machen deutlich, daß Khomeini auch in der Zeit seines Exils im Irak politisch aktiv war.

Ende der 60er Jahre verschlechterte sich die Lage der Exiliraner im Irak durch den Konflikt zwischen beiden Ländern. Im Irak war die Baath-Partei an die Macht gekommen, die einen arabischen Nationalismus mit laizistischen und sozialistischen Ideen verband.

Die neuen Machthaber waren vornehmlich sunnitisch, was schon bald zu Spannungen mit dem schiitischen Klerus führte. Der schiitische Muǧtahid al-Hakim bezeichnete führende Vertreter der Baath-Partei als Ungäubige. Und auch Khomeini beschwerte sich öffentlich über die feindliche Haltung der Regierung gegenüber der Schia. Er dachte sogar daran, sich im Libanon niederzulassen, doch die Regierung hinderte ihn am Verlassen des Landes, da man ihn notfalls als politischen Trumpf gegen die iranische Regierung einzusetzen gedachte (Göbel). Rund 40.000 schiitische Iraker persischer Herkunft wurden ausgewiesen.

Khomeini soll sich auch jetzt zurückgehalten haben. Seine Haltung kommentierte er wie folgt: „Hier sind wir Fremde und haben keinerlei Kontakt zur Bevölkerung. Es kann uns daher vorläufig nicht gelingen, eine Widerstandsbewegung gegen das irakische Regime zu initiieren, ein Abbruch der Kontakte zu der Regierung wäre keineswegs nützlich." [245] Außer zur iranischen Regierung soll Khomeini angeblich auch Kontakte zum ehemaligen Chef des SAVAK, Teimur Bakhtiyar, der ebenfalls im Iraker Exil lebte, und zur Tudehpartei unterhalten haben. Von anderen wird dies bestritten.

Über die Zeit zwischen 1965 und 1970 gibt es in den von uns durchgesehenen Biographien kaum klare Angaben. Rajaee schreibt knapp: „No further significant incident is reported in Khomeinis life until the early 1970s." [246]

Etwa vom 20. Januar bis zum 6. Februar 1970 hielt Khomeini in Nadschaf zwölf Vorlesungen über Theorie und Praxis des islamischen Staates unter dem Titel *Wilāyat-i faqīh.*

Einer der Studenten, Dschalal al-Din Farsi, zeichnete die Vorlesungen auf und veröffentlichte sie 1971 unter dem Titel *Ḥukūmat-i Islāmī ya welāyat-i faqīh* in sechs Folgen. Inhaltlich war das Buch mit Khomeinis früherer Schrift *Kašf al-asrār* vergleichbar und legte ausführlich ein Regierungskonzept dar. In drei Kapiteln zeigte das Buch die „Gründe für die Notwendigkeit der Schaffung des islamischen Staates", „Die islamische Regierungsweise" und „Das Kampfprogramm zur Schaffung eines islamischen Staates". Es gehörte unter dem Schah zu den verbotenen Büchern und gilt als „Schlüsseldokument der Islamischen Revolution." Aber es sollen auch frühere Versionen der Vorlesungen existieren, und zwar sowohl in persischer als auch in arabischer Sprache.

Eine von Khomeini autorisierte Fassung des Buches gibt es indes wohl nicht und es ist heute sogar umstritten, ob Khomeini seine Vorlesung damals auf Persisch, Arabisch oder in beiden Sprachen hielt. Und zur gleichen Zeit veröffentlichte Khomeini ein arabisches Buch unter dem Titel *Kitab al-bai*ᶜ, das sich mit islamischen Rechtsfragen beschäftigte. [247]

Nirumand/Daddjou bemerken, daß nach der Islamischen Revolution sowohl Ayatollah Beheschti als auch Banisadr das Buch als „Schande" betrachteten. Bei einer Neuauflage soll man sogar auf eine Namensnennung des Autors verzichtet haben. [248]

Göbel schreibt dagegen, Khomeinis Stärke habe vor allem in seiner realitätsbezogenen Rechtsfindung gelegen. „Seine Beweisführung ist eine perfekte Synthese von traditioneller scholastischer Rechtstheologie und moderner Revolutionstheorie. Kompromißloser Fundamentalismus geht einher mit revolutionärem Modernismus." Khomeinis Schrift spreche sowohl den traditionell ausgebildeten Theologen als auch den politisch interessierten Laien an. [249]

Im Oktober oder November 1977 starb Khomeinis ältester Sohn Mustafa – wohl 49jährig – unter ungeklärten Umständen.

Wieder liegen widersprüchliche Angaben selbst über das Todesdatum vor. [250] Während für Khomeinis Anhänger und die Presse kein Zweifel darüber bestand, daß Mustafa einem Giftanschlag des iranischen Geheimdienstes SAVAK zum Opfer gefallen war [251], schreiben Nirumand/Daddjou nicht ohne Spott, daß Mustafa unter dem Zwang gelitten

habe, die strenge Askese seines Vaters zu kompensieren. Er sei schließlich wegen Überfettung einem Herzinfarkt erlegen: „Mustafa selbst sorgte nicht nur für das Image des Vaters und für die Erledigung von dessen alltäglichen Geschäften, sondern auch für sein eigenes Wohl. Im Gegensatz zum Vater aß er mit größter Lust und in so außergewöhnlichen Mengen, daß er von Jahr zu Jahr dickleibiger wurde. Sein herausragender Bauch, die ungewöhnlich dicken Schenkel, der Hals, der inzwischen Gesicht und Kinn in derselben Breite mit den Schultern verband und die mit viel Fett durchsetzten Backen hatten zu einer völligen Deformation seiner Figur geführt. Seine Erscheinung entlockte jedem Beobachter, der ihn zum erstenmal sah, unweigerlich ein Lächeln des Spottes und des Erstaunens. Die reichliche Nahrung bereitete ihm nicht nur viel Genuß, sie gefährdete auch seine Gesundheit. Und so kam es, daß er am Morgen des 23. Oktober 1977 tot in seiner Wohnung aufgefunden wurde. Ein Herzinfarkt hatte seinem Leben ein Ende gesetzt.“ [252]
Auch für Nußbaumer war die offizielle Todesursache Herzinfarkt. Halliday behauptet dagegen, Khomeinis Sohn sei bei einem Autounfall getötet worden, und die iranische Regierung sei unter Verdacht geraten, dafür verantwortlich zu sein.
Dagegen spricht die Bemerkung Taheris, Mustafa habe seinen Tod vorausgeahnt, denn er habe ein Testament gemacht und seinen Vater als Vollstrecker eingesetzt. Auch er glaubt an eine Herzattacke als Todesursache. [253]
Insgesamt sind sich mehrere Autoren darüber einig, daß Khomeini die unklare Situation politisch nutzte und nicht an einer öffentlichen Klärung der Todesursache interessiert war. Khomeinis Gegner unterstellten später sogar, er selbst habe seinen Sohn umbringen lassen. [254]
Die iranische Bevölkerung reagierte mit Demonstrationen und Trauerkundgebungen, erklärte Mustafa zum Märtyrer, der „im heiligen Krieg gegen die Tyrannen und für den Islam gefallen“ sei. Khomeini bedankte sich beim Volk, bei Geistlichen, bei Intellektuellen, bei Studenten und Schülern im In- und Ausland und rief in einem offenen Brief an das iranische Volk dazu auf, den Schah zu beseitigen sowie für den Islam zu kämpfen.

Khomeini (als Moses) von einer Anhöhe steigend, weist den Schah fort. Über ihm ein verschleierter Engel; ein Drache greift den Schah an. Dieser faßt den Rockzipfel eines „Onkel Sam“, dessen Kleidung aus den Nationalflaggen der USA, Großbritanniens und Israels gebildet ist. Die Insignien seiner Macht – Krone, Zepter und Schwert – sind zerbrochen.

Beginn der islamischen Revolution (1978)

Am 7. Januar 1978 (nach anderen Angaben am 8. Januar) erschien in der großen Teheraner Tageszeitung *Ettela'at* ein Artikel unter dem Pseudonym Ahmad Rashidi-ye Motlagh, der allgemein als Auslöser der iranischen Revolution gesehen wird: ein Schmähartikel gegen Khomeini.

Die *Ettela'at* ließ diesen Artikel nur aufgrund massiven Drucks erscheinen – unklar blieb allerdings von welcher Seite dieser Druck ausging. Außer dem SAVAK wurden der Informationsminister Homayum und der Schah selbst für den Artikel verantwortlich gemacht. Taheri behauptet, er habe kurze Zeit vor Erscheinen des Artikels eine Audienz beim Schah gehabt. Ein Brief Khomeinis an den Schah habe diesen so sehr beschäftigt, daß er ihn zum Hauptgesprächsthema gemacht habe. Der Brief war mit „*fetwa* des Imam Khomeini" überschrieben. Mit dieser *fetwa* habe Khomeini kraft seiner religiösen Autorität den Schah für abgesetzt erklärt und der Verfassung abgeschworen. Die *fetwa* erschien, so Taheri, in einigen Teheraner Zeitungen als Faksimile. Der Schmähartikel gegen Khomeini in der Zeitschrift *Ettela'at* kann daher als eine Reaktion auf diese provozierende *fetwa* und eine „Rufmordkampagne" (Taheri) seitens der Khomeini-Anhänger gegen den Schah gesehen werden.[255] Folgt man der Darstellung Taheris, so wäre der eigentliche Auslöser der Islamischen Revolution dieses religiöse Edikt Khomeinis gewesen. Andere Autoren erwähnen die *fetwa* Khomeinis nicht und sehen in dem Schmähartikel gegen Khomeini das auslösende Moment für die Revolution im Iran.

„Über den Geheimdienst und Informationsminister Homayum lancierte er [der Schah] am 8. 1. 1978 einen Artikel in die hauptstädtische Abendzeitung *Ettela'at*, in dem Khomeini in Hetzmanier als ein ‚kommunistischer Verschwörer' abgestempelt wurde."[256] Am folgenden Tag kam es in Ghom zu großen Protesten, bei denen nach unterschiedlichen Aussagen zwischen sieben und 200 Menschen ums Leben kamen. Nach 40 Tagen wurde, islamischem Brauch gemäß, der Toten gedacht. Dieser Gedenktag wurde erneut für eine Protestdemonstration genutzt, bei der wiederum Menschen umkamen, derer nach 40 Tagen noch einmal gedacht werden mußte – ein politisch-religiöser Zyklus

war in Gang gesetzt, der die Bewegung radikalisierte. Khomeini forderte das iranische Volk in Flugblättern und per Tonband dazu auf, den militanten Widerstand fortzusetzen: „Hört nicht auf Leute, die den Islam nicht kennen. Der Prophetennachfolger Ali hat in seinem Kampf gegen die Tyrannen keine Opfer gescheut. Auch unser Kampf muß zu Ende geführt werden, gleichgültig, wie viele Opfer wir bringen müssen“.[257] In Teheran und sieben anderen Städten wurde der Ausnahmezustand erklärt und am 8. September 1978 während einer verbotenen Demonstration in die Menge geschossen.
Der Schah nutzte nun einen Vertrag zwischen Iran und Irak, nach dem feindliche Aktivitäten gegen das Nachbarland auf eigenem Boden verhindert werden mußten. Der Irak ließ zunächst Khomeinis Haus überwachen und wies ihn dann aus. Während Taheri schreibt, die „Männer, die ihm die entsprechende Nachricht übermittelten, brachten ihm keine Überraschung“, heißt es bei Nirumand/Daddjou wieder gegenteilig: „Für Khomeini kam diese Maßnahme überraschend. Wohin sollte er gehen?“[258]

Frankreich (Oktober 1978 – Januar 1979)

Khomeini verließ den Irak am 4. Oktober 1978 und versuchte vergeblich in Kuwait einzureisen. Nachdem die kuwaitischen Behörden erkannt hatten, daß das Visum mit dem Namen „Mr. Mustafafi“ tatsächlich für Khomeini galt, wollten sie ihm nicht einmal einen 48stündigen Aufenthalt gewähren. So soll er gezwungen gewesen sein, für zwei Tage in den Iran zurückzukehren. Nach anderen Quellen hielt er sich zunächst im Niemandsland auf, bis ihm gestattet wurde, unter Bewachung nach Bagdad zu fahren.[259] Der Führer einer islamischen Studentengruppe in den USA, Ibrahim Yasdi, riet ihm daraufhin nach Paris zu fliegen. Yasdi war Amerikaner iranischer Abstammung, arbeitete in den USA an einem pharmazeutischen Forschungsprojekt und war Präsident der *Vereinigung islamischer Studenten in Nordamerika*. Er gehörte zu Khomeinis engsten Beratern in der Zeit des Exils. Nachdem sich die französische Regierung die Einwilligung des Schahs

geholt hatte, konnte Khomeini im Oktober 1978 nach Frankreich einreisen. Er ließ sich in einem Vorort von Paris nieder. [260]
Laut Taheri argwöhnte Yasdi, in der Wohnung Khomeinis in Neauphle-le-Château könnten vom CIA Abhörmikrophone angebracht worden sein. Dagegen erwähnen Nirumand/Daddjou Vermutungen, nach denen Yasdi selbst Agent des CIA gewesen sein soll. [261]
Während im Iran inzwischen Streiks das wirtschaftliche Leben lahmlegten, nutzten Khomeini und andere Exilierte in Paris die Verbindungen zu Massenmedien der ganzen Welt, wie sie ihnen noch nie zur Verfügung gestanden hatten: *Stimme Amerikas*, *Radio Israel*, *Deutsche Welle*, *Radio Moskau* und vor allem die *BBC* sendeten täglich Programme in persischer Sprache in den Iran. „Sie [die BBC] hatte während des Volksaufstandes im Iran eine größere Hörerzahl als *Radio Teheran* und spielte faktisch die Rolle des Koordinators zwischen der Auslandsopposition und den Aufständischen im Inland. Zweimal täglich berichtete sie eine Stunde lang über die neuesten Ereignisse und verkündete die Anweisungen Khomeinis an die Bevölkerung. Wie und wo gestreikt oder demonstriert, welche Parolen bei den Demonstrationen gerufen und auf Plakaten getragen werden, wie man bei der Energie- und Lebensmittelknappheit die Versorgung der Bevölkerung gewährleisten soll, all dies wurde über die BBC geregelt." [262]
Der wichtigste unter den wenigen Politikern und Geistlichen, die Khomeinis radikale Haltung damals unterstützten, war Ayatollah Beheschti. Er hatte 1963–1969 das *Islamische Zentrum* in Hamburg geleitet und kannte Khomeini noch aus der Zeit, als dieser Ayatollah Borudscherdi in Ghom beeinflußte. „Borudscherdi hat seinerzeit den Bau der schiitischen Moschee in Hamburg angeregt". [263] Beheschti folgte Khomeini nach Paris, der ihn dann mit Bazargan nach Abadan in den Iran schickte. Sie riefen dort Mitte Oktober 1978 zu einem Streik der Erdölarbeiter auf. Der Aufruf wurde tatsächlich befolgt. Nach der Revolution blieb Beheschti Khomeinis rechte Hand und war letztendlich verantwortlich für die fortdauernde Hinrichtungswelle. 1981 kam er bei einem Bombenattentat ums Leben.
Außerdem lebten Mehdi Bazargan, der sich mit dem linksliberalen Nationalisten Mossadegh für eine Nationalisierung der Ölindustrie eingesetzt hatte, Ibrahim Yasdi und Sadeg Ghotbzadeh in Paris. Ghotbzadeh hatte sich in der *Nationalen Front* besonders gegen das

Modernitätsstreben des Schahs und für die Erhaltung einer islamischen Identität eingesetzt. Schließlich gehörte auch Abol Hasan Banisadr, der schon 1963 nach den ersten Unruhen emigrierte, zum inneren Kreis der Khomeini-Berater.

Mehdi Bazargan, der später zum ersten Ministerpräsidenten der Islamischen Republik wurde, sagte nach einem Zusammentreffen mit Khomeini in Paris: „Er ist ein Schah mit Turban". [264] Er und der Sohn Ayatollah Schariatmadaris hatten Khomeini vorgeschlagen, den Schah ins Ausland zu schicken und einen Kronrat aus bürgerlichen Demokraten und Geistlichen zu bilden, der die Staatsgeschäfte einstweilen weiterführen sollte. Nur so könne weiteres Blutvergießen durch die Armee verhindert werden. Khomeini zeigte sich (wie bei allen folgenden Entscheidungen) kompromißlos und begründete diese Haltung wieder mit dem Hinweis auf eine Überlieferung: „Bei einer einzigen Schlacht unter dem Propheten sind siebzigtausend Gläubige gefallen. Wir haben noch einen langen Weg vor uns. Ohne Opfer werden wir niemals unser Ziel erreichen." [265]

Nicht nur in Bazargans Fall zeigte Khomeini eine starre Haltung. Sandschabi – Generalsekretär der *Nationalen Front* – lehnte die Monarchie als Staatsform nicht prinzipiell ab, verurteilte aber den despotischen Stil des Schahs und forderte die Wiedereinführung der Verfassung von 1906, eine gemäßigte Demokratisierung. Für ein Treffen mit Sandschabi stellte Khomeini die Bedingung, daß er sich öffentlich von jeglicher Kompromißbereitschaft mit dem Schah distanziere. Ende Oktober 1978 traf sich Sandschabi mit dem Ayatollah und einigte sich mit ihm auf eine Drei-Punkte-Erklärung. Darin wurde dem Regime seine juristische und religiöse Legitimität abgesprochen und eine demokratische Staatsordnung auf der Basis des Islam gefordert – was einen Bruch mit der laizistischen Tradition der *Nationalen Front* beinhaltete. Damit hatte sie an Eigenständigkeit und Einfluß entscheidend verloren, woran auch eine Forderung Sandschabis, die Regierungsgewalt der *Nationalen Front* zu übergeben, nichts mehr ändern konnte.

In Neauphle-le-Château bildete sich ein Revolutionsrat aus vier Geistlichen: Ardabili, Beheschti, Mottahari und Rafsandschani. Dieser Revolutionsrat wurde später um Bahonar, Bazargan, Sahabi und andere erweitert.

In Paris war Khomeini nicht isoliert. Vielmehr konnte er sein Exil im nicht-moslemischen Europa zu einer entscheidenden Basis für die Islamische Revolution ausbauen. „Endlich wieder mit [seiner Frau] Batul vereint und in Neauphle-le-Château (das er ‚Noffal' nannte) voll etabliert, ging der Ayatollah mit einer Energie ans Werk, die Freunde und Feinde überraschte. [...] Über das nächste Postamt, das innerhalb weniger Stunden zwei direkte Telex- und sechs Telefonleitungen schaltete und Khomeini zur Verfügung stellte, war auch rasch der Kontakt mit Teheran hergestellt. Zum erstenmal nach nahezu 16 Jahren konnte Khomeini so fast stündlich mit Mottahari, seinem ‚Feldhauptmann' in Teheran, Verbindung aufnehmen. Ganz gegen seine bisherige Gewohnheit, nie ein Telefon anzurühren, benutzte der Ayatollah nunmehr den Fernsprecher auch selbst und führte lange Gespräche sowohl mit Mottahari als auch Montazari, der sich gerade wieder einmal in Teheran aufhielt. Zusätzlich vereinbarte man mit einem französischen Tonstudio, daß die Firma alle anderen Aufträge zurückstellte und Tausende von Tonbändern mit täglichen Botschaften und Interviews des Ayatollah produzierte, die in Teheran vertrieben wurden." [266]
Von Paris aus steuerte Khomeini Streiks im Iran, hielt über den Rundfunk Ansprachen an die persische Bevölkerung, rief das Militär zur Unterstützung des Widerstands auf, empfing Besucher der iranischen Opposition und kam durch das europäische Fernsehen erstmals zu internationaler Bekanntheit. In Verbindung mit den europäischen Medien wurde seine Publizität zu einem entscheidenden Machtfaktor. Khomeini gelang es nicht nur, die verschiedenen Kräfte der iranischen Opposition durch geschicktes Taktieren und durch sein Charisma an sich zu binden, sondern auch für seine Politik zu instrumentalisieren, darunter bürgerliche, nationalliberale und linke Oppositionelle.
Ende 1978 boten der Trauermonat *Moharram* und der *Aschura*-Tag den Rahmen für den endgültigen Sturz des Schahs und die Proklamation der Islamischen Republik. Schon bald mußten linke und nationalliberale Politiker einsehen, daß Khomeini ausschließlich die Idee eines islamischen Staates vertrat und sich mit dieser Programmatik als Führer der Revolution durchsetzen würde. Ihre Versuche, dies zu verhindern, scheiterten.
In iranischen Städten versammelten sich Millionen Menschen zu beeindruckenden Massendemonstrationen gegen das Schahregime.

Bereits am 8. September, später als „Schwarzer Freitag" bezeichnet, war vom Militär offen auf Demonstranten in Teheran geschossen worden. „Es gab schwere Verluste, wie das medizinische Untersuchungsamt mitteilte, 4490 Opfer, zumeist Frauen und Kinder. Der besagte Ort des Massakers heißt heute Märtyrersquare", so die vom Islamischen Führungsminsterium herausgegebene Khomeini-Broschüre. [267]

Zu Beginn des Trauermonats, Anfang November 1978, erlebte Teheran eine merkwürdige Demonstration. Die inzwischen vom Schah eingesetzte Militärregierung hatte alle Versammlungen und Trauerprozessionen verboten und ab 21 Uhr eine Ausgangssperre angeordnet. „Tatsächlich blieb es am ersten Tag auch ruhig. Überall an wichtigen Kreuzungen und vor vielen Amtsgebäuden waren Militäreinheiten mit Panzern und Maschinengewehren stationiert. Doch als am Abend die Uhren den Beginn der Sperrstunde anzeigten, stieg nahezu ganz Teheran auf die Dächer und rief ‚Allahu akbar', Gott ist mächtig. Der Strom war abgeschaltet. Es herrschte tiefe Dunkelheit in der ganzen Stadt. Die Soldaten waren verzweifelt, ziellos fuhren sie in Fahrzeugen durch die Straßen, ballerten einfach in die Gegend. Aber das Rufen hörte nicht auf. Es dauerte bis tief in die Nacht. Am nächsten Morgen verhielt sich jeder so, als ob nichts geschehen wäre, die Straßen waren wieder ruhig. Abends um neun aber wieder das gleiche Spektakel: Teheran glich einem Geisterhaus. Bald schlossen sich auch andere Städte an. Jeden Abend um 9 Uhr dröhnte durch das ganze Land bis zum Sonnenaufgang ‚Allahu akbar'. Eine solche psychologische Kriegsführung hatte es bisher noch nicht gegeben: die Streiks, die Demonstrationen, die fanatisierten Massen, zum Märtyrertod entschlossen, die sich ohne Furcht vor die Panzer stellten, die Umarmungen mit den Soldaten und jetzt auch noch dieser nächtliche Spuk!" [268]

Am 10. Dezember – es war nicht nur der Höhepunkt des Trauermonats Moharram, sondern gleichzeitig der 15. Jahrestag der Exilierung Khomeinis – fand in Teheran eine Demonstration mit über drei Millionen Menschen statt. Einen Tag später, am Todestag des Prophetennachfolgers Imam Hosein (*Aschura*-Tag), wurde auf einer Kundgebung eine Erklärung verlesen, die wahrscheinlich auf Anweisung Khomeinis von Beheschti verfaßt worden war und unter linken Oppositionellen und dem Vorbereitungskomitee allgemeine Beunruhigung hervorrief.

Zum ersten Mal wurde öffentlich die Gründung einer „Islamischen Republik" gefordert und „Imam Khomeini" als „unser Führer" bezeichnet.[269]

Bereits am 2. November hatte Khomeini die Streitkräfte aufgerufen, sich dem allgemeinen Widerstand anzuschließen. „Das sei ein religiöser Befehl, und wer sich dagegen widersetze, handele gegen den Willen Gottes."[270] Dem Aufruf folgte das Militär erst Mitte Januar/Anfang Februar 1979, was den endgültigen Sturz des Schahs herbeiführte. Allerdings war Khomeinis Macht schon soweit gefestigt, daß Bazargan die noch immer streikenden Ölarbeiter überreden konnte, die Ölproduktion wieder aufzunehmen. So konnte die Inlandsversorgung gedeckt werden. Khomeini hatte befürchtet, daß sich die wirtschaftliche Krise auf die Kampfbereitschaft der Bevölkerung lähmend auswirken könnte.

„Der Imam könne Wunder vollbringen, erzählte man sich. Keine Macht könne ihm Widerstand leisten, die Armee nicht, der Schah nicht, nicht die USA. Er verfüge über göttliche Kräfte. Manche vermuteten sogar, er sei der verschwundene zwölfte Imam und sei jetzt – gemäß der überlieferten Prophezeihung der [Schiiten] – wieder aufgetaucht, um endlich Gerechtigkeit auf Erden walten zu lassen. Khomeini wurde allmählich zum Heiligen erklärt, einem Retter, der alle Wünsche und Bedürfnisse erfüllen würde. Selbst im Vollmond glaubten sie sein Antlitz zu sehen. Je mehr ihre Phantasien sich von der Realität entfernten, desto mehr liebten sie ihn und waren bereit, für ihn den Märtyrertod zu sterben. Bei manchen seiner Reden, die auf Tonband abgespielt wurden, gerieten die Gläubigen gar in Ekstase, sie schrien, weinten und lachten, schlugen sich mit beiden Händen auf den Kopf oder auf die Brust, sprangen und tanzten herum, als ob sie sich ihres Körpers entledigen und ihm ihre Seele schenken wollten. ‚Du bist meine Seele, Khomeini', riefen sie immer wieder."[271]

Am 31. Dezember 1978 (nach Nirumand/Daddjou) bzw. am 6. Januar 1979 (nach Tilgner) fand sich Schapur Bakhtiyar, wie Sandschabi einer der führenden Männer der *Nationalen Front* und Anhänger Mossadeghs, bereit, im Auftrag des Schahs eine neue Regierung zu bilden.[272] Bakhtiyar wurde daraufhin aus der *Nationalen Front* – dem einzig potentiellen Verbündeten der neuen Regierung – als Verräter ausgeschlossen. Obwohl er eine Politik im Geiste Mossadeghs ankündigte

und versuchte, eine Demokratisierung in Gang zu setzen und eine Reislamisierung zu bremsen, konnte sich die Linke nicht zu einer Zusammenarbeit mit ihm entscheiden.
Fast gleichzeitig, am 12. Januar 1979, gab Khomeini die Bildung eines Islamischen Revolutionsrates bekannt: „Das iranische Volk wünscht nicht nur die Absetzung des Schah und die Abschaffung der Monarchie. Das Volk wird seinen Kampf bis zur Gründung der *Islamischen Republik*, der einzigen Garantie für Freiheit, nationale Unabhängigkeit und die Sicherung sozialer Gerechtigkeit, fortsetzen.“ [273]
Weder mit den USA, die sich einzuschalten versuchten, noch mit dem Kronrat, den er schlichtweg für illegal erklärte, war Khomeini bereit zu verhandeln. Schließlich trat Teherani, Vorsitzender und Mitbegründer des Kronrats, auf Khomeinis Geheiß zurück und erklärte den Kronrat ebenfalls für illegal. Damit war der Kronrat abgeschafft. Nun erklärte Khomeini auch das Parlament für illegal, worauf viele Abgeordnete ihr Mandat niederlegten und Khomeini folgten.
Am 16. Januar 1979 verließ der todkranke Schah mit seiner Frau den Iran. Bakhtiyar ließ die Teheraner Flughäfen schließen, um eine Einreise des Ayatollahs zu verhindern. In der gespannten Lage bemühte sich Bakhtiyar darum, Khomeini so lange in Paris zu halten, bis sich die Regierung konsolidiert hätte. Doch das konnte nicht im Interesse des Ayatollahs sein.
„Nur wenn Bakhtiyar seinen Rücktritt erklärt, bin ich bereit ihn zu empfangen.“ [274] Notgedrungen ließ Bakhthiyar am 30. Januar 1979 die Flughäfen wieder öffnen. Zwei Tage später wurde Khomeini von den jubelnden Massen mit der ehemaligen, vom Schah verbotenen, Nationalhymne empfangen. Das Warten auf den ersehnten Ayatollah, das in der volkstümlichen Religiosität mit dem „Warten auf den Imam Mahdi“ assoziiert wurde, fand ein Ende. Die Khomeini-Ära begann. US-Sicherheitsberater Brzezinski und US-Präsident Carter hatten zwar Bakhtiyars Plan, die Maschine des Ayatollahs unterwegs zur Landung zu zwingen und ihn zu verhaften, unterstützt. „Leider hat Khomeini den Termin seiner Reise verschoben“, heißt es dazu in Brzezinskis Buch. [275]

Khomeini empfängt Journalisten im Garten seines Pariser Exils in Neauphle-le-Château. Das Foto des Ayatollahs, das ihn friedlich unter einem Apfelbaum sitzend zeigt, prägte nachhaltig das Bild, das man sich anfangs in Europa vom islamischen Revolutionsführer machte.

Rückkehr nach Teheran (1979)

Für seine erste Rede wählte der Ayatollah einen symbolträchtigen Ort – den Friedhof *Beheschte Zahra* in Teheran. „Der Friedhof beherbergte nicht nur gewöhnliche Tote, sondern auch Märtyrer der Revolution. In den vergangenen Monaten waren hier täglich Trauerprozessionen veranstaltet, die Märtyrer würdevoll zu Grabe getragen worden. [...] ‚Willkommen im Hause der Märtyrer', stand am Eingang des Friedhofes, und als Khomeini hineinfuhr, riefen die Massen: ‚Wir sind alle deine Soldaten, Khomeini, nur dir gehorchen wir, Khomeini.' [...] Er sprach leise und undeutlich, machte oft längere Pausen, benutzte grammatisch ungewohnte, ja oft falsche Formulierungen. Die Gläubigen aber verstanden ihn und waren hingerissen von seinen Worten.“ [276]

Nachdem am 6. Februar 1979 unter Mehdi Bazargan eine Gegenregierung gebildet worden war, die von großen Teilen der Verwaltung unterstützt wurde, und nachdem zwei Tage zuvor die Soldaten rebelliert hatten, erklärte nun die gesamte Armeeführung ihre Neutralität. Khomeini und die Regierung Bazargan übernahmen offiziell die Amtsgeschäfte. Die polemischen Äußerungen, die Bakhtiyar noch zwei Tage zuvor gemacht hatte, wirkten angesichts dieser Tatsachen eher hilflos: „Er [Khomeini] kann in der heiligen Stadt Ghom seinen islamischen Staat errichten. Es wäre reizvoll, wenn wir auch hier im Iran einen kleinen Vatikan hätten.“ [277]

Wenige Tage später mußte Bakhtiyar untertauchen. Er konnte nach Paris fliehen, wo er am 31. Juli 1979 zum ersten Mal wieder gesehen wurde – längst hatte ihn ein Revolutionsgericht im Iran zum Tode verurteilt.

Von den über 14 Jahren seines Exils verbrachte Khomeini nur wenige Monate in Paris. Aber gerade die letzten Monate brachten den entscheidenden politischen Durchbruch.

Das Fernsehen zeigte Khomeini friedlich unter einem Apfelbaum im Garten seines Pariser Exils sitzend. Die Exotik solcher Aufnahmen prägte zunächst sein Bild in der westlichen Öffentlichkeit. Erst in dieser Phase rückte die Revolution ins Zentrum der Berichterstattung westlicher Medien, wurde das Defizit an Informationen über die sozialen und religiösen Verhältnisse unter dem Schahregime deutlich. Die totalitäre

Programmatik Khomeinis und seine Kompromißlosigkeit gegenüber der Opposition im Iran wurden von den Medien zwar hierzulande bald erkannt, aber sie hatten durch jahrelange, schahfreundliche Berichterstattung an Glaubwürdigkeit verloren. „So ist es auch nicht verwunderlich, daß die Boulevardpresse der BRD-Imperialisten, die jahrelang über die Kämpfe der Volksmassen im Iran geschwiegen hat, heute unverschämterweise, wie es die Art des Lumpenjournalismus ist, die Kämpfe als ein[en] Streit zwischen ‚fanatischen Moslems' und dem ‚fortschrittlichen', ‚revolutionären' Schah darstellt", kommentierte die Konföderation Iranischer Studenten (CIS/NU) noch im September 1978. Gegen die „imperialistische Propaganda in Ost und West", die „jahrelang im Sinne ihres Profits im Iran fast wörtlich die Lügenmärchen des Regimes wiedergab", verteidigte sie auch Khomeini. Es sei auf „die wertvolle Rolle des höchsten schiitischen Würdenträgers Khomeini hinzuweisen, der unversöhnlich trotz des 15jährigen Exils und diversen Repressalien, den Kampf fortsetzt und den Sturz des Schah-Regimes und die Befreiung Irans aus dem imperialistischen Einfluß fordert."[278] Das Bild Khomeinis blieb noch lange Zeit widersprüchlich, selbst nachdem Khomeini nach Teheran zurückgekehrt war. „... unless and until Khomeini's theocracy comes to pass, nobody can know what the mysterious mullah really thinks..." (Time).

„Frühling der Freiheit"

„Der Frühling der Freiheit" – wie die Phase nach der Flucht des Schahs von Iranern und auch von revolutionshungrigen Linken in der Bundesrepublik genannt wurde – währte nur kurz. Am 28. Februar 1979 siedelte Khomeini nach Ghom über und trat dort wieder als religiöser „Warner" auf – offensiv und mit fundamentalistischem Konzept: „Wir müssen die Unmoral aus unserer Gesellschaft ausrotten. [...] Wir werden die gesamte Presse, den Rundfunk, das Fernsehen und die Kinos von der Unmoral säubern. Alles muß sich am Islam orientieren. Unsere Werbung muß islamisch werden, unsere Ministerien müssen sich in islamische Stützpunkte verwandeln. Unsere Gesetze müssen islamische Gesetze sein. Wir werden uns nicht darum kümmern, ob dies dem Westen paßt oder nicht. Der Westen hat uns erniedrigt, er hat unsere Seele zerstört, er hat uns verwestlicht. Wir werden die Verwestlichung ausrotten ... Seid wachsam! Die Regierung soll wachsam sein. Das Volk muß wachsam sein [...]. Alles muß sich dem Islam anpassen. Verschließt eure Ohren! Hört nicht auf die, die ständig fragen, was aus uns werden soll. Diese Leute, die solche Fragen stellen, wollen uns schwächen, sie wollen die Regierung schwächen, den Islam schwächen. Alle Behörden und Ämter müssen gesäubert werden. [...] Natürlich sind alle in ihrer Wahl frei. Ich selbst jedenfalls werde bei der Volksabstimmung für die Islamische Republik stimmen. Das ist die religiöse Pflicht eines jeden Muslims. Jeder Muslim muß für die Islamische Republik stimmen. Natürlich kann jeder frei wählen. Jeder kann sich frei entscheiden und sagen, ich möchte wieder die Monarchie, ich möchte wieder den Schah, ich möchte ein westliches Regime haben. Aber seid wachsam! Diejenigen, die für eine demokratische Republik stimmen, wählen ein westliches Regime..." [279] Zwei Tage später fand eine Volksabstimmung über die Einführung einer Islamischen Republik statt.

Nachdem sich Khomeini die Staatsform einer Islamischen Republik per Referendum am 30. März hatte bestätigen lassen, proklamierte er am 1. April 1979 die „Islamische Republik Iran":

„I announce the Islamic Republic of Iran on this blessed day, the day of the leadership (*imāma*) of the community (*umma*) and the victory and conquest of the people (*milla*). [...] Blessings upon you the day on which you overthrew the demoniacal enemy and the Pharaoh of our age ... The dawn of the twelfth of Farvadin [1. April 1979], which is the first day of the government of God (*Allah*), belongs to the greatest feasts of our faith and our people (*milla*)." [280]

Eine neugegründete Links-Mitte-Koalition, die *Nationaldemokratische Front* (seit 4. März 1979) und die *Volksfidā'iyān* hatten damals zum Boykott der Volksabstimmung aufgerufen. Bei 20 Millionen Ja-Stimmen gab es nur 140.000 Gegenstimmen. Khomeinis Kommentar: „Ich freue mich besonders darüber, daß einige zuvor ihre Teilnahme an dem Referendum verweigert haben, weil sie angeblich nicht wußten, was unter dem Begriff Islamische Republik zu verstehen sei ... Sie haben die Wahl boykottiert. Das ist gut so. Wir können dankbar sein, daß sie es vorher angekündigt haben. Ihnen werden jetzt die

Augen darüber aufgegangen sein, daß sie nicht mehr als ein Prozent der Bevölkerung vertreten. Sie sind isoliert und vom Volk getrennt.“ [281] Während der nächsten Monate entstanden zahlreiche Organisationen neben den bestehenden Institutionen: die „Wächter der Revolution“ (*pāsdārān-i inqilāb*) anstelle des Militärs, „Revolutionskomitees“ anstelle der Polizei, „Revolutionsgerichte“ anstelle der Justiz, der „Heilige Krieg für den Aufbau“ (*ǧihād-i sāzandigī*) als Freiwilligen-Organisation für Planung und kulturelle, landwirtschaftliche, technische und medizinische Aufgaben. Sie bildete den „Motor der Kulturrevolution“ (Göbel).

In Ministerien, Fabriken, Schulen und Universitäten waren „Islamische Räte“ für Säuberungen zuständig. Die Universitäten wurden schließlich für zwei Jahre geschlossen. Khomeini: „Ihr schreit und fragt, warum die Universitäten geschlossen bleiben sollen. Habt ihr vergessen, welches Verderben in diesen Universitäten hauste? Universitäten waren Bollwerke der Kommunisten ... Sie befanden sich in den Krallen der Kommunisten, *Fidā'iyān* und der Abtrünnigen (Volks*muǧahidīn*). Wollt ihr tatsächlich, daß wir die Universitäten wieder öffnen?“ [282]

Postrevolutionäre Phase

Während der folgenden Jahre fanden schwere innenpolitische Machtkämpfe statt, in denen schließlich eine fast vollständige (schiitische) Islamisierung der iranischen Gesellschaft erfolgte. Die verschiedenen Oppositionsgruppen, die ein breites Spektrum von marxistischen, feministischen, demokratisch-pluralistischen, laizistischen oder auch monarchistischen Ideen vertraten, mußten eliminiert oder integriert werden. Die Hauptauseinandersetzung verlief zwischen den „Khomeinisten“ und in irgendeiner Form westlich orientierten Schiiten (Göbel). Sie offenbarte eine tiefe kulturelle Gespaltenheit der iranischen Gesellschaft. Die Kämpfe führten zu Hunderten von Exekutionen auf der einen Seite und zu Bombenattentaten und Terroranschlägen auf anderen. Am Ende siegte ein Nouveau Régime.

Die jüngere Geschichte Irans und Khomeinis ist bekannt: Islamisierung aller öffentlichen Einrichtungen, Massenhinrichtungen, Verfolgung Andersgläubiger und sogenannter Abtrünniger, Verbot nicht-islamischer Gruppen, Pressezensur, Verbot westlicher Filme, Verbot von Alkohol und Glücksspielen (wozu lange Zeit auch das Schachspiel gehörte), Verbot von Schminke, Stöckelschuhen und dergleichen, Einführung einer strikten Kleiderordnung für Frauen – die Liste der Reglementierungen und Verbote ließe sich fortsetzen.
Hier soll an die komplexen politischen Ereignisse der folgenden Jahre nur kurz erinnert werden. Sie sind für die Biographie Khomeinis von untergeordneter Bedeutung. Denn während die Verfassung der Islamischen Republik dem über 80jährigen als religiösem Oberhaupt nahezu unumschränkte politische Macht garantierte, zog sich Khomeini ab Mitte der 80er Jahre aus dem politischen Leben zurück, trat nur noch selten öffentlich auf und widmete sich eher religiösen Fragen. Im Vordergrund der untersuchten Biographien stehen stärker die politischen Ereignisse selbst, die zwar mit Zitaten Khomeinis untermauert werden, für eine biographische Skizze jedoch nichts wesentlich Neues über die Person Khomeinis aussagen.

Die erste Krise der postrevolutionären Phase wurde durch die Besetzung der US-amerikanischen Botschaft in Teheran im November 1979 ausgelöst. (Schon im Februar, nur 14 Tage nach Rückkehr Khomeinis, war die Botschaft erstmals mit Waffengewalt von einer Gruppe besetzt worden. Anhänger Khomeinis erreichten damals ihren Abzug. [283])
Am 1. November 1979 demonstrierten zunächst Hunderttausende vor der US-Botschaft in Teheran gegen die Einreise des Schahs in New York am 23. Oktober, wohin er sich zu einer Operation begeben hatte. [284]
Nirumand/Daddjou erwähnen diese Demonstration nicht. Sie vertreten die These, daß die Botschaftsbesetzung von einer Studentengruppe mit Wissen Khomeinis durchgeführt wurde. Sie berufen sich dabei auf ein Interview mit Banisadr, der einer von fünf Beratern gewesen sein will, die von Khomeini mit der ideologischen Betreuung dieser Studentengruppe beauftragt worden waren. [285] Zwei Tage später kündigte die iranische Regierung das Kooperationsabkommen mit den USA von 1959 (und erklärte gleichzeitig den Freundschaftsvertrag mit der So-

wjetunion von 1921 für nichtig).[286] Am folgenden Tag, am 4. November 1979, kam es erneut zu einer Demonstration, in deren Verlauf die US-Botschaft von bewaffneten Khomeini-Anhängern besetzt und 62 Botschaftsangehörige als Geiseln genommen wurden. Die Darstellung Nirumand/Daddjous weicht wieder erheblich von der Taheris ab. Zunächst die Version von Nirumand/Daddjou: Die Besetzer „hatten sich von dem Demonstrationszug getrennt, waren zu der amerikanischen Botschaft gelaufen. Der Eingang war verschlossen. Einige stiegen über die Mauer und öffneten von innen das Tor. Schüsse wurden abgegeben. Nach etwa zwanzig Minuten wurde über die Mauer ein weißes Transparent gehängt. Darauf stand: ,Wir, muselmanische Studenten, Anhänger der Linie Imam Khomeinis, haben aus Protest gegen die Verbrechen der USA und die Aufnahme des Verbrechers Pahlawi in diesem Land die amerikanische Botschaft besetzt.'"[287] Während Nirumand/Daddjou die Besetzung als geplante Aktion darstellen, von der Khomeini zumindest informiert gewesen sei, während sie von Schießereien und vom Überklettern verschlossener Botschaftstore berichten, liest sich die Szene bei Taheri ganz anders: „Die Demonstranten entdeckten schnell, daß sie das Gelände widerstandslos betreten konnten, und das taten sie dann auch. Sie wußten danach offenbar selbst nicht, was zu tun sei und müssen dann auch selbst überrascht gewesen sein, als sie verkündeten, daß sie und alle anderen in dem Gebäude bleiben würden, bis der Schah und seine Reichtümer an den Iran ausgeliefert würden. Unzählige Artikel sind seither über die Besetzung geschrieben worden, oft wurde sie als das Ergebnis eines machiavellistischen Komplotts bezeichnet. Aber es gibt keine Anzeichen dafür, daß irgendetwas anderes im Spiel war, als der Versuch einiger enthusiastischer Studenten, eine dramatische Tat zu vollbringen. Später allerdings wurde diese Episode im Machtkampf der Mullahs und ihrer politischen Verbündeten benutzt, der damals schon im Gange war. [...] Khomeini hätte den Zwischenfall am ersten Tag beenden können, hätte dann aber den Verlust eines Teils seines revolutionären Prestiges hinnehmen müssen. Er besaß keine genauen Informationen über die Krise [...]".[288] Alle Versuche der USA, mit Khomeini zu verhandeln, scheiterten. Erneut zeigte sich Khomeini gegenüber den USA kompromißlos und konnte sich so als Revolutionsführer etablieren und an die Spitze der aufgebrachten Massen stellen.

In dieser Krise zwischen den USA und dem Iran versuchten schon damals Vertreter des Papstes als religiöse Autoritäten zu intervenieren. Khomeini warf dem Papst jedoch Doppelmoral und Einseitigkeit vor: „In dieser kritischen Lage hätte ich dem Besuch einer anderen Person nicht zugestimmt. Aber die geistliche Autorität des Papstes verlangt soviel Respekt, daß ich bei seinem Gesandten eine Ausnahme gemacht habe ... Seit fünfzig Jahren werden in unserem Land Menschen geopfert – sie wurden in Gefängnisse gebracht, die besten Söhne unseres Volkes wurden dort brutalsten Folterungen ausgesetzt –, trotzdem gab es für diese Menschen keine Fürbitte. Dem hochwürdigen Papst ist es während dieser Zeit nicht eingefallen, unser unterdrücktes Volk zu verteidigen oder zumindest vermittelnd zu seinen Gunsten einzugreifen. Jetzt, wo sich ein paar Leute in ihrem eigenen Spionagenetz verstrickt haben, da will uns Seine Heiligkeit an Humanismus und Gerechtigkeit erinnern.“ [289]
Auch eine militärische Befreiungsaktion der USA scheiterte am 25. April 1980. Im Sandsturm der Wüste von Tabas fielen zwei Hubschrauber aus, ein dritter kollidierte mit einem Transporter. Acht Mitglieder der US-Spezialeinheit kamen ums Leben. Viele Iraner ließ dies an ein Wunder glauben. „Zahlreiche Theorien wurden zur Erklärung dieses Wunders aufgestellt, die über Tage und Wochen die Presse beschäftigten. Schätze der islamischen Mythologie wurden ausgegraben, um Gleichnisse herzustellen. Der Imam selbst erinnerte an eine Geschichte aus dem Koran, in der von einer Schar Vögeln erzählt wird, die das feindliche Heer zur Flucht zwangen“. [290]
Erst am 22. Januar 1981, nach 444 Tagen, ein halbes Jahr nach dem Tod des Schahs (am 27. Juli 1980), ließ das Mullah-Regime die Mitarbeiter der US-Botschaft frei. Sie wurden freigelassen an dem Tag, als „Ronald Reagan von Carter die Präsidentschaft übernahm.“ [291]

Der iranisch-irakische Krieg (1980–1988) hatte zu dieser Zeit schon begonnen – ausgelöst durch einen Überraschungsangriff Iraks Mitte September 1980.
Die schiitische Revolution im Iran hatte im Nachbarstaat Irak, in dem 65 Prozent der Bevölkerung schiitische Moslems sind, die Regierung unter Saddam Husain jedoch von Sunniten gestellt wird, zu brisanten Spannungen geführt. Versuche, auch im Irak eine schiitische Revolu-

tion durchzuführen, wurden blutig niedergeschlagen. Auch Ayatollah Mohammed Baqir as-Sadr (1933–1980) scheiterte im Irak mit seinem Versuch eines Aufstandes nach Vorbild Khomeinis. Für ihn gab es anschließend nur Flucht oder Martyrium. „Auf Geheiß Khomeinis entschied er sich für das letztere. Khomeinis rechtliche Begründung lautete, die Heiligen Stätten dürften nicht im Stich gelassen werden.“ Am 9. April 1980 wurden er und seine Schwester, eine in der schiitischen Frauenbewegung engagierte Schriftstellerin, hingerichtet.[292]

In einer Botschaft erklärte Khomeini im April 1980: „Saddam Husain, der wie der abgesetzte Schah sein antiislamisches und unmenschliches Antlitz entlarvt hat, beabsichtigt, den Islam zu zerstören (...)“. Anschließend rief Khomeini die schiitische Bevölkerung im Irak auf: „Erhebt euch, bevor dieses korrupte Regime euch in jeder Weise zerstört, schneidet seine kriminelle Hand von eurem islamischen Land ab.“ Einen Tag später kam es zu einem ersten Grenzgefecht, bei dem 15 iranische Revolutionsgardisten verletzt wurden.[293]

Seit 1980 war offizielle Anrede für Khomeini nicht mehr nur „Imam“, sondern „*Imām al-umma*“. Damit wurde ein Anspruch Khomeinis behauptet, auch religiöses Oberhaupt für Schiiten im Nachbarstaat Irak zu sein. Banisadr erklärte ausdrücklich im Mai 1980, daß der Imam als religiöser Führer des irakischen Volkes und aller islamischen Völker betrachtet werde. So wie für den Iran fühle sich Khomeini auch für den Irak verantwortlich.

Schließlich forderte Khomeini dazu auf, Saddam Husain und seine Mittäter zu töten und erklärte den Dschihad gegen die Regierung der Baath-Partei (nicht gegen Irak). Das Zahlen von Steuern an die Baath-Regierung sei verboten (*ḥarām*).[294] Immer häufiger kam es in den folgenden Monaten zu Grenzscharmützeln und am 4. September zur Bombardierung der Städte Mandali und Khanaqin durch den Iran.

Mitte September 1980 brach dann der Krieg offen aus. Khomeini übernahm am 10. Juni 1981 den Oberbefehl über das Heer und erklärte Banisadr am 21. Juni für amtsunfähig. Banisadr konnte untertauchen und ging nach Paris. Im Mai 1988 übernahm Parlamentspräsident Rafsandschani den Oberbefehl über die Streitkräfte. Die schiitischen Revolutionsparolen über Tod und Märtyrertum fanden während des gesamten Krieges ihre Fortsetzung in dem Ruf „Krieg, Krieg, bis zum Sieg“.[295]

Was als „Blitzkrieg“ vom Irak begonnen worden war, führte (von Dezember 1980 bis September 1981) zu einem verlustreichen Stellungskrieg, dem eine iranische Rückeroberung besetzter Gebiete (bis Juni 1982) und eine weitere iranische Offensive (bis März 1984) folgten. Seit April 1984 weitete sich der Krieg in den persischen Golf aus, als der Irak versuchte, iranische Erdölanlagen zu zerstören und den Erdölexport zu unterbinden. Der sogenannte „Tankerkrieg“ begann.
Die USA verstärkten ihre Flotte im Golf, nachdem eine irakische Mirage am 17. Mai 1987 die amerikanische Fregatte *Stark* angegriffen hatte. Von nun an konnten amerikanische Kriegsschiffe das Feuer auf iranische oder irakische Flugzeuge und Schiffe eröffnen, wenn deren Verhalten feindliche Absichten vermuten ließ. Am 3. Juli 1988 schoß die US-Fregatte *Vincenne* „irrtümlich“ einen iranischen Airbus ab. 290 Menschen kamen bei dem Abschuß der Passagiermaschine auf dem Flug nach Dubai ums Leben.
Der iranisch-irakische Krieg fand erst nach acht Jahren, im August 1988, sein Ende, nachdem ein Jahr zuvor vom *Weltsicherheitsrat* die *UN-Resolution 598* verabschiedet worden war. Sie sah vor, daß „Iran und Irak in einem ersten Schritt zu einer Verhandlungslösung das Feuer sofort einstellen, alle militärischen Operationen zu Lande, See und in der Luft beenden und unverzüglich alle Streitkräfte auf die international anerkannten Grenzen zurückziehen“. [296]
Im Krieg zwischen den beiden islamischen Ländern kam es auch zum militärischen Einsatz von Kindern. Ausdrücklich erlaubte ein Gesetz im Iran Kindern, die das zwölfte Lebensjahr überschritten hatten, in den Krieg zu ziehen. Sie brauchten dazu nicht mehr die Zustimmung ihrer Eltern. Bahman Nirumand: „Viele melden sich freiwillig und werden als Kanonenfutter an die Front geschickt. Oft sind die Kinder kleiner als die Gewehre, die sie tragen sollen. Nicht selten werden sie ohne Waffen in Scharen auf die Felder geschickt, als Minenauslöser und Vorboten der regulären Truppen. [...] Ihre einzige Hoffnung ist ein Plastikschlüssel, der an einer Halskette auf ihrer Brust hängt. Damit, so wird ihnen gesagt, können sie nach dem Märtyrertod die Pforten des Paradieses aufschließen und dort alles bekommen, wonach sie sich sehnen und was sie bisher entbehren mußten. Eine halbe Million solcher Schlüssel hat der Iran aus Taiwan importiert. Bevor die Kinder an die Front ziehen oder spätestens vor ihrem Einsatz, diktieren ihnen

ihre Lehrer oder Kommandanten ein Testament. Darin erklären sie, daß sie freiwillig in den Krieg gegangen sind, daß sie stolz sind, als Märtyrer für Gott und seinen irdischen Stellvertreter Imam Khomeini zu sterben. Zahlreiche solcher Testamente werden täglich in den Zeitungen veröffentlicht. [...] So beschreibt die halbamtliche Tageszeitung ‚Ettela'at' unverblümt eine Szene aus dem Krieg mit folgenden Worten: ‚Früher sah man freiwillige Kinder, vierzehn-, fünfzehn-, sechszehn- und zwanzigjährige wie Knospen auf Wiesenfeldern, die in der Morgendämmerung zur Blüte gelangt waren. Sie gingen über Minenfelder. Ihre Augen sahen nichts, ihre Ohren hörten nichts. Und wenige Augenblicke später sah man Staubwolken aufsteigen. Als sich der Staub wieder gelegt hatte, war nichts mehr von ihnen zu sehen. Irgendwo, weit entfernt in der Landschaft, lagen Fetzen von verbranntem Fleisch und Knochenteile herum.' Dieser Zustand habe sich aber in der Zwischenzeit verbessert, versichert die Zeitung ihren Lesern. ‚Vor dem Betreten der Minenfelder', heißt es, ‚hüllen sich die Kinder in Decken ein und rollen auf dem Boden, damit ihre Körperteile nach der Detonation der Minen nicht auseinanderfallen und man sie hinter die Front bringen und auf Händen zu den Gräbern tragen kann.'" [297]
Dieses Kriegsszenario beschreibt übrigens auch Martin Robbe. Aus einer halben Million werden bei ihm jedoch fünf Millionen importierter „Plastik- oder Metallschlüssel" für das Paradies (obwohl Robbe sich allein auf Nirumands Angaben beruft). Wie Taheri schreibt auch Robbe (anders als Nirumand), daß die Kinder ihre Testamente den Schreibern, „die dazu eigens an die Front kamen", selbst diktierten, gerichtet zumeist an den Imam oder an ‚meine liebe Mutter'. [298]
Inzwischen gibt es zwei eingehende Untersuchungen solcher Märtyrertestamente. [299] Werner Schmucker hat 175 dieser politischen Testamente in einem Aufsatz analysiert. Seiner Auffassung nach zeugen sie von einer ‚Kultivierung des Leids und Leidens zum Tode hin' und von ‚kultisch-feierlicher Begehung des individuellen und kollektiven institutionalisierten Opfertodes'. Die Front werde propagandistisch zur „Universität des Selbstaufbaus" verklärt. „Wer die ‚Frontuniversität' mit ihren gewaltigen Anforderungen besuchen will, hat also Vorschulen, das sind geistig-moralische Lehr- und Zuchtanstalten, zu durchlaufen, um seine Maturität zu beweisen. Wie wirksam dieses Propädeutikum sein kann, zeigten 12–13jährige Kindersoldaten,

die trotz schwerster Verwundungen bekundeten, den Weg ohne Wiederkehr fortsetzen zu wollen und, ohne zu zaudern, ihre noch unversehrt gebliebenen Körperglieder auch noch verstümmeln zu lassen. Nicht wenige betrachten es im Ernst als ‚Sühne für ihre Sünden', so gezüchtigt zu sein, wollen sich bis in den Tod selbst läutern, für das Jenseits bereiten." [300]

Während der Islamischen Revolution und des iranisch-irakischen Krieges entstand ein neuer Märtyrerkult . Davon zeugt auch der Brunnen am Eingang des Teheraner Zentralfriedhofs, aus dem rotgefärbtes Wasser fließt. Es symbolisiert das Blut der Märtyrer, die ihr Leben für den Islam geopfert haben, sei es bei der Liquidierung der Gegner im Innern oder im Krieg gegen den Irak. „Khomeini hat einmal gesagt: ‚Der Baum des Islam kann nur wachsen, wenn er ständig mit dem Blut der Märtyrer getränkt wird.' So sind der Krieg, das Töten und Sterben, die Rache und der Haß substantieller Bestandteil jenes Systems, das Khomeini und seine Gefolgschaft seit Jahren aufzubauen bemüht sind. Je mehr Blut in diesem Land fließt, desto fruchtbarer wird der Boden für die Blüte des Islam, für die Verbreitung der Märtyrerideologie." [301]

(An dem Krieg, bei dem es auch zur Hinrichtung tausender Kriegsgefangener auf der einen und zu Angriffen mit Giftgas auf der anderen Seite kam, verdienten eine Reihe westlicher Firmen und Staaten mit. [302])

Der Iran war außerdem auch Angriffen iranischer Oppositionsgruppen ausgesetzt. Seit etwa 1981 führen z. B. die islamisch orientierten Volks*muǧahidīn* militärische Operationen im Iran durch. [303]

Bei dem bereits eingangs erwähnten Bombenattentat im Juni 1981 wurde annähernd die gesamte Parteispitze der Islamisch-Republikanischen Partei getötet. Wieder liegen widersprüchliche Darstellungen vor. Taheri macht z. B. indirekt die *Muǧahidīn* für dieses und andere Attentate verantwortlich, während Nirumand/Daddjou spekulieren: „Lange Zeit vermutete man die Volks*muǧahidīn* dahinter. Doch inzwischen wird der Verdacht immer stärker, daß die Attentäter auf der Seite der Mullahs selbst zu suchen sind. [...] Daß die Mullahs kein Verbrechen scheuten, wußte man spätestens seit dem furchtbaren Kinobrand von Abadan, bei dem über 400 Menschen ums Leben kamen. Warum sollten die Mullahs nicht auch dieses Verbrechen geplant und durchgeführt haben?" [304]

Ganz so eindeutig sind beide Anschläge jedoch nicht, die Nirumand/Daddjou den Mullahs anlasten wollen. Weder die Urheberschaft des Bombenattentats noch des Brandes im Rex-Kino von Abadan im August 1978 scheinen zweifelsfrei geklärt. [305]

Der Anschlag im Juni 1981 hatte das Regime völlig in Frage stellen sollen. Doch Khomeini nutzte die Krise zu einem beeindruckenden Auftritt, den Taheri folgendermaßen beschreibt: „Er verglich den Tod Beheschtis und seiner Begleiter mit dem Martyrium Hoseins und seiner Freunde und drängte die Nation, die ‚gefallenen Helden' zu rächen. Der Auftritt im Fernsehen zeigte Khomeini in seiner besten Form als *rūza-ḫān*, das heißt als Mullah, der in den Trauermonaten Moharram und Safar die Gläubigen in einen Zustand tränenreicher Hysterie versetzt, indem er die Tragödie von Kerbela erzählt. Der Imam, der oft als simpel und widersprüchlich erscheint, wenn er als Politiker redet, war als *ruza-han* wie immer in seinem Element." [306]

Bereits am Tag zuvor war auf Ali Khamenei, Mitbegründer der *Islamisch-Republikanischen Partei* und hoher Geistlicher in Teheran, ein Sprengstoffanschlag verübt worden (Nirumand/Daddjou nennen hier den 27. Juni 1981). Khamenei wurde jedoch nur verletzt und galt nun als *šahīd-i zinda*, als „lebender Märtyrer".

Auf einer Sitzung des obersten Sicherheitsrates im Amt des Ministerpräsidenten explodierte wenig später eine Bombe, die angeblich der Chef des Sicherheitsrates Kaschmiri dort selbst deponiert haben soll. Zwei gerade ins Amt gewählte Politiker, Staatspräsident Radschai und Ministerpräsident Bahonar, kamen ums Leben. (Khamenei, enger Berater Khomeinis, wurde daraufhin im Oktober 1981 zum neuen Staatspräsidenten gewählt.) Im September 1981 starben bei einem durch Sabotage ausgelösten Flugzeugabsturz der Verteidigungsminister, der Generalstabschef, der Luftwaffenchef und der Kommandeur der Revolutionsgarden.

Aber der Versuch, das neue Regime durch Bombenanschläge und anhaltenden Terror zu stürzen, scheiterte letztendlich. Die rund 2000 Opfer unter den Mullahs legitimierten erneut ein unerbittliches Vorgehen gegen Oppositionelle. Allein in den Monaten bis Ende 1981 sollen 6000 Menschen, darunter Frauen und Kinder, hingerichtet worden sein. [307] Das Khomeini-Regime setzte sich auch in diesen Kämpfen um die Macht im Iran durch.

Der Hinrichtungsbefehl gegen Salman Rushdie

In seinen letzten Jahren zeigte sich der Revolutionsführer nur selten öffentlich. Nur wenige Wochen vor seinem Tod stellte er sich noch einmal an die Spitze des islamischen Fundamentalismus. Am 14. Februar 1989 sprach Ayatollah Khomeini einen religiös begründeten Hinrichtungsbefehl gegen den britischen Schriftsteller Salman Rushdie aus. Diese *fetwa* hat eine Vorgeschichte, die hier kurz umrissen werden soll.

Der 547 Seiten starke Roman *The Satanic Verses* war am 26. September 1988 bei Penguin/Viking in London erschienen. [312] Er schließt thematisch an frühere Veröffentlichungen des mehrfachen Literaturpreisträgers an. Schon diese Romane waren in Ländern, in denen sie überwiegend handeln, verboten worden; Auseinandersetzungen über den neuen Roman waren daher durchaus zu erwarten. [313]

Die Reaktion der liberalen britischen Presse auf das Buch war anfangs geradezu feindlich. Rushdies engagierte Kritik des Rassismus in England, seine Angriffe gegen die Thatcher-Regierung im Fernsehen stießen auf heftigen Widerstand. Im Gegensatz zu anderen eingewanderten Autoren hatte er sich nie von seiner asiatischen Herkunft distanziert. Seine Prominenz nutzte er zu öffentlichen Auftritten für Minderheiten und die Dritte Welt, weshalb er sogar als „nigger-lover" beschimpft wurde.

Journalisten monierten den beispiellos hohen Betrag, der Rushdie für sein Buch im voraus gezahlt worden war. Sie nahmen ihm übel, daß er seinen britischen gegen einen amerikanischen Agenten gewechselt und sich auch einen neuen Verleger gesucht hatte.

Bei der Verleihung des *Whitebread-Preises* (dotiert mit 20.000 £) für die *Satanischen Verse* im Februar 1989 zerriß sich die Presse über sein Privatleben. Die Szene neidete ihm den literarischen Erfolg. Auf diese Auseinandersetzung mit dem britischen Establishment hatte sich Rushdie vorbereitet, während er von der Reaktion islamischer Fundamentalisten überrascht wurde. Es war ironischerweise gerade das Establishment, daß sich in dieser Auseinandersetzung nun auf seine Seite stellte. [314]

Nur Tage nach Veröffentlichung der *Satanischen Verse* war der Sprecher der *Islamic Foundation* im englischen Leicester, Faiyazuddin Ahmad, von einem Freund von der *Islamic Foundation* in Madras auf das Buch aufmerksam gemacht worden. Er schickte Fotokopien aus dem Buch an muslimische Organisationen in Großbritannien und reiste nach Saudi-Arabien, um zu erreichen, daß die *Islamische Konferenz* eingreife.[315] Am 5. Oktober, nur neun Tage nach der Veröffentlichung, wurde das Buch in Indien bereits verboten (es folgten im Verlauf von wenigen Wochen Verbote in den Ländern Pakistan, Saudi-Arabien, Ägypten, Somalia, Sudan, Malaysia, Katar, Indonesien, Südafrika). Seit Oktober versuchten moslemische Gruppierungen bei der englischen Premierministerin Thatcher ein gerichtliches Eingreifen gegen das Buch zu erreichen. Im November protestierten mehrere Botschafter moslemischer Staaten beim britischen Innenministerium und im Januar 1989 wurde das Buch im englischen Bradford öffentlich verbrannt. Eine Erweiterung der britischen Blasphemie-Gesetze auf islamische Glaubenssätze wurde gefordert.
In Indien und Pakistan hatten die Proteste gegen den Roman einen blutigen Auftakt. Polizisten erschossen etwa zehn Menschen während einer Demonstration gegen den Roman in Bombay, was Unruhen in ganz Indien auslöste. Am 12. Februar 1989 starben in Pakistan bei Protestaktionen gegen das Buch mindestens fünf Menschen, rund einhundert wurden verletzt. Einen Tag später wurden bei einem Attentat im indischen Bundesstaat Kaschmir ein Wachsoldat vor dem britischen Konsulat getötet und 60 Menschen verletzt. In der gespannten Atmosphäre verhinderten die Behörden sogar eine Auslieferung der internationalen Nachrichtenmagazine *Newsweek*, *Time*, *Asiaweek* und *Far-Eastern Economic Review*, weil in ihnen Artikel über den Roman enthalten waren.
Bis zu diesem Zeitpunkt hatten deutsche Medien über das Buch oder die heftigen Auseinandersetzungen kaum berichtet, die durch Gerüchte und einzelne fotokopierte Textpassagen bei Moslems ausgelöst wurden. Erst danach, am 14. Februar 1989, nur drei Tage nach dem zehnten Jahrestag der Islamischen Revolution, sprach Khomeini seinen Hinrichtungsbefehl gegen den in Indien geborenen Schriftsteller aus: „Ich ersuche alle tapferen Moslems, ihn, gleich wo sie ihn finden, schnell zu töten, damit nie wieder jemand wagt, die Heiligen des Islam zu

beleidigen. Jeder, der bei dem Versuch, Rushdie umzubringen, selbst ums Leben kommt, ist, so Gott will, ein Märtyrer.“ [316] Tausende forderten am Tag darauf in Teheran vor der britischen Botschaft den Tod Rushdies. Ein Kopfgeld wurde ausgesetzt (das sich innerhalb von wenigen Tagen auf umgerechnet rund 9,2 Mio. DM erhöhte). Seitdem lebten der Autor und seine Familie versteckt.

Gleichzeitig wurde mit der Ermordung aller Personen gedroht, die an der Veröffentlichung des Romans mitwirkten. Der französische und der deutsche Verlag stellten die Produktion des Buches sofort ein. Es kam zu einer schweren Krise zwischen Ländern der *Europäischen Gemeinschaft* und dem Iran. Im Laufe der folgenden Monate demonstrierten auch in Europa Moslems gegen das Buch, Sprengstoffsätze explodierten in mehreren Buchläden und Morddrohungen wurden bei öffentlichen Lesungen ausgesprochen. [317] Die bereits eingangs erwähnte Ermordung des obersten moslemischen Geistlichen der Benelux-Länder, al-Ahdal, und des Bibliothekars im islamischen Kulturzentrum Brüssel zeigen, daß diese Drohungen ernst gemeint waren. Al-Ahdal hatte sich von dem Hinrichtungsbefehl Khomeinis distanziert.

Der Grund für die heftigen Proteste der Fundamentalisten ist wohl weniger in den vielschichtigen Inhalten des Romans zu suchen, der überdies in einem nicht leicht zu lesenden, an Metaphern reichen Englisch geschrieben wurde. Die Proteste richteten sich vielmehr gegen einige Textpassagen, die aus dem Zusammenhang des Buches gerissen und nur oberflächlich erfaßt wurden. Passagen, die angeblich den Koran und den Propheten in Mißkredit bringen, wurden in deutschen Medien als Begründung für den islamischen Protest angesehen. Selbst von Schriftstellern wurde daher Verständnis für den Ärger der Moslems geäußert und die „Blasphemie“ verurteilt. Sie schienen vergessen zu haben, daß sich auch die europäische Aufklärung häufig der literarischen Ausdrucksform des Romans bedienen mußte, um ihre Zweifel an der religiösen Überlieferung zu formulieren und Kritik an politisch-religiösen Herrschaftsformen zu üben.

Schon in seinen früheren Büchern hatte Rushdie seine Romanfiguren – sie entstammen z. B. dem moslemischen Milieu Indiens und Pakistans – mit einer fremden Kultur konfrontiert, mit der Großstadt, mit der Moderne. Er ließ sie sich zwischen den Welten bewegen, kulturelle und religiöse Grenzen überschreiten – bis hin zur Schizophrenie. Seine

Romane schildern Umdeutungs- und Ablösungsprozesse, schildern die Bewältigung kultureller Entfremdung und eine allmähliche Akkulturation, die zum Überdenken und zur Neudefinition althergebrachter Tradition, schießlich zu erneuter Selbstfindung führt.
Seine *Satanischen Verse* stellen in einer Traumsequenz Kernpunkte islamischer Überlieferung und islamischer Identität in Frage: die Offenbarung und auch die damit verbundene Neuregelung des Geschlechterverhältnisses durch den Propheten Mohammed. Möglicherweise trifft gerade die Schilderung solcher Traumsequenzen die islamische Identität so tief, weil das, was Rushdie als Traum eines schizophrenen Romanhelden dem Leser „offenbart", tatsächlich an eine – später als „satanische Verse" verworfene – Offenbarung angelehnt ist. Die Traumsequenzen seines Romanhelden sind daher nicht bloß (fiktive) Wiederkehr von individuell Verdrängtem, sondern Konfrontation mit einem Vers, der aus dem Kanon der koranischen Überlieferung gestrichen worden sein soll. Sie sind gewissermaßen die Konfrontation mit kollektiv Verdrängtem.
Zu der Frage nämlich, was von den drei altarabischen Göttinnen, die zu Mohammeds Zeiten in Mekka verehrt wurden, zu halten sei, soll Mohammed zunächst offenbart worden sein: „Dies sind die erhabenen *ġarānīq* [wörtl. „Kraniche", Umschreibung für die Göttinen], deren Fürsprache (bei Allah) erwünscht (oder: zu erhoffen) ist." Ausdrücklich berief sich Rushdie auf diese Überlieferung des islamischen Kanonikers al-Tabari. Mohammed soll mit diesem Zugeständnis an den Polytheismus und die Verehrung weiblicher Gottheiten versucht haben, die Koreischiten und Kaufleute Mekkas für sich und seine neue Religion zu gewinnen. Bereits am nächsten Tag widerrief er diese „Offenbarung" als Eingebung des Satans und ersetzte sie durch folgende Worte: „Sollen euch [den Menschen] Söhne sein und ihm [Allah] Töchter [Göttinnen]? Dies wäre dann eine ungerechte Verteilung. Siehe, nur Namen sind es, die ihr ihnen [den Göttinnen] gabt, ihr und eure Väter. Allah sandte keine Vollmacht für sie hinab. Sie folgen nur einem Wahn und ihrer Seelen Gelüst, und wahrlich, es kam zu ihnen von ihrem Herrn die Leitung. Soll etwa der Mensch haben, was er wünscht? Aber Allahs ist das Letzte und das Erste." [318]
In diesen Versen geht es nicht nur um den Bruch mit oder die Anpassung an Formen altarabischer Religionen durch eine neue Offenbarung,

nicht nur um den Konflikt zwischen Polytheismus und Monotheismus, sondern um die Ablösung weiblicher Gottheiten (und Engel) durch *einen* männlichen Gott. Es geht also auch um die Wertigkeit der Frau in Religion und Gesellschaft.
Rushdie hierzu: „Sie machten aus Mohammed ein vollkommenes Wesen, aus seinem Leben ein vollkommenes Leben, aus seiner Offenbarung ein unzweideutiges Ereignis, das es ursprünglich nicht gewesen war. Tabus wurden aufgebaut: Über Mohammed darf nicht gesprochen werden wie über ein menschliches Wesen mit menschlichen Tugenden und Schwächen. Über die Verbreitung des Islam darf nicht gesprochen werden, als handele es sich um einen historischen Vorgang. Dies sind die Tabus, gegen die meine ‚Satanischen Verse' verstoßen (und auch gegen ein anderes: Ich habe nämlich versucht, über die Stellung der Frau in der islamischen Gesellschaft und im Koran zu schreiben)." [319]
In dem Streit um die *Satanischen Verse* – das geben selbst moslemische Kritiker zu – geht es um mehr als um den oberflächlichen Vorwurf der Blasphemie. „Ridicule of Islam, abuse of the Prophet Muhammad and accompanying blasphemy are only surface offences – a residue of the Orientalist tradition." Der Roman habe eine tiefere Bedeutung, schrieb Ziauddin Sardar, denn er betrachte die göttliche Offenbarung wie einen Teil säkularer Geschichtsschreibung. Rushdie ignoriere die tiefe innere Verbindung der kulturellen und religiösen Identität mit dem prophetischen Paradigma, mache sie zu einem Anhängsel der westlichen Kultur: „finally [...] he succeeds in writing Islamic history and Muslim identity [...] out of existence." Und der Vers, den al-Tabari der bloßen Vollständigkeit halber überliefert habe, sei bloß eine Legende, eine Geschichte, die man sich damals in Mekka erzählt habe. [320]
In der Diskussion um Rushdie, die in Großbritannien eine Welle von Publikationen auslöste, ist der Roman zu einem Symbol für zwei gegensätzliche Paradigmen geworden. Indem Rushdie in seinem Roman den Prozeß der Offenbarung anzweifelte und die Tabuisierung von Sexualität aufhob, rief er kollektive Ängste und Abwehr hervor. Welche Bedeutung die Verdrängung der Sexualität im heutigen Islam spielt, welche Bedeutung der Einbruch des Islams für die Geschlechterbeziehung in Altarabien hatte, analysiert die marokkanische Soziologin Fatima Mernissi ausführlich in ihren Büchern. [321] Auf diese interessante Diskussion soll hier nur hingewiesen werden.

Hierzulande wurden in der Diskussion um Rushdies Roman Textstellen ausgeblendet, die direkt auf Khomeini bezogen werden können. Der Zorn des Ayatollahs auf den Schriftsteller hatte möglicherweise also auch persönliche Gründe. [322]

In Europa protestierten viele Intellektuelle gegen den „Mordbefehl“ Khomeinis. Dabei handelte es sich eigentlich um ein Verdikt, eine *fetwa*, die Khomeini kraft seiner religiösen Autorität ausgesprochen hatte. Es war also ein „Urteil“, das nach schiitischer Auffassung legitim und rechtskräftig ist. Religiöses Recht steht hier gegen das säkulare Staatsrecht in Europa.

Ein solcher Hinrichtungsbefehl war an sich nichts neues, weder im Iran noch in der restlichen islamischen Welt. Das Recht, „Ungläubige“ und „Abtrünnige“ (und wen immer man dafür hält) zu töten, zeigt sich schon in der Möglichkeit, den Dschihad (*ǧihād*) zur Verteidigung des Glaubens auszurufen. Bereits mit seinem Buch *Kašf al-asrār* soll Khomeini in den 40er Jahren den iranischen Historiker Kasrawi quasi zum Tode verurteilt haben.

Die weltweiten Proteste von Moslems gegen den Roman ließen den Islam in Europa kurzzeitig als relgiöse Einheit erscheinen. Tatsächlich aber waren die Demonstrationen und Buchverbrennungen der moslemischen Gruppierungen in den jeweiligen Ländern sehr unterschiedlich motiviert. Geschickt wurde die Aufregung über Rushdie von den verschiedensten islamischen Gruppen politisch instrumentalisiert. Das „blasphemische Buch“ war nur vordergründiger Anlaß, sich in dem jeweiligen politischen Kontext, der ja in Europa ein völlig anderer ist als beispielsweise in Pakistan oder Indien, als „islamisch“ zu profilieren.

Den Iran führte der Hinrichtungsbefehl Khomeinis außenpolitisch in die Isolation. Für den säkularen Westen war er eine Provokation – und dies hatte Khomeini auch beabsichtigt. Es kam zum Abbruch fast aller diplomatischen Beziehungen des Irans mit europäischen Staaten.

Khomeini beendete so eine „Politik der Öffnung“, die seit Ende des iranisch-irakischen Krieges als notwendig erachtet wurde, da ein Wiederaufbau des Irans mit westlichem Kapital und westlicher Technologie (insbesondere aus der Bundesrepublik) vorangetrieben werden sollte. Beendet wurde aber auch eine gewisse „Liberalisierung“ des islamischen Alltags. Viele Verhaltensvorschriften waren seit Ende des Golfkrieges lockerer genommen worden: „Hier und da war plötzlich wieder Musik zu hören, von den ganz und gar unislamischen Festen im reichen Norden Teherans wußte ohnehin jeder. Im Fernsehen wurden überraschend westliche Produktionen ausgestrahlt, den Höhepunkt bildete dabei die Übertragung eines Konzertes, bei dem ein gemischter Chor auftrat. Nach den entbehrungsreichen Kriegsjahren suchte vor allem die Stadtbevölkerung jetzt wieder ihr Freizeitvergnügen.“ [323]

Die wirtschaftliche Öffnung nach Außen und eine Liberalisierung nach Innen wurde vom fundamentalistischen Flügel der islamischen Geistlichkeit mit Argwohn betrachtet. Gleichzeitig schwelte ein Machtkampf um die Nachfolge Khomeinis, in dessen Verlauf der bereits designierte Nachfolger Ayatollah Ali Montazari zum zehnten Jahrestag der Islamischen Revolution eine vernichtende Bilanz zog: „Nicht ein einziges Ziel der islamischen Revolution wurde verwirklicht. [...] Wir werden kein einziges Problem dadurch lösen, daß wir unsere Gegner einsperren, foltern und hinrichten.“ [324]

Schon im Juli und September 1988 hatte Montazari mit Briefen an Khomeini, an die Staatsanwaltschaft und die Leitung des Ewin-Gefängnisses in Teheran versucht, eine Massenhinrichtung von Oppositionellen zu verhindern, – Briefe, die als Abschrift und als Flugblätter im Iran kursierten und ins Ausland gelangten: „So ein Massaker ohne Gerichtsverfahren, obwohl es um Gefangene und solche in Haft geht, wird ihnen [den Volks*muǧahidīn*] sicher langfristig zugute kommen, und die Welt würde uns verurteilen und sie nur noch mehr zum bewaffneten Kampf ermutigen. Es ist falsch, Ideen und Gedanken durch das Mittel des Tötens zu bekämpfen. [...] Die plötzliche Hinrichtung der Gefangenen, die von Gerichten und gemäß der Gesetze zu geringeren Strafen als der der Exekution verurteilt wurden, und die keinerlei neue Taten begangen haben, würde zur Gleichgültigkeit gegenüber allen juristischen Prinzipien und den Urteilen der Richter führen. [...] Bisher gab es keine positiven Folgen der Hinrichtungen und des harten Vorgehens, wir haben nur eine zunehmende Propaganda gegen uns und ein zunehmendes Interesse an den *Munāfiqīn* [wörtl. „Heuchler“, gemeint sind Oppositionsgruppen] und den Konterrevolutionären festgestellt. Es wäre angemessen, eine Zeitlang Milde und Güte walten zu lassen.“ [325]

Nur drei Monate vor Khomeinis Tod war der designierte Nachfolger, Ali Montazari, wegen dieser und ähnlicher Äußerungen in Ungnade

gefallen, die er anläßlich der Feiern zum Jahrestag der Islamischen Revolution gemacht hatte. Montazari hatte den Erfolg des Regimes und des „heiligen“ Krieges in Frage gestellt. „We have to calculate our invaluable losses of manpower, of towns and cities destroyed, and see if we have erred“, zitierte ihn eine indische Zeitschrift.
Noch im April 1989 setzte Khomeini zwei bedeutende Verfassungsänderungen durch: Sein Nachfolger müsse kein Groß-Ayatollah sein und das Amt des Staatspräsidenten solle statt repräsentativer nun exekutive Funktionen bekommen. Damit war die spätere Machtübernahme durch Khamenei und Rafsandschani vorbereitet.[326] Montazari trat daraufhin zurück.
Khomeini, der lange zur außenpolitischen Öffnung und zur innenpolitischen Liberalisierung geschwiegen hatte, wirkte solchen Tendenzen nun mit dem Hinrichtungsbefehl gegen Salman Rushdie energisch entgegen. Er stellte damit, noch vor seinem Tod, die entscheidenden Weichen für die Politik der kommenden Jahre: „Solange ich lebe, werde ich den Staat nicht in die Hände von Liberalen fallen lassen, werde ich es nicht dulden, daß Heuchelei dieses schutzlose Volk zerstört und, solange ich lebe, werde ich mich weder dem Osten noch dem Westen annähern; und vor allem werde ich niemals aufhören, die Handlanger der USA und der UdSSR aus allen Bereichen fernzuhalten. [...] Wer immer noch glaubt, wir müßten unsere Politik und unsere diplomatischen Prinzipien revidieren, wir seien unbeholfen und dürften die Fehler der Vergangenheit nicht wiederholen, muß umdenken. Wer annimmt, unsere massiven Parolen und der Krieg hätten dazu geführt, daß die Welt dem Iran gegenüber pessimistisch geworden sei, und meint, daß wir nur umdenken müßten, um den Respekt und die Sympathie der Weltmächte wiederzugewinnen – wer dies glaubt, der irrt. Nach der Veröffentlichung des blasphemischen Romans Satanische Verse hat sich ja die Arroganz und Barbarei in der Welt unverhüllt gezeigt. Ihre wahre Natur und die seit langem bestehende Feindschaft gegenüber dem Islam trat deutlich zutage, so daß wir endlich aus unserer Naivität erwachen mußten.“[327]

Tod Khomeinis (1989)

„Der Imam, eine Fackel, die den Pfad der iranischen Nation erleuchtet hat, ist zu Gott dem Allmächtigen zurückgekehrt.“ [328] Am 3. Juni 1989 starb Khomeini. Wenige Tage zuvor hatte er sich einer Darmoperation unterziehen müssen, die im iranischen Fernsehen übertragen worden war.

Bereits 1983 hatte der Revolutionsführer ein politisches Testament verfaßt. Zu dieser Zeit begann Khomeini „seinen Tod vorzubereiten, indem er Haschemi Rafsandschani anwies, einen vollständigen Plan für den Todestag zu erarbeiten, um jede Gefahr von der Republik zu wenden. Als der Imam 1981 während der allgemeinen Wahl kränkelte, autorisierte er die Regierung, wenn dies für die Sicherheit des Staates als wichtig erachtet würde, die Nachricht von seinem Ableben solange geheim zu halten, wie es nötig sei. [...] Im Februar 1985 wurde die Umsetzung des Plans, der nach dem Tod des Imam in Kraft tritt, in Teheran geübt – einschließlich der Schließung des internationalen Flughafens für acht Stunden und der Aufstellung von Truppen an allen Zugängen zur Hauptstadt und auf dem Landweg. Mitglieder der Partei Allahs wurden mobilisiert, alle Hauptstraßen Teherans so stark zu besetzen, daß Demonstrationen der Opposition dadurch verhindert wurden.“ [329]

Deutsche Medien widmeten dem Tod Khomeinis nur wenig Aufmerksamkeit. Nach dem zehnten Jahrestag der Islamischen Revolution und der öffentlichen Auseinandersetzung mit dem Hinrichtungsbefehl gegen Salman Rushdie schien das Thema „Khomeini“ für die Medien erschöpft. Viele Zeitschriften hatten diese Ereignisse bereits zu einem Rückblick genutzt. Es gab daher weder Sondersendungen noch ausführliche Zeitungsreportagen zu Khomeinis Tod. Der *Spiegel* widmete ihm nur gut drei Seiten, eine Beschreibung der Trauerfeiern und ein biographischer Abriß inbegriffen. Die wenigen Bilder, die vom Staatsbegräbnis übertragen wurden, mit schier unendlichen Massen sich auf Brust und Kopf schlagender Menschen, schienen vertraut. Mehrere Millionen Trauernder waren in Teheran versammelt und drängten sich um den Sarg. Dutzende Menschen sollen dabei zu Tode gequetscht und elftausend Menschen verletzt worden sein. Feuerwehr und Wasserwer-

fer linderten die Hitze des Tages. Als Trauernde an dem Leichentuch zerrten, das „für die Gläubigen gottgesegnet ist“ [330], fiel der Leichnam zu Boden. Die Masse war nicht mehr zu kontrollieren. „Unter den derzeitigen Umständen ist es absolut unmöglich, den reinen und duftenden Körper des Imam zu beerdigen“, kommentierte das iranische Fernsehen. Per Hubschrauber wurde der Leichnam aus der Innenstadt und am Tag darauf auf den Friedhof Beheschte Zahra gebracht. [331]
Mit Spannung wurde in den Medien lediglich die Wahl von Khomeinis Nachfolger erwartet. Diese verlief jedoch vergleichsweise unspektakulär und wurde schon einen Tag nach Khomeinis Tod bekannt gegeben (ein weiterer Hinweis darauf, daß Khomeini die Nachfolge noch vor seinem Tod geregelt hatte). Nachdem Montazari, den eine islamische Gelehrtenversammlung 1985 unter 80 Theologen zum Nachfolger Khomeinis ausgewählt hatte, wenige Wochen vor Khomeinis Tod von diesem Amt zurücktreten mußte, wählten die Religionsgelehrten Ayatollah Ali Khamenei zum Nachfolger. Encke vertritt die Auffassung, die Wahl sei eine Kompromißlösung gewesen und der Machtkampf im Lager der islamischen Geistlichkeit noch nicht entschieden.
Khamenei war acht Jahre lang Staatspräsident der Islamischen Republik gewesen. In deutschen Medien wurde er als eher unscheinbar charakterisiert. Er schlug nach dem Hinrichtungsbefehl gegen Rushdie vor, der Autor könne möglicherweise sein Leben retten, indem er sich bei den Moslems entschuldige. „Khomeinis Tadel machte Khamenei auf der Stelle folgsam: Rushdies Leben sei in jedem Fall verwirkt, berichtigte er sich selbst in Belgrad: ‚Der schwarze Pfeil des Todes ist abgeschossen und auf dem Weg zu seinem Ziel.‘“ [332]
Während Khamenei nun die religiöse Nachfolge Khomeinis verkörpert, liegt die politische Macht in den Händen von Ayatollah Rafsandschani, früher Ratgeber Khomeinis und ebenfalls Mitbegründer der Islamisch-Republikanischen Partei. Er galt schon in den vergangenen Jahren als erster Mann neben Khomeini. Am 28. Juli 1989 ließ er sich zum Staatspräsidenten wählen und seine Kompetenzen als Regierungschef bestätigen. Äußerst zweifelhaft ist, ob mit Khamenei und Rafsandschani eine Änderung des fundamentalistischen Kurses im Iran eingeleitet werden könnte, wie einige deutsche Medien und Politiker vermuteten (wohl um die Fortführung von Wirtschaftsbeziehungen mit dem Iran gegenüber der deutschen Öffentlichkeit zu rechtfertigen).

Revolutionsführer Khomeini grüßt das Volk. Das Plakat scheint montiert: Typisierte Bevölkerungsgruppen (wie Soldaten, Bauern, Arbeiter, Büroangestellte) werden im Stil des sozialistischen Realismus dargestellt, die Himmelsszenerie mit zwei Engeln ist Barockgemälden nachempfunden, Vorlage für die Darstellung Khomeinis scheint ein Pressefoto gewesen zu sein.

Daß Rafsandschani durchaus auch die Sprache Khomeinis spricht, zeigte er bereits mehrfach. Im Mai 1989 rief er während des Freitagsgebetes dazu auf, für jeden palästinensischen Märtyrer fünf Amerikaner, Briten oder Franzosen zu töten. Das religiöse Verdikt Khomeinis, daß die Tötung Rushdies forderte, bekräftigte Rafsandschani öffentlich bei einem Besuch in der Sowjetunion.

Vieles deutet darauf hin, daß es nach dem Tod Khomeinis vorerst nicht zu einer kritischen Auseinandersetzung über den Ayatollah und die Geschichte der Islamischen Revolution kommen wird. Nach wie vor prägen Massenhinrichtungen, Menschenrechtsverletzungen und der politisch-religiöse Terror die Situation im Iran. Noch im Juli 1989 wurde bekannt, daß 83 Frauen im Teheraner Gefängnis die Hinrichtung droht. [333] Die Menschenrechtskommission der UNO stellte im November 1989 fest, nach vorliegenden Berichten „dauerten Mißhandlungen und Folter, sowohl physische wie psychische, in den iranischen Gefängnissen an." Bis 1989 seien laut iranischer Presse 26 Menschen zu Tode gesteinigt worden, „wobei nach den Vorschriften die Steine nicht so groß sein dürften, daß der Delinquent rasch sterbe." [334]

Khomeinis Politik setzt sich im Iran fort, während der verstorbene Revolutionsführer zur mythischen Gestalt überhöht wird, wie sich dies in hagiographischen Elementen seiner Biographie angedeutet. Sein Grab wird schon jetzt zur Kultstätte: „Der Kult um Ayatollah Khomeini wird offenbar immer größer: aus dem Über-Leben wacht er hier, am Eingang von *Ḥazrat-i Maᶜsūma* in der heiligen Stadt Ghom. Das Gebiet des Teheraner Heldenfriedhofs *Beheschte Zahra*, wo der Ayatollah begraben wurde, ist zu einem unabhängigen Bürgermeisterbezirk der Stadtverwaltung der iranischen Hauptstadt ernannt worden. Das mehrere Quadratkilometer große Gebiet, auf dem sich auch mehrere tausend Gräber der [im] Golfkrieg gefallenen ‚Märtyrer' befinden, soll eine heilige Stätte werden. Ein Bürgermeister wurde bereits ernannt und beauftragt, eine Stadtverwaltung zu bilden." [335]

Das Magazin *India Today* sprach von einer „Vergottung" (*deification*) Khomeinis. Noch Tage nach seinem Tod sammelten sich Tausende von Trauernden an seinem Grab. Weil befürchtet wurde, daß sie Hände voll Erde von der Grabstelle mitnehmen und die Leiche des Ayatollahs freilegen könnten, wurde die Grabstelle mit vier großen Kontainern abgeriegelt und von bewaffneten Soldaten bewacht. [336]

Zusammenfassung

Die deutschsprachigen Biographien bemühen sich vor allem um Darstellung und Verständnis der Islamischen Revolution und der schiitischen Renaissance im Iran. Sie begegneten einem Informationsdefizit über das neue Mullah-Regime und einer Lücke auf dem Buchmarkt.
Aus der Biographie Khomeinis wird schließlich die Islamische Revolution und der Sturz des Schahs gedeutet. Ökonomische oder soziologische Aspekte sowie die Rolle der Geheimdienste spielen daher in ihnen eine untergeordnete Rolle.
Insgesamt ist die Biographie Khomeinis jedoch lückenhaft, in vielen Punkten widersprüchlich und in der Datierung ungenau. Die Fragwürdigkeit der einzelnen Darstellungen ergibt sich jedoch erst im Vergleich mit denen anderer Autoren.
„Khomeinis Biographie ist bewegt, aber ohne Geheimnisse", behauptete Luise Rinser 1979. Ihr Buch scheint typisch für die unter Publikationsdruck voreilig auf den Markt geworfenen Bücher. Obwohl sich die Autorin mit ihrer Veröffentlichung gegen ‚unsere bestürzenden Vorurteile dem Islam und den Mohammedanern gegenüber' wendet, ist auch ihre biographische Skizze fehlerhaft. Sie ist gleichzeitig ein Beispiel für eine häufig vorzufindende eurozentristische Projektion, die ein weitgehend säkularisiertes Religionsverständnis – wie es im Christentum Europas heute besteht – auch im Islam vorzufinden glaubt.
Ein Vergleich der Biographien Khomeinis zeigt ferner, daß sich die Autoren aneinander orientieren, ganze Passagen ihrer Bücher aus früheren Veröffentlichungen und denen anderer Autoren montieren, zum Teil mit nur geringfügigen Änderungen, häufig ohne Kennzeichnung.
Encke, Mottahedeh und Nußbaumer verzichten auf genauere Quellenangaben, wodurch eine Überprüfung historischer bzw. biographischer

Daten zusätzlich erschwert wird. Trotz der unterschiedlichen Deutung einzelner Episoden zeichnen die Autoren ein insgesamt homogenes Bild von Khomeini.

Für viele westliche Beobachter war Khomeini ‚Der Mann aus dem Nichts', wie Nußbaumer 1979 sein erstes Kapitel überschrieb. Auswertbare biographische Daten über den Ayatollah sind erst seit der Auseinandersetzung mit dem Schah 1963 und der anschließenden Verbannung in die Türkei vorhanden. Insbesondere über Kindheit, Jugend und Ausbildung liegen nur spärliche Informationen vor. Damit bleiben entscheidende biographische Phasen, nämlich die der Charakterbildung und der Politisierung Khomeinis ungeklärt. Versuche, Khomeinis politische Haltung als Folge einer traumatischen Kindheit und Jugend zu verstehen (z. B. Nirumand/Daddjou), erscheinen so konstruiert wie die Behauptung eines Schlüsseltraumas (bei George Carpozi und Luise Rinser), ausgelöst durch den plötzlichen Tod des Sohnes Mustafa 1977.

Sicher ist, daß Khomeinis erstes politisches Buch *Kašf al-asrār* zu Beginn der 40er Jahre bereits programmatische Züge der späteren Linie des Revolutionsführers und sogar die Utopie eines islamischen Staates enthielt. [337] Daraus folgt auch, daß eine Politisierung Khomeinis bereits zu einem relativ frühen Zeitpunkt stattgefunden hatte – über 20 Jahre bevor die Weltöffentlichkeit erstmals Notiz von ihm nahm. Nur Taheri und Nirumand/Daddjou versuchen die frühe Politisierung Khomeinis nachzuvollziehen.

Das Fehlen von biographischen Daten über große Zeitspannen gab manchen Autoren Gelegenheit, eigene Spekulationen und hagiographische Elemente einzuflechten. Die Klärung vieler Fragen ist aus den vorliegenden Veröffentlichungen nicht möglich. Eine kritische Biographie Khomeinis liegt noch nicht vor.

Sie müßte sich in stärkerem Maße auf persische und arabische Primärquellen stützen. Voraussetzung hierfür wäre die Möglichkeit einer historisch-biographischen Forschung im Iran, der Zugang zu Archiven und die Einsichtnahme in Dokumente. Zur Zeit existieren im Iran allerdings kaum die Voraussetzungen, die für ein solches Unternehmen notwendig wären. Offensichtlich standen den Autoren in erster Linie Sekundärquellen zur Verfügung, die sie durch Interviews mit Zeitzeugen, Zeitungsartikeln und Verlautbarungen Khomeinis ergänzten.

In ihren Arbeiten gibt es keine Hinweise darauf, daß aus persicher Sekundärliteratur weiterer Aufschluß über strittige Phasen in Khomeinis Leben zu erwarten wäre. Einige Autoren kritisieren vielmehr die Legenden in einigen persischen Veröffentlichungen. Die geographische Distanz scheint zumindest eine kritischere Bearbeitung der Biographie Khomeinis und der Islamischen Republik zu erleichtern.
Dies macht Roy Mottahedehs *Der Mantel des Propheten* deutlich. Der in den USA geborene Orientalist entwarf die fiktive Lebensgeschichte eines Mullahs, der Schüler Khomeinis wurde. Mottahedeh konnte auf diese Weise gesicherte historische Fakten in den Roman ungezwungen einflechten. Gerade weil er eine distanziert beobachtende Ebene bewahrte, gelang es ihm, mit dem Roman ein Verständnis für den kulturellen, religiösen und sozial-politischen Hintergrund der Islamischen Revolution zu vermitteln. Grundlage für seine Erzählung waren übrigens Berichte und Interviews mit Zeitzeugen, die der Autor in den USA aufsuchte, sowie Zeitungsmeldungen und Reden Khomeinis.

Die Schlacht von Kerbela – Ursprungsmythos der Schiiten

Trotz ihrer Mängel machen die deutschsprachigen Biographien eines deutlich: eine bloße Analyse der sozialen und ökonomischen Verhältnisse unter dem Schahregime kann den Beginn und Verlauf der Islamischen Revolution nur unzureichend erklären. Ähnlich verhält es sich mit ihrer Deutung als postkolonialer Konflikt, als nationaler Unabhängigkeitskampf oder als sozialistische Revolution.
Eine wesentliche Dynamik gewann die Islamische Revolution und die neugegründete Islamische Republik aus ihrer Irrationalität, aus dem schiitischen Mythos der *Schlacht von Kerbela*, der Identifizierung Khomeinis mit den Propheten, dem Imam Hosein, dem *Imam Mahdi*, und der Negativ-Identifizierung des Schahs mit Pharao oder Yasid.
Auf diesen Zusammenhang gehen im Grunde alle deutschsprachigen Veröffentlichungen ein. Schiiten sind der Auffassung, daß der Prozeß der Offenbarung mit dem Tode des Propheten Mohammed (569–632)

nicht abgeschlossen ist. Der schiitische Mythos beschreibt zunächst die Machtkämpfe nach dem Tod Mohammeds. Erst 24 Jahre später, nach dem Tod von drei anderen Kalifen, konnte der Schwiegersohn Ali sich als Nachfolger Mohammeds durchsetzen. „Der vierte Kalif, Ali, war ein Vetter und Schwiegersohn des Propheten, und seine Anhänger bestritten die Legalität der vorhergehenden Kalifen, weil diese nicht aus der Sippe des Propheten stammten, sondern von der mohammedanischen Gemeinde ‚gewählt' worden waren, das heißt, die Macht einfach usurpiert hatten." [338]

Ali gilt als der erste Imam, nach dem sich die Schia, die Partei Alis, benennt. Er wurde während eines Freitagsgebets ermordet. Sein Sohn Hasan war an einer Nachfolge nicht interessiert und verkaufte die Rechte dieser Würde an einen Kalifen. Als dieser starb und dessen Sohn die Nachfolge antreten wollte, besann man sich wieder auf den jüngeren Sohn Alis: Hosein.

Hosein zog daraufhin durch die Wüste in Richtung Damaskus, wo gegen ihn mobil gemacht wurde. Auf der Ebene von Kerbela wurde er am zehnten Tag des Monats Moharram im Jahre 680 umgebracht. Seine Schar von Anhängern und Familienmitgliedern war umzingelt, vom Wasser abgeschnitten und danach auf brutale Weise niedergemetzelt worden. Hoseins Leiche soll von 33 Lanzenstichen durchbohrt und von 34 Schwerthieben zerstückelt worden sein. Hoseins Haupt wurde an den Kalifen nach Damaskus gesandt. Dieser schlug ihm mit einem Stock auf den Mund. Ein alter Gefährte Mohammeds verwies ihn: ‚Zieh deinen Stock zurück, ich habe den Mund des Propheten diesen Mund küssen sehen.'

Das tragische Ende des rechtmäßigen Prophetennachfolgers wird von Schiiten während des Monats Moharram kollektiv betrauert. Bei den jährlichen Trauerprozessionen kommt es häufig zu dramatischen Szenen. Gläubige fügen sich selbst Schmerzen zu, verstümmeln sich; etliche kommen um und werden später als Märtyrer gefeiert. „Um Hosein weinen, [...] das ist der Preis unseres Lebens und unserer Seele; anders wären wir die Undankbarsten der Geschöpfe. Wir werden noch im Paradies um Hosein trauern ... Die Trauer um Hosein ist das Wahrzeichen des Islams. Für einen Schiiten ist es unmöglich, nicht zu weinen. Sein Herz ist ein lebendiges Grab, das wirkliche Grab für das Haupt des enthaupteten Märtyrers." [339]

„Teilnehmer an den blutigen Schauspielen zerfleischen sich.“
Szene in der iranischen Stadt Tabas um 1906, aufgenommen von dem Ethnologen und Weltreisenden Sven Hedin.

Nach Hosein gab es noch weitere Imame, deren Amt in direkter Nachfolge vom Vater auf den Sohn überging. Der zwölfte und letzte Imam soll als Kind im Jahr 873 verschwunden sein. Die Legende will, daß er eines Tages wiederkommt, „um die Erde mit Gerechtigkeit zu erfüllen, wie sie jetzt mit Ungerechtigkeit erfüllt ist". Auf dieser Erwartung beruhen die chiliastischen Vorstellungen eines „Messias" bei den Schiiten. Der *Imam Mahdi* wird die Herrschaft der Tyrannen brechen und ein Reich der Gerechtigkeit begründen. Dieser sogenannte *Zwölferschiismus*, die bedeutendste Richtung innerhalb des Schiismus, war seit 1501 Staatsreligion in Persien. [340]

Die Schlacht von Kerbela und die Ermordung des rechtmäßigen Prophetennachfolgers ist nicht irgendeine Legende, sondern schildert „Ur-Geschehen" der Schiiten. Sie kann – in Anlehnung an den Theologen und Religionsphilosophen Paul Tillich – als *Ursprungsmythos* verstanden werden. Aus ihm leiten sie sich ab. In der Berufung auf Hosein, im rituellen Nachleiden seines Martyriums versichern sich Schiiten ihrer Identität – und ihrer Hoffnung auf Gerechtigkeit. Im Mythos wird eine Verbindung über Hosein zu Ali, über ihn zu Mohammed – und über dessen Offenbarungen zu Gott hergestellt. Der Nachweis der Abstammung von Mohammed, also aus der eigenen Genealogie abgeleitete Nähe zum Mythos, begründet Prestige und Status unter Schiiten. So gibt es selbst innerhalb der *Sayyids* eine Rangfolge, bei der die *Tabatabais* den höchsten Status genießen, weil sie sowohl in mütterlicher als auch in väterlicher Linie von Mohammed abstammen. „Die Funktion der Genealogie im Mythos ist es, die Macht der heiligen Ursprünge zu übertragen auf das von ihnen Abstammende, aus ihnen Abgeleitete", schrieb der Religionsphilosoph Klaus Heinrich. „[...] Die genealogische Rückbindung an den Ursprung antwortet auf die Leben zerstörende Bedrohung, mit nichts identisch zu sein." [341]

Vor diesem Hintergrund sehen wir die Krise der persischen Gesellschaft unter dem Schah-Regime nicht nur als eine wirtschaftliche oder politische, sondern als Identitätskrise, ausgelöst u. a. durch die verlorene Rückbindung des politischen Systems an den religiösen Ursprung der Bevölkerung.

Khomeinis Beharren in diesem Ursprung machte ihn für viele Gläubige selbst zu einer mythischen Figur, ließ ihn fast als *Imam Mahdi*, als den wiedergekehrten Imam erscheinen. Seine Berufung auf die Schlacht von Kerbela war nicht nur Erinnerung daran, sondern produzierte eine „ursprungsmythische Geisteslage", die es erlaubte, das Geschehen und Khomeini selbst zum Gegenstand mythologischer Deutung werden zu lassen.

Gleichzeitig ist aber der Preis für dieses Beharren im Ursprung ein Verlust an Selbständigkeit „bis hin zur Opferung des Selbst an den es verschlingenden Ursprung" (Heinrich). Die Opferung des Selbst an die Ursprungsmächte findet im Iran während der Trauerprozessionen nicht nur symbolisch statt, sondern physisch.

Aus den Trauerprozessionen des Aschura-Tages im Monat Moharram wurden die politischen Demonstrationen der Islamischen Revolution geboren. Während dieser Prozessionen zu sterben, hieß einen Opfertod erleiden und damit Märtyrer zu sein. So erklärte eine iranische Frau 1978 in Teheran gegenüber der Germanistin Sussan Azarine: „Khomeini hat gesagt, wer bei der Bekämpfung des Schah-Regimes umkommt, erleidet den Zeugentod, den Märtyrertod. Natürlich nur der, der bewußt bei der Demonstration dabei ist, nicht einer, der zufällig als Passant erschossen wird. [...] Ich bezeuge mit meinem Leben, mit meinem Blut, daß ich für die verlorengegangenen Rechte des Volkes, meine Kritik und meinen Widerstand gegen dieses Regime zum Ausdruck brachte und das Regime mich dafür umbrachte. [...] Nach so einem Tod wird man unsterblich. Unsterblich in dem Sinne, wie es der Heilige Hosein gesagt hat: Der Tod existiert für diesen Menschen gar nicht mehr. Außerdem braucht sich der, der den Zeugentod gestorben ist, vor Gott wegen seiner Sünden nicht mehr zu schämen und Rechenschaft abzulegen." [342] Azarine faßt ihre Beobachtungen und Interviews in Teheran zusammen: „Was im Iran in diesem Sommer praktiziert wurde, war die massenhafte Anwendung der *Zeugentodtheorie*. So lernte der iranische Schiit jeden Tag von neuem, sein Leben als Waffe gegen das System einzusetzen. Er lernte, dem Tod und dem Leben gegenüber Subjekt zu sein. [...] Ich habe wiederholt Menschen sagen hören, für sie gäbe es nichts schlimmeres als den *Schwarzen Tod*, das heißt ein Sterben, in dem der Tod und nicht der Mensch Subjekt ist. In der jetzigen schiitischen Bewegung im Iran ist das Sterben für politisch-religiöse Ideale, für bewußtes Handeln nicht Tod im üblichen Sinne. Dieses Sterben ist die höchste Stufe des Lebens. [...] Manchmal, in kritischen Situationen, hatte ich den Eindruck, daß in der Konfrontation mit der Miliz vor allem Jugendliche den Zeugentod provozieren wollten, um so schnell wie möglich die höchste Stufe, die ein Mensch erreichen kann, zu erlangen..." [343] Auch der Tod im Krieg mit dem Irak kann als „roter Tod", als Selbstopferung an den schiitischen Ursprung verstanden werden. Er ist jedoch nicht bloß Opferung, sondern „kämpferisches Entwerden des Ich (des Märtyrers) im DU (Gott)", verspricht gar eine Verschmelzung mit dem Ursprung und daher auch Erlösung von der quälenden Angst „mit nichts identisch zu sein" bzw. bloßes Objekt des ‚schwarzen Todes' zu werden. Die Front wird so zur „Schlachtbank der Liebe", der eigene Tod zum Martyrium und das Grauen des Krieges zur berauschenden Erfahrung von Transzendenz phantasiert. „Der Dissoziationseffekt kann dabei so übermächtig sein, daß das Gefühl der Körperlichkeit auf ein Minimum reduziert wird oder gänzlich abhanden kommt. Der Märtyrer wähnt sich nahe am Ziel, vermag Schrecken und Grauen des Endes zu verdrängen und es in euphorischer, eudämonistischer Stimmung gar ins Gegenteil umzukehren." [344]

Werner Schmucker, der die bereits erwähnten Märtyrertestamente eingehend untersuchte, bemerkt, die Entpersönlichung laufe „konsequent auf ein ‚Entwerden' hinaus, das man als eine Perversion des natürlichen Lebensgefühls, eine Philosophie des Todes, bezeichnen möchte. Die Unterwürfigkeit führt hinab in die Selbsterniedrigung, dann in die Selbstverleugnung, in die Idee der gänzlichen Wertlosigkeit des eigenen Lebens. Der testierende Märtyrer unterdrückt sein Selbstwertgefühl mit der religiösen Begründung, wenn schon sein Heros Hosein, ‚Gottes Blut', keinen Augenblick mit der Preisgabe des Lebens gegeizt habe, wie könnte erst er, der geringste aller Nachfolger, sein soviel niedrigeres Sein nicht hinopfern?" [345]

Das massenhafte Suchen des „roten Todes", wie es in den Märtyrertestamenten zum Ausdruck kommt, und die propagandistische Idealisierung der Märtyrer lassen die Selbstopferung als demonstrativen suizidalen Akt erscheinen.

Gelegentlich hatte Khomeini selbst in seinen Reden den Tod als Erlösung von unerträglichen politischen Zuständen dargestellt: „Mein Herz blutet ... und ich frage mich, wann der ersehnte Tod mich von diesen Qualen befreien wird." – „Gott weiß, daß ich dieses schmähliche Leben nicht fortsetzen möchte..."

Die Idealisierung des Massenmartyriums im Schiismus hat ihre historischen Parallelen in den Krisen vieler messianischer Bewegungen, wie Udo Singer in einer Studie über den Massenselbstmord darlegte.[346] Getragen vom Trauma der Ermordung des Prophetennachfolgers Hosein, wird der Zeugentod zum eigentlichen religiösen Auftrag überhöht, durch rituelle Selbstvernichtung die moralische Überlegenheit des Schiismus zu beweisen.

Das Martyrium kann daher vorläufig auch als der vergebliche Versuch verstanden werden, eine im mythischen Trauma enthaltene narzistische Kränkung aufzuheben und das verlorene Selbstwertgefühl wiederzugewinnen.

Das Beharren im mythischen Ursprung, so Klaus Heinrich, „ist essentiell das Festhalten an immer der gleichen Substanz bis zu deren völliger Entleerung; es ist räumlich das Festgebundensein an immer die gleichen uralt-heiligen Orte oder Bereiche des Lebens oder auch Stände in der Gesellschaft bis zu deren Fanatismus produzierender Erstarrung; und es ist zeitlich die ebenso zwanghafte wie zwangsbegründende Wiederholung des immer gleichen Rituals in allem Tun.“[347]

Bereits im letzten Jahrhundert führten *Aschura*-Prozessionen zu Revolten gegen die jeweilige Regierung. Aschura-Umzüge waren daher nicht nur religiöser Ausdruck kollektiver Trauer und Leidensbereitschaft, sondern aktualisierten den Mythos als *politische* Forderung nach Gerechtigkeit. Schon zehn Jahre vor der Islamischen Revolution hob Hamid Algar dies hervor. Er schrieb:

„Insofar as they not only mourn his [Hoseins] martyrdom, but seek to prove worthy of his sacrifice, they emulate his example and battle against contemporary manifestations of tyranny. Imam Husayn's struggle against the Umayyads is thus transfigured into an archetype of the conflict between justice and tyranny. All autocratic regimes are held to be similar to and reminiscent of the Umayyads, and on occasion even to be descended from that dynasty. This tendency, still to be observed in contemporary Iran where the Shah has been designated ‚the Yazid of the age,‘ was marked in the Qajar period. It made its first recorded appearance in the reign of Muhammad Shah (1834–1848), when it was rumored that the Qajars had been present in the Umayyad army at Karbala. Such rumors gained particular currency and vigor in the period of the Constitutional Revolution.“[348]

Aus der Zeit zwischen 1665 bis 1979 führt Hans G. Kippenberg mehrere Reiseberichte an, nach denen *Aschura*-Umzüge auch außerhalb Irans häufig von Straßenschlachten begleitet waren. Gegen Ende des 19. Jahrhunderts bekamen die *Aschura*-Umzüge eine zusätzliche Bedeutung: „Es waren nun die Erfahrungen kolonialer Interventionen und Demütigungen, die zum aktuellen Bezugspunkt des Gedenkens wurden. Der Tabak-Protest 1891/92 liefert die ersten markanten Beispiele. Als Schah Naser-od-Din 1891 einem Engländer die Tabakkonzession übertragen wollte, ging ein Sturm des Protestes durch das Land. Bazarhändler und Geistliche engagierten sich dabei ganz besonders [...]. In dieser Auseinandersetzung wurde der Schah zur Instanz tyrannischer Gegenmacht erklärt, die den *ᶜulamā* [den Religionsgelehrten] dasselbe Geschick bereiten wolle, das sie einst Hosein bereitet hatte.“ [349] Nach Auffassung von Kippenberg kann im Iran daher „die revolutionäre Dynamik ohne die Ritualisierung des Straßenkampfes nicht begriffen werden“.
Die Islamische Revolution setzte insofern also auch die antikolonialen *Aschura*-Revolten der Jahrhundertwende fort. Ihr wesentliches Moment lag in der Reproduktion eines schiitischen „Archetyps des Konfliktes zwischen Gerechtigkeit und Tyrannei“ (Algar). Insbesondere durch Ali Schariati (1933–1977) war dem *Aschura*-Tag eine revolutionäre Umdeutung gegeben worden. „Er griff die Erkenntnis der westlichen Islamwissenschaft auf, daß die Schia anfänglich ausgesprochen revolutionär gewesen war, und leitete daraus eine Kritik an der existierenden Schia ab. [...] Der *schwarzen Schia* der Trauer hielt er die *rote Märtyrerreligion* entgegen.“ [350] Seine Erkenntnis, daß ‚alle Schauplätze Kerbela, alle Monate *Moharram*, alle Tage *Aschura*‘ seien, zwingt die Schiiten zur Entscheidung: entweder wie Hosein im revolutionären Kampf zu sterben oder wie Hoseins Schwester übrigzubleiben, und damit die Rolle der revolutionären Agitatorin einzunehmen. Schariati will „die Erinnerung an Kerbela nicht mit Trauer, sondern mit Kampf füllen – *Aschura* soll zum Vorbild der Revolution werden.“ [351]

Szenen mit symbolischem Gehalt: rechts Sturz einer Reiterstatue, links Panzer vor einem modernen Hochhauskomplex, im Zentrum die Aufrichtung eines islamischen Banners durch Revolutionäre (evt. angelehnt an das berühmte Foto vom Hissen der US-Flagge auf der Pazifikinsel Iwo Jima nach deren Rückeroberung im Februar 1945). Khomeini dominiert die Szenerie mit geballter Faust. Pfeile (im oberen Bildteil) könnten ein Aufstreben von Seelen der Märtyrer (im unteren Bildteil) darstellen.

Der Revolutionsführer auf Propagandaplakaten

Die Schlacht von Kerbela bildete zwar den entscheidenden Bezugsrahmen für Schiiten während der Islamischen Revolution, doch wurden auch andere mythologische – selbst vorislamische – Bezüge hergestellt. Dies wird bei einer Analyse von Revolutionsplakaten deutlich.[352]

Während Khomeini auf einigen Plakaten mit dem grünen Banner des Islams und dem Koran in der Linken dargestellt wird, zeigen ihn andere Plakate als Propheten Moses mit einer Schriftrolle: „Gott ist groß. Das Geheimnis des moslemischen Sieges liegt im Glauben an Gott und in der Einheit der Rede." Auf solchen Plakaten tritt Khomeini mit einem feuerspeienden Drachen dem Schah entgegen, der hier mit Pharao identifiziert wird. Der Konflikt zwischen Pharao und dem Propheten Moses ist gewissermaßen eine frühe Variante des archetypischen Konfliktes zwischen Gerechtigkeit und Tyrannei; ihm wird im Koran eine besondere Bedeutung beigemessen. Das sogenannte „Stabwunder" des Moses war dem Propheten Mohammed gleich mehrfach offenbart worden, und in vielen Suren wird darauf verwiesen.[353]

Der Überlieferung nach, warf Moses seinen Stab vor dem Herrscher zu Boden, worauf sich der Stab in eine Schlange (nach postkoranischer Legende in einen Drachen) verwandelte. So demonstrierte er seine von Gott verliehene Macht, um die Erlaubnis für den Auszug des Volkes Israel aus Ägypten zu erzwingen. Magier des Pharaos vermochten das „Stabwunder" zwar nachzuahmen, doch der Zauber des Propheten erwies sich als mächtiger: Seine Schlange verschlang die anderen. Dennoch ließ Pharao sich nicht zum Guten bekehren. Er war Tyrann, ein „ Verderbenstifter", wie es in Sure 7, 138 heißt. Um das Volk Israel zu schwächen – berichtet der Koran – hatte Pharao alle Söhne Israels töten und nur die Töchter überleben lassen. Nachdem Pharao weitere Zeichen Gottes mißachtet hatte, wurde das irregeführte Volk Ägyptens schließlich gestraft, seine Armee vernichtet. Plakate, auf denen ein Drache zu Füßen Khomeinis den Schah angreift, schaffen also einen Bezug zur vorislamischen Legende vom „Stabwunder" des Moses.

Eine solche Synchronisierung von politischer Gegenwart und mythischer Geschichte fand sich auch in Aussagen der Moslembruderschaft

Ägyptens. Nachdem dort Gamal Abdel Nasser 1953 Staatschef geworden war, setzten die Moslembrüder ihn mit Pharao gleich, *dem* Repräsentanten des „Heidentums" schlechthin. Mehrere Attentate wurden auf ihn verübt, die er jedoch überlebte.
Und als 1981 der ägyptische Staatspräsident Anwar al-Saddat ermordet wurde, rechtfertigte der Mörder dies mit den Worten: ‚Ich habe Pharao getötet, und ich habe keine Angst vor dem Tod!' [354]
Auch Khomeini identifizierte den Schah mit Pharao. In seiner bereits erwähnten Deklaration der Islamischen Republik 1979 hieß es: „Blessing upon you the day on which you overthrew the demoniacal enemy and the Pharaoh of our age." [355]
Bildlicher Gegenpol zu Khomeini ist auf Plakaten häufig der Schah. Die Insignien seiner Macht, Krone, Zepter und Säbel, sind zerbrochen. Dem Schah werden ausländisches Geld und die britische, amerikanische und israelische Nationalfahne zur Seite gestellt, gelegentlich auch die Säulen von Persepolis – Symbol für das vorislamische, „heidnische" Persien. Gleichzeitig verweisen sie auf die staatliche Propaganda der Schah-Dynastie, die sich mit altpersischen Symbolen umgab.
Ein anderes Plakat zeigt den Schah vor einem Höllentor, umgeben von zwei Schlangen. Sie erinnern ebenfalls an eine vorislamische Legende, an die Geschichte vom bösen Herrscher Zahhak. Ihm sollen zwei Schlangen aus beiden Schultern gewachsen sein, die sich von menschlichen Gehirnen ernährten. Nach vielen Jahren wurde Zahhak gestürzt. Man hängte ihn kopfüber in die Höhle des Vulkanes Damawand, des höchsten Berges im Alborsgebirge im Norden Irans.
Wiederum andere Plakate sind an moderne, sozialistische Propagandaplakate angelehnt und zeigen Khomeini als Revolutionsführer. Russische, chinesische und insbesondere kubanische Plakate dienten als Vorlage. In den Plakaten mischen und überschneiden sich verschiedene, ja scheinbar gegensätzliche Symbolgehalte. Sie sind auch stilistisch eine bunte Mischung aus persischer Miniatur- und neuerer Kaffeehausmalerei (Hanaway), sozialistischer Plakatkunst, westlicher Werbephotographie und selbst italienischer Barockmalerei. Stil und Komposition lassen bei einigen Plakaten auf einfache Kollagetechniken schließen. So kehren nicht nur bestimmte Motive, sondern auch einzelne Figuren wieder, werden geringfügig verändert oder seitenverkehrt zu neuen Bildkompositionen montiert.

Khomeini als Mann des Friedens. Seine blaue Robe unterstreicht hier die Pose einer Maria Immaculata. Bereits Hanaway hatte 1982 bei diesem Revolutionsplakat einen Einfluß italienischer Barockmalerei vermutet.

Die Vorlage für dieses Plakat fanden wir nun in dem Gemälde „La Purisima" des venezianischen Meisters Giovanni Battista Tiepolo (1696–1770). Seine Maria schwebt lichtumstrahlt im Himmel, den Fuß auf eine Mondsichel und einen Felsen (die Erdkugel) setzend, um den sich eine Schlange windet. Der Sieg der Jungfrau Maria über die apokalyptische Schlange ist Antithese des Sündenfalls der Eva (vgl. Gen. 3, 15). Putti verherrlichen Maria in diesem Bildtypus, der zu den wichtigsten Marienbildern des 17. und 18. Jahrhunderts gehörte. Bis auf wenige Details wurde das Gemälde Tiepolos (heute im spanischen Nationalmuseum Madrid) kopiert. So fehlt die Sternenkrone Marias, die sie als das „apokalyptische Weib" kennzeichnet (vgl. Off. 12, 1). Der Apfel im Maul der Schlange wurde auf dem Plakat durch eine Blume ersetzt. Und während eine Putte in Tiepolos Gemälde eine weiße Lilie als Symbol der Reinheit trägt, wurde ihr zu Füßen Khomeinis eine Tulpe in die Hand gelegt. Im persisch-arabischen Kontext kann die rote Tulpe für Liebe, Tod und Blut stehen, genauer: für das Blut der Märtyrer. Die christliche Metapher der Taube für den Heiligen Geist kann auf dem Plakat in einem allgemeineren Sinn als Friedenstaube verstanden werden. So wurde die Bildkomposition einer Maria Immaculata nach geringfügigen Änderungen für die Darstellung Khomeinis in gleicher Pose übernommen. Die Verwendung christlicher Barockromantik für die Islamische Revolution ist auf den ersten Blick irritierend. Sie ist ein deutliches Beispiel für die Montagetechnik auf Plakaten.

Die Ikonographie Khomeinis macht deutlich, daß der Revolutionsführer mit unterschiedlichen mythologischen Symbolen ausgestattet wurde. Gemeinsam ist vielen aber, daß sie die herrschenden Konflikte der iranischen Gesellschaft in Khomeini und dem Schah personifizieren und polarisieren. Ob Khomeini nun die Attribute von Moses, Mohammed oder Hosein verliehen werden, ob er als sozialistischer Revolutionsführer oder als Madonna abgebildet wird, ob ihn Cherubine, Putti oder Szenen aus den Straßenkämpfen umgeben – und ob der Schah als Marionette Israels, Großbritanniens und der USA gekennzeichnet, ob er mit Zahak, Pharao oder Yazid in Verbindung gebracht wird – immer geht es um die Darstellung des archetypischen Konfliktes zwischen Gerechtigkeit und Tyrannei, um den Kampf des Guten gegen das Böse, wie dies bereits im Mythos der Schlacht von Kerbela angesprochen wurde. Häufig überragt Khomeini dabei eine dargestellte Szene ganz, schwebt über ihr als der Wirklichkeit entrückte Erscheinung.

Islamismus, Integrismus, Fundamentalismus

Die schiitische Erneuerungsbewegung im Iran hatte deutlich übernationalen Charakter und wirkte sowohl in islamischen wie nicht-islamischen Staaten nach. Eine *fundamentalistisch* ausgerichtete *Renaissance des Islams* [356] wurde in der Literatur, meist ohne nähere Erläuterung, auch als *islamistisch* und *integristisch* umschrieben. Diese Begriffe liegen inhaltlich dicht beieinander und werden oft synonym verwendet.

Der Begriff *Islamismus* ist laut Islamwissenschaftler Durán Khálid mit den Anfängen der *Moslembruderschaft* in Ägypten Ende der zwanziger Jahre und der Gründung der *Islamischen Partei Pakistans* eng verbunden. Insbesondere nach dem Putsch in Pakistan 1978 fand der Begriff weite Verbreitung. „Seit einigen Jahren nennen sich vor allem die aktiven Vertreter dieses Anspruches gern ‚Islamisten' (*islāmiyūn*) und sprechen vom Islam als ‚Islamismus' (*islāmiyya*), womit sie eben meinen, daß der Islam nicht nur Religion, sondern auch gegen Kapitalismus und Kommunismus gerichtete gesellschaftsbezogene Ideologie sei". [357] Somit ist Islamismus eine Eigenbezeichnung für die Ideologie islamisch-politischer Gruppen in Abgrenzung zu anderen „ismen". „Ihre Weltsicht ist humorlos und kunstfeindlich, antiintellektuell und exklusiv. [...] Dabei kommt es der [Islamischen Partei in Pakistan] im wesentlichen auf ihre spezielle Nomenklatur an, die ihr erlaubt, den angestrebten Totalitarismus auch wirklich als Selbstausdruck zu erleben und nicht als Abklatsch. Zudem haben die Fundamentalisten ihre spezifischen Kategorien von Bürgern erster, zweiter und dritter Klasse. Ihre Parteiorganisation kennt bereits eine strenge Hierarchie von Mitgliedern, Sympathisanten, Mitläufern usw. Gesamtgesellschaftlich unterscheiden sich die Muslime in verschiedene Grade der Verläßlichkeit, danach kommen nicht-muslimische Minderheiten wie Christen und Parsis, eine Stufe unter diesen die Hindus. Am Ende rangieren die aus dem Islam Ausgeschlossenen wie Ahmadis und Baha'is. Gemäß der islamistischen Ideologie handelt es sich bei diesen um Apostaten, die mit der Todesstrafe zu belegen sind. Für politische Ideologien außer dem Islamismus besteht nicht der geringste Spielraum. Nicht nur Kommunismus, sondern auch Sozialismus und Liberalismus werden als Subversion angesehen, Demokratie und westlicher Parlamentarismus abgelehnt." [358]

Diese Umschreibung des Islamismus trifft auch auf den Iran zu. Doch ist der Begriff im Zusammenhang mit der schiitischen Bewegung auch problematisch. Während der Islamischen Revolution spielten zwar Gruppierungen eine Rolle, die sich als „islamistisch" bezeichneten (etwa die *Moslembruderschaft*), doch ist der Schiismus selbst innerhalb des Islams exklusiv. Von den schiitischen Wurzeln der Revolution im Iran führt der Begriff *Islamismus* eher ab, wie auch die Islamische Revolution im Iran eigentlich eine schiitische war. Die Eigenbezeichnung *Islamische Republik* verweist auf den Anspruch der Schiiten, den eigentlichen Islam zu verkörpern. Richtiger wäre es, beim Begriff *Schiismus* zu bleiben, mit dem auch die Abgrenzung zur Konfession der *Sunniten* betont wird.

Der ebenfalls im Zusammenhang mit der schiitischen Bewegung auftauchende Begriff *Integrismus* kommt laut Thomas Meyer aus der französischen Diskussion (*intégrisme*). Er bezeichnet einen „Anspruch der unmittelbaren Einheit von Politik und Religion gegen

Grundlagen und Praxis von Demokratie und Menschenrechten, die das Sinnzentrum der modernen politischen Theorie des Westens bilden." [359] Der Begriff wird auch im Zusammenhang mit anderen Religionen verwendet, betont hier also Gemeinsamkeiten mit anderen religiös-politischen Bewegungen. [360]

Der häufigste und wohl auch umfassendste Begriff in dieser Diskussion ist der des *Fundamentalismus.* Ähnlich wie *Islamismus* war er ursprünglich eine Eigenbezeichnung. Schon um 1910 tauchte er in den USA auf, wo eine radikale protestantische Gruppierung (bis 1915) eine Schriftenreihe unter dem Titel *The Fundamentals, A Testimony to the Truth* herausgab. Um 1919 wurde dort die *World's Christian Fundamentals Association* gegründet.

Dazu Thomas Meyer: „Schon am Beginn des 19. Jahrhunderts formierte sich eine entschiedene Gegenbewegung gegen den erstarkenden Modernismus in Religion und Theologie. Die modernistischen Positionen, gegen die sich der protestantische Fundamentalismus erhob, verkörperten das Eindringen des Geistes der Aufklärung in Theologie und Religion, die historische und literarische Bibelkritik, die kantianische Begrenzung der Religion auf die Rolle der Begründung von Moral, die natürliche Evolution der Menschengattung und sogar der Religion selbst. Fundamentalismus war zuerst eine Reaktion auf den beginnenden Prozeß der Modernisierung von Religion." [361] Der Begriff *Fundamentalismus* deutet also – so Meyer – einen kultur- und religionsübergreifenden Konflikt an, der durch den Einbruch der Moderne ausgelöst wurde. „Die Moderne ist über die islamischen Länder in Gestalt des Kolonialismus hereingebrochen. Vom 17. Jahrhundert an, gleichzeitig mit dem Beginn der Kolonialisierung der islamischen Welt durch die europäischen Großmächte, insbesondere Großbritannien und Frankreich, hat es in wechselnden Wellen, Konstellationen und Gewichtungen immer einflußreiche Tendenzen des ‚islamischen Modernismus' gegeben und ebenso als Reaktion auf sie ‚fundamentalistische' Gegenbewegungen.

Da der Islam die Religion der Unterworfenen, nicht aber die der herrschenden Kolonialmacht war, gewann die Berufung auf ihn die Funktion der Selbstversicherung einer kulturellen Identität und des Rahmens für eine nationale politische Selbstbehauptung gegen die Kolonialmacht." [362]

In diesem Zusammenhang sei an den Einfluß Scheich Fazlollah Nuris noch einmal erinnert, dessen Reden im Iran um die Jahrundertwende bereits fundamentalistische Züge hatten. Die Ursachen des schiitischen Fundamentalismus sind also keinesfalls erst in der jüngsten Geschichte des Irans und erst recht nicht in der Biographie Khomeinis allein zu suchen.
Die Ideologie Khomeinis als fundamentalistisch aufzufassen, ermöglicht einen Vergleich mit ähnlichen Ideologien anderer Religionen, wie dies Thomas Meyer versucht hat. Der Vergleich zeigt, daß die schiitische Bewegung im Iran, obwohl sie sich exklusiv gibt und keine andere Ideologie gelten läßt, gerade diese Haltung mit anderen religiös-politischen Bewegungen gemein hat. Ihr Fundamentalismus erscheint aus dieser Perspektive weder als Spezifikum des Schiismus oder des Islams noch von Religion allgemein.
Meyer versteht den Fundamentalismus als anti-modernistisch, als Reaktion auf Aufklärung, Säkularisation und den Pluralismus religiöser und politischer Dogmen. Die Islamische Revolution, die zwar vordergründig gesehen auch Züge einer sozialistischen Revolution hatte, wird damit in ihrem Kern als „Gegen-Revolution" erkennbar. Dabei ging es jedoch nicht nur um die Konservierung der ökonomischen und politischen Herrschaftsverhältnisse (z. B. der Mullahs), sondern vor allem um den Erhalt tradierter und absolut gesehener religiöser Werte und Hierarchien.

Fundamentalismus versus Nationalismus

Mit Begriffen wie *Islamismus*, *Integrismus* und *Fundamentalismus* kann der historische und geographische Rahmen für eine Diskussion der Islamischen Revolution erweitert werden. Die Begriffe betonen den übernationalen Charakter der islamischen Bewegungen, deren Ideologisierung des Islams und deren Verquickung von Politik und Religion in Abgrenzung zu anderen Ideologien und als gesellschaftliches Gegenmodell zu säkularen Staaten. Insofern haben diese Begriffe für die Diskussion eine Bedeutung. Wie alle generalisierenden Termini laufen

sie aber Gefahr, das Phänomen, das sie bezeichnen, zu vereinfachen, bestehende Widersprüche auszuklammern, vorhandene Klischees zu verstärken und eine monokausale Interpretation zu fördern.
Zu Recht kritisiert daher Reinhard Schulze die häufige Verwendung von *Nationalismus*, *Fundamentalismus*, *Integrismus* und *Islamismus*, die als Schlagworte eine Differenzierung sozialer Bewegungen im Iran behindern: „Schon als der Nationalismus als Etikett der islamischen Geschichte in den fünfziger und sechziger Jahren von europäischen Betrachtern entworfen wurde, war die Eindimensionalität der Interpretation angelegt. [...] Eine Möglichkeit zur Durchbrechung der eindimensionalen Betrachtungsweise bietet meines Erachtens die Frage, wo das, was man heute mit ‚Islamisierung', ‚Re-Islamisierung', ‚islamischen Fundamentalismus' oder ‚islamischen Nativismus' bezeichnet, gesellschaftlich zu lokalisieren ist, oder, anders gefragt, wie die sogenannte islamische Renaissance sozialgeschichtlich zu interpretieren ist." [363]
Schon bei näherer Betrachtung zeigt sich, daß der islamische Fundamentalismus nicht nur einen „antimodernistischen" Aspekt aufweist, wie ihn Thomas Meyer herausgearbeitet hat, sondern auch einen Bruch mit religiösen und nationalen Traditionen vollzog. Mit seiner rigiden Festschreibung der „wahren" schiitischen Tradition wurde gleichzeitig über Regionaltraditionen und soziale Unterschiede hinweggegangen, ein Jahrhunderte währender Kontakt Persiens mit anderen Kulturen und Religionen, der Einfluß von Kolonisation und Wirtschaftsbeziehungen geleugnet. Dem aus europäischer Sicht „anti-modernistischen" Aspekt des schiitischen Fundamentalismus steht ein „anti-traditionalistischer" Aspekt, ja sogar ein „islamischer Modernismus" gegenüber. Es kam zur „Erfindung" neuer und zur Umdeutung alter Traditionen und Symbole in der Islamischen Republik. So schreibt Parto Teherani-Krönner: „Nicht die Wiederbelebung alter religiöser Symbole, sondern die Neuschöpfung von Symbolen wurde bewußt eingeleitet. Beispiele hierfür sind der Schlüssel zum Paradies bei den Kämpfen im Golfkrieg, neue Parolen und Abbildungen, die der Neuinterpretation und der Singgebung von Gegenständen und Handlungen dienen. Es werden kulturkonstituierende Symbole geschaffen und somit Symbole erstmalig islamisiert. Einem vergegenständlichten Schlüssel kam in der bisherigen religiösen Symbolik des Islam keine Bedeutung zu." [364]

Der Schlüssel als Symbol für den Zugang zum Paradies wurde der islamischen Mystik entlehnt, die ansonsten zum Teil als ketzerisch verfolgt wurde. „Beispiele für eine Diffusion von Symbolen unter dem Einfluß der modernen Technik sind Tonbänder und die Verbreitung der Bilder von Khomeini als Propagandamittel in der Islamischen Republik Iran, die dem Abbildungsverbot im Islam widersprechen." [365]

Einer differenzierenden Betrachtung stellt sich die islamische Bewegung im Iran bei weitem nicht so eindeutig dar, wie dies die Etikettierung als *Islamismus, Integrismus* oder *Fundamentalismus* nahelegt. Sie wendete sich nicht bloß gegen den Einfluß der Moderne, sondern brach ebenso mit Traditionen, schuf andere neu und griff dabei auch auf moderne Technik und Theoriesysteme zurück. Schulze schreibt von einer „Umwertung des Islam zu einer politischen Ideologie", um „inhaltlich mit den europäischen Ideologien konkurrieren" zu können. „Wurde Jahrhunderte zuvor lediglich davon gesprochen, daß der Islam die beste aller Religionen, also besser als das Judentum und das Christentum sei, so mußte der Islam nun besser sein als westliche universelle politische Ideologien, besser also als der bürgerliche Liberalismus, als der Sozialismus oder, später, als der Kapitalismus." [366]

Einige westliche Begriffe wurden von den islamischen Bewegungen aufgegriffen, schreibt Schulze, jedoch nun islamisch definiert. „Inzwischen ist dieser Prozeß sogar institutionalisiert. In Saudiarabien, in den Golfstaaten und auch in Iran arbeiten ganze wissenschaftliche Einrichtungen an der Ausformulierung verschiedener Varianten der islamischen Ideologien, die nun alle Bereiche abdecken sollen, die als europäische Strukturen fest in das gesellschaftliche Gefüge islamischer Länder integriert worden sind. Ich will nur einige komplexe Inhalte aufzählen: Islamische Wirtschaft, islamisches Bankwesen, islamische Handelskammern, islamische Erziehung, islamische Menschenrechte, islamischer Gerichtshof, islamische Verfassung, ja sogar islamische Landwirtschaft. [...] So verstanden ist die ‚Islamisierung' heutzutage nichts anderes als eine Form von ideologischer Rechtfertigung der Integration westlicher Werte und Normen und, ökonomisch gesehen, kapitalistischer Strukturen in den islamischen Gesellschaften. Von einer Rückkehr ins Mittelalter kann überhaupt nicht die Rede sein, auch wenn uns die Symbole, die diesen Integrationsprozeß begleiten, bisweilen etwas mittelalterlich anmuten." [367]

Homayoun Katouzian stellte 1980 fest, der schiitischen Wirtschaftslehre fehle ein allgemeiner theoretischer Rahmen und sie biete auch keine zusammenhängenden Vorschläge für die wirtschaftliche Praxis. Sie verbinde lediglich traditionelle islamische Lehren und Praktiken mit Elementen moderner radikaler Ideologien. [368]
War die Ideologisierung des Islams eine Antwort auf den Einbruch der Moderne während der Kolonialzeit, so war die Entstehung des Nationalismus in dieser Region eine andere Antwort darauf. Zu nennen wären hier beispielsweise der Panarabismus, der türkische, persische und kurdische Nationalismus.
Der Nationalismus versuchte dem Kolonialismus die Forderung nach einem religionsübergreifenden und überwiegend säkularisierten Nationalstaat entgegenzustellen. Die Nationalisten postulierten jeweils die Existenz einer Kultur- oder Sprachnation, die ein bestimmtes Territorium umfaßte und nach ihrer Auffassung gemeinsame historische Wurzeln besaß.
Seit Mitte des letzten Jahrhunderts bis heute rivalisieren Nationalismus und schiitischer Fundamentalismus im Iran miteinander. Ein Beispiel hierfür ist die Auseinandersetzung zwischen dem persischen Nationalismus (Paniranismus, Persifizierung) der Pahlawi-Dynastie und den Mullahs in Ghom. Andere Beispiele sind die Kämpfe kurdischer Seperatisten im Iran mit Revolutionsgarden unmittelbar nach der Islamischen Revolution sowie der Golfkrieg zwischen Iran und dem Irak, wo der arabische Nationalismus der *Baath*-Partei dominiert. Im Gegensatz zum Irak, konnte sich im Vielvölkerstaat Iran ein Nationalismus nur partiell durchsetzen. Ausführlich beschäftigt sich Kamran Ekbal mit dieser Frage. „Neben den persischsprachigen Iranern, den Bewohnern des zentralen Hochlandes, leben ethnisch und sprachlich sich unterscheidende Volksgruppen in den Grenzgebieten des Landes. Azerbaidschanis, Turkmenen und Qaschqais, die unterschiedliche Turkdialekte sprechen und von denen die beiden letztgenannten zum Teil bzw. vorwiegend noch Nomaden sind, sowie Belutschen, Araber und Kurden, die sich sowohl in ethnischer als auch in sprachlicher Hinsicht voneinander abheben. Ethnische und sprachliche Zugehörigkeit deckt sich dabei im großen und ganzen mit Glaubensgemeinschaft. [...] Läßt sich für den Iran eine Kongruenz von Glaubensgemeinschaft und Ethnizität konstatieren, so trifft dies für den Irak nicht zu.“ [369]

Wenn Khomeini in Bezug auf den Golfkrieg äußerte, daß „dieser Krieg zwischen Iran und dem irakischen *Baath*-Regime ein Krieg zwischen Islam und Unglaube, zwischen dem Koran und dem Atheismus" sei, so kennzeichnete er den Konflikt als *religiöse* Auseinandersetzung. [370]
Saddam Husain betonte dagegen, der Konflikt habe *nationalen* Charakter. Iranischer Schiismus und irakischer Nationalismus erscheinen somit als unversöhnliche Gegensätze. Tatsächlich bewegen sie sich jedoch auf einer Ebene. Wie der Islamismus muß auch der Nationalismus seinen eigenen Mythos schaffen und Traditionen erfinden.

Der Begriff „Erfindung von Traditionen" (*invention of traditions*) spielt in der Diskussion von Ethnizitätsbewegungen und Nationalismus derzeit eine zentrale Rolle. [371]

Diese geht zunächst von der Feststellung aus, daß entgegen den Prognosen von Marx und Engels nicht sozialistischer Klassenkampf bestimmendes Merkmal unserer Epoche sei, sondern Nationalitätenbewegungen. Marx und Engels hätten, schreibt der Sozialanthropologe Georg Elwert, „ein Jahrhundert der Klassenkämpfe vorhergesagt [...]; stattdessen kamen über hundert Jahre der blutigsten Auseinandersetzungen der Nationen und Ethnien. Die nationalen Befreiungskämpfe, die die leninistische Marx-‚Korrektur' nur als Übergangsphänomen sehen wollte [...], waren nicht Bahnbrecher von Klassenkämpfen, sondern Ausgangspunkt für noch heftigere innere und zwischenstaatliche Konflikte." Dies sei nur eines von mehreren „Paradoxa, die den Aufschwung der Nationalismen kennzeichnen und theoretische Versuche unbefriedigend erscheinen ließen." [372] Zu diesen Paradoxa gehöre auch die politische Stärke des Nationalismus, die angesichts seiner ideologischen Armut und Widersprüchlichkeit widersinnig erscheine. Als soziale Strukturen seien die Nationen eine außerordentlich junge historische Erscheinung, seien geschichtslos. Der Nationalismus postuliere jedoch das Gegenteil; er schöpfe „Geschichte". „Menschen geben den Ereignissen Sinn, indem sie sie in die Form von Erzählungen bringen. Bei der nationalistischen Geschichtsschreibung sind Erzählmuster von Geburt und Wachstum, von Bedrückung und Wiedererhebung schon vorgegeben. Zusammenhanglose Ereignisse werden so verknüpft, Informationen ausgesiebt und Widersprüche geglättet. Nicht die gemeinsame Vergangenheit, sondern die so geschöpfte gemeinsame ‚Geschichte' ist Bezugspunkt des politischen Handelns." [373]

Wie der Islamismus reagierte auch der Nationalismus auf eine Krise der Individuen, auf ‚Identitätsdefizite als Massenphänomen'. Auch in Bezug auf den Nationalismus könnte daher (in Anlehnung an Reinhard Schulze) gefragt werden, wo dieser gesellschaftlich zu lokalisieren sei. Mit Elwert kann man davon ausgehen, daß ökonomische Prozesse (während und nach der Kolonialherrschaft) einen erheblichen Anteil an der Schaffung von Identitätsdefiziten gehabt haben. Eine ökonomische und soziologische Verortung von Nationalismus und Islamismus im Iran kann jedoch im Rahmen dieser Arbeit nicht erfolgen.

Ebensowenig soll an dieser Stelle hinterfragt werden, welche Interessengruppen bzw. welche „strategischen Gruppen" den islamischen Fundamentalismus oder den Nationalismus als politische Ideologie propagierten. Obwohl Fundamentalismus und Nationalismus miteinander konkurrieren, obwohl sich ihre Verfechter zeitweilig militärisch bekämpfen, zeigt sich eine gemeinsame Qualität von beiden Ideologien – in Anlehnung an Tillich formuliert – in deren ungebrochenem Verhältnis zum mythischen Ursprung.

Paul Tillich, der sich Anfang der 30er Jahre mit dem Nationalismus und national-religiösen Strömungen in Deutschland beschäftigte, erklärte das Bewußtsein und Denken des Menschen nicht nur aus seinen Triebregungen oder ökonomischen Bedingungen, sondern auch aus seiner Konstruktion der eigenen Herkunft, aus seinem Verhältnis zum Ursprung. „Aller Mythos ist Ursprungsmythos, Antwort auf die Frage nach dem Woher und Ausdruck des Stehens im Ursprung und in der Gebundenheit an seine Macht." [374]

Im ‚ursprungsmythischen Bewußtsein' sah Tillich die Wurzel aller politischen Romantik. Erst der Bruch mit dem Mythos, erst die Erkenntnis, daß der Mensch nicht an den im Mythos angenommenen Ursprung gebunden ist, mache ihn autonom gegenüber seinem Ursprung.

Nationalismus und Fundamentalismus kreieren jeweils einen eigenen Mythos und erklären einen Ursprung, mit dem die religiöse bzw. nationale Gemeinschaft gebunden wird. Der Nationalismus bezieht sich dabei eher auf den „Ursprung des Bodens", auf eine Region, ein begrenztes Territorium. Der religiöse Fundamentalismus dagegen sieht seinen Ursprung in einer Überlieferung, der Schiismus über die Genealogie auch im „Ursprung des Blutes", einer Blutsverwandtschaft mit

Dieses Revolutionsplakat versinnbildlicht das Martyrium einer moslemischen Frau, die mit ihrem Kind verwundet auf einer modernen, asphaltierten Straße liegt. Am Horizont brechen riesige rote Tulpen durch den Asphalt und wachsen zum Himmel empor, wo Khomeini in überdimensionaler Größe erscheint.

dem Propheten. Eine Bindung an den „Ursprung des Blutes" zeigt sich auch im Kult um das Blut der Märtyrer, etwa im „Blutbrunnen" auf dem Märtyrerfriedhof Beheschte Zhara in Teheran. Wenn auf Revolutionsplakaten immer wieder das Blut von Märtyrern dargestellt wird, so erinnert dies an den Ursprung des Schiismus. Aus dem vergossenen Blut der Zeugen wachsen Tulpen, wächst neues Leben hervor.

Nationalismus und Islamismus gemeinsam ist auch – wiederum in Anlehnung an Tillich – die ‚Rückwendung zur sozialen Gruppe'. Einige Autoren sehen die Betonung der Gemeinschaft aller Gläubigen sogar als kennzeichnenden Aspekt islamistischer Gruppen an und ziehen daher den Begriff ‚Kommunalismus' allen anderen angesprochenen Bezeichnungen vor.

Die ‚Rückwendung zur sozialen Gruppe' zeigt sich im Ruf nach einer tragenden, imaginierten nationalen oder religiösen „Supergemeinschaft" und in einer Geborgenheitssehnsucht. Ihr entspricht die Sehnsucht, in die Vater- und Mutterbindung zurückzufinden: „Während die Gemeinschaft als Ganzes dabei mit Muttersymbolen ausgestattet wird – sie ist das Umschließende, Tragende, das eher da ist als der Einzelne – wird der Vater angeschaut als Einheit und Haupt der Gemeinschaft, als ‚Monarch' in der konservativen, als ‚Führer' in der revolutionären Romantik, als Träger und Verkörperung des Staates in beiden Formen." [375]

Ein Problem für Nationalismus und Islamismus in ihrer Rückwendung zum mythischen Ursprung liegt darin, daß ihre Traditionen (z. B. durch die ökonomische Entwicklung, durch neue Technologien) bereits in Frage gestellt oder sinnlos geworden sind. Manches hat nur als „Traditionsinsel" (Tillich) überlebt, wird zwar öffentlich demonstriert, hat aber nach innen keine Relevanz für die Menschen mehr. Die verlorenen Traditionen bzw. die noch bestehenden Reste davon wiederzubeleben, ist „das eigentliche, namengebende Kennzeichen der Romantik und der deutlichste Ausdruck ihres inneren Widerspruchs". [376] Sie müsse daher, schrieb Tillich bereits 1932, nicht vorhandene oder überlebte Traditionen neu „schaffen".

Damit hatte Tillich den Prozeß, der in der Ethnologie unter dem Begriff „Erfindung von Traditionen" seit den 80er Jahren verstärkt diskutiert wird, bereits erkannt. „Die Schöpfung einer nationalen Tradition muß unter den Bedingungen des großstädtischen Raumes und seiner Ausdehnung auf das ganze Land alle Sondertraditionen überspringen, auf die es doch für den Ursprungsmythos ankommt. Und nichts ist traditionsloser im nationalen Sinne als dieser Kampf für die nationale Tradition.“ [377] Die politische Romantik gipfelt, so Tillich, in der „Schaffung einer nationalen historischen Legende“, im nationalen Mythos.

Mit der Erfindung nationaler Traditionen richte sich die politische Romantik „gegen die humanistische Erziehung aller, gegen den Ausgleich von Sitten und Lebensanschauungen infolge des einheitlichen Verkehrsraumes, gegen die gedankliche Autonomie jedes einzelnen und das Fehlen innerlich autoritativer Instanzen, gegen die Offenheit jedes Berufes für jeden und das Fehlen des ständischen Raumes, gegen die ausgleichenden Tendenzen der Großstadt, in der viele Lebensräume sich durchdringen“. [378]

So erklärt sich auch ein Paradox der schiitischen Revolution, das gleichzeitige Vorhandensein revolutionärer Aspekte und ursprungsmythischer Gebundenheit. In ihrer rückwärtsgewandten Utopie richtet sie sich nicht nur gegen ‚das liberale, demokratische und sozialistische Denken in der Politik‘, sondern auch gegen bestimmte Traditionen und das bloß Konservative.

Nationalismus und islamischer Fundamentalismus befinden sich insofern, so sehr sie auch miteinander rivalisieren und ihre Unvereinbarkeit behaupten, qualitativ auf einer gemeinsamen Ebene. Mit Tillich gesprochen, bleiben beide einer ursprungsmythischen Geisteslage verhaftet.

Zur Diskussion von ‚Islamismus‘ versus ‚Nationalismus‘, ‚islamischem Fundamentalismus‘ versus ‚Moderne‘ usw. können die Biographien Khomeinis nur Teilaspekte beitragen. Diese Diskussion wird in den Khomeini-Biographien nicht direkt geführt, auch wenn einige der angesprochenen Termini in ihnen Verwendung finden. Die Aufgabe der Biographien bestünde eher in einer Klärung der Frage, wie und warum Khomeini zu einem Fokus der revolutionären Bewegung im Iran werden konnte.

Charisma

„Nadschaf – Das ausgemergelte Gesicht wird durch einen weißen und schmalen Bart noch länger gemacht, der Klang der Stimme ist neutral und leise: Ayatollah Khomeini wird zwei Stunden lang ohne eine Spur von Emotion sprechen, ohne daß seine Gesichtszüge sich verändern, selbst wenn er davon spricht, daß der Iran sich vom Schah befreien muß, selbst wenn dies den Tod seines Sohnes brachte. Sein Verhalten, sein Selbstbewußtsein, seine Selbstbeherrschung zeigen, daß er ein erfahrener und weiser Mann ist. Khomeini legt seinen Glauben und seine Überzeugung nicht nur in seine Worte, sondern ganz besonders auffallend ist die Ausdrucksweise seiner Augen. In ihnen ist sein Glaube zu erkennen. Sie werden jedoch sehr unruhig und entschlossen, wenn es darum geht, daß er den Kampf gegen den Schah bis zum Ende durchführen will und wird, ohne auf irgendwelche Kompromisse einzugehen." So schilderte ein Korrespondent der französischen Tageszeitung *Le Monde* seine Eindrücke von Khomeini im Iraker Exil. Sein Interview mit dem Ayatollah erschien im Mai 1978, ein halbes Jahr bevor Khomeini von Nadschaf nach Paris übersiedelte. Es war das erste Interview, das der Revolutionsführer der ausländischen Presse gab. In dem Artikel heißt es weiter:

„Die derzeitigen Unruhen im Iran finden im Namen dieses 76jährigen Gläubigen statt. Wir befinden uns in einer winzigen Wohnung am Rande von Nadschaf in einer der menschenfeindlichsten Regionen der Wüste Iraks. Gleich, auf unserer Rückkehr von Bagdad, wird sich ein fürchterlicher Sandsturm erheben, der unseren Wagen wie ein Strohhälmchen bis zu einer Düne tragen wird. ‚Der Zorn Gottes' sagt unser von Angst gepackter Chauffeur und zitiert Verse aus dem Koran. Hier ist alles beherrscht von der Präsenz des gerechten Gottes. Für die schiitischen Moslems ist hier ein heiliges Gebiet. Das Grab von Ali, des ersten Imam und des von Hosein, dem 3. Imam und Enkel des Propheten, sind in ‚Kerbela' unter den Goldtürmen und Spiegeln.[...]

An der Kurve einer engen Gasse von Nadschaf liegt das kleine Haus von Ayatollah Khomeini. Dieses Haus unterscheidet sich nicht im geringsten von den ärmsten Mitbewohnern von Nadschaf. In den drei Zimmern dieses Hauses wohnt er mit zwölf Angehörigen zusammen.

Trotz der politischen Macht gibt es in seinem Haus keine äußerlichen Anzeichen dafür. Seine politische Macht ist die Beliebtheit seiner Anhänger im ganzen Land. Diese Macht ist während seines Exils nicht geringer geworden, sondern hat sich verzehnfacht. Der Ayatollah ist innerlich stark und gefaßt und redet wenig." [379]

Zehn Jahre lang wurde die Islamische Revolution wie durch keinen anderen iranischen Politiker oder Mullah von Khomeini personifiziert. Die Zeitschrift *India Today* charakterisierte ihn 1989 mit dem Satz: „For more than a decade his dark brooding eyes, bushy eyebrows severely knit together, flowing white beard and black turban, had become a symbol of the Islamic Revolution [...]." [380]

Meist bleibt es in Artikeln und Biographien über Khomeini bei der bloßen Feststellung seiner *charismatischen Wirkung*, ohne daß genauer analysiert wird, worin diese besteht. Zwar schreibt Taheri, daß Khomeini „nie eine besonders charismatische Persönlichkeit", kein guter Redner gewesen sei und auch keine „gewinnende Ausstrahlung" gehabt hätte, doch selbst aus Taheris Beschreibung wird das Charisma Khomeinis deutlich. Die Autorengruppe Schreiner/Becker/Freund bezeichnet Khomeini sogar als *den* charismatischen Führer „in idealtypischer Reinheit". [381]

Der Begriff *Charisma* kennzeichnet die *außergewöhnliche Qualität einer Beziehung zwischen Gläubigen und dem religiös-politischen Führer*, die mit einem *besonderen Gemeinschaftsgefühl* verbunden ist. Der Terminus wurde um 1912 durch den Soziologen Max Weber grundlegend bestimmt: „‚Charisma' soll eine als außeralltäglich [...] geltende Qualität einer Persönlichkeit heißen, um derentwillen sie als mit übernatürlichen oder übermenschlichen oder mindestens spezifisch außeralltäglichen, nicht jedem andern zugänglichen Kräften oder Eigenschaften [begabt] oder als gottgesandt oder als vorbildlich und deshalb als ‚Führer' gewertet wird." [382]

Einzelne Aspekte, die auf Khomeinis Charisma hinweisen, werden immer wieder genannt und betont – etwa seine Herkunft, seine Gesichtszüge, sein einfacher Lebensstil, sein Verhalten und seine Art zu reden.

Im Zusammenhang mit der Schilderung von Khomeinis Geburt wurde bereits auf Beziehungen zur Geburtslegende Mohammeds hingewiesen. Die vielfältigen Bezüge, die zwischen dem Propheten und dem

Revolutionsführer geknüpft wurden, lassen etwas von der *Baraka* Mohammeds, einer übernatürlichen Kraft (wörtlich: „Segen"), auf Khomeini übergehen. Die islamische Vorstellung von *Baraka*, die einer außergewöhnlichen Person anhaften kann, kommt dem Begriff *Charisma*, bevor er durch Max Weber eine soziologische Ausdeutung erfuhr, sehr nahe.

Als Nachkommen des Propheten verfügen die *Sayyids*, so der Islamwissenschaftler Rudi Paret, „von vornherein über ein gewisses Mindestmaß von Baraka, und man kommt ihnen deshalb überall mit Achtung entgegen, was sie oft auch auszunutzen wissen. Aber zum eigentlichen Heiligen reicht es doch nur bei wenigen von ihnen. [...] Grundsätzlich hat jeder Muslim die Möglichkeit in diesen Stand erhoben zu werden, ganz unabhängig von seiner Herkunft und sozialen Stellung. Er muß nur irgendwelche außergewöhnlichen Eigenschaften oder Leistungen vorweisen können zum Zeichen, daß er Baraka besitzt." [383]

Etliche Ereignisse bezeugten für Schiiten die Baraka Khomeinis. Beispielsweise glaubte man ihn im Mond zu sehen, und während seiner Entlassung aus dem Gefängnis brach plötzlich ein Unwetter aus. Erst recht die so erfolgreiche – weitgehend gewaltfreie – Revolution gegen den Schah, der über eine der bestausgerüsteten Armeen dieser Region verfügte, und nicht zuletzt die mißlungene Geiselbefreiung der Supermacht USA, die in einem unvorhergesehenen Sandsturm scheiterte, konnten von Gläubigen als Zeichen der *Baraka* Khomeinis gedeutet werden, was ihn in die Nähe des Propheten Mohammed und des Märtyrers Hosein rücken ließ.

Die Bezüge, die zwischen Khomeini und Mohammed hergestellt werden, betreffen zunächst das Erscheinungsbild. Bemerkungen in den Biographien über Khomeinis Barttracht und Bartpflege, die den europäischen Leser eher irritieren, werden verständlich, wenn man über den Propheten liest: „Ob Mohammed Augenschminke verwendete oder nicht, ob er Henna auf Bart oder Haar auftrug – all dies waren Fragen, deren Antwort für Generationen von Frommen wichtig waren, die ihn nicht mehr gesehen hatten, aber für jede ihrer Handlungen ein Vorbild in seinem Verhalten suchten." [384] Nach Mohammeds Tod wurde sein Barthaar zu einer wertvollen Reliquie, auf deren Besitz Moscheen in der islamischen Welt stolz sind. [385]

Ähnlichkeiten in der Darstellung Mohammeds und Khomeinis findet man auch bezüglich Lebensstil und Verhalten: vornehme Zurückhaltung, Höflichkeit und Ernst. Mohammed soll das Wort *faqrī faḫrī* geprägt haben: Meine Armut ist mein Stolz. [386] Khomeinis Bescheidenheit und seine asketische Lebensweise werden hervorgehoben, seine karge Ernährung und die Ablehnung jeglicher Art von Luxus. Der Ayatollah half, „soviel er nur vermochte, seiner Frau bei ihren häuslichen Obliegenheiten. Er richtete sogar sein Bett selbst und kochte sich selbst seinen Tee. Seine Lebensweise war sehr anspruchslos. Nicht nur, daß er jeden Donnerstag zur Erinnerung an die Märtyrer seines Kampfes fastete – er führte auch jede zweite Woche einen weiteren Fasttag ein. Nahezu nichts wurde weggeworfen, nichts vergeudet. Beispielsweise aß man das Fleisch von Wassermelonen als Obst, aus den Schalen aber kochte man noch Marmelade oder legte sie in Essig ein. Die Melonenkerne schließlich röstete man und setzte sie den wenigen Besuchern, die noch kamen, als besondere Delikatesse vor.“ [387]
„Wie gewöhnlich erhob er sich vor Sonnenaufgang“, bemerkt Taheri an einer Stelle, „sprach seine Gebete, nahm sein Frühstück aus Brot und Ziegenkäse zu sich, die er mit sehr süßem, heißem Tee hinunterspülte, und kehrte in den Hauptempfangsraum zurück.“ [388] Die *Current Biography* schließlich berichtet: „At his old one-story house in the center of Qom he subsists mainly on cheese, toast, fruit, rice, and yogurt.“ [389]
Auch die Biographen Mohammeds beschäftigte dessen Ernährungsweise. Annemarie Schimmel faßt zusammen: „Selbst wenn die Quellen in der Regel seine außerordentliche Bescheidenheit, ja sein Darben und zeitweiliges Hungern hervorheben, stellen sie doch fest, daß er sehr gern das Vorderbein des Lamms aß und daß er Milch und Datteln liebte.“ [390] Dieser Widerspruch mag für die Rolle von Propheten überhaupt typisch sein: Denn die Demonstration von Askese und scheinbarer Abwendung von der Welt begründet ihre religös-politische Macht moralisch, die sie politisch und häufig auch ökonomisch ausüben. Sowohl Mohammed als auch Khomeini repräsentierten mit ihrem religiösen Status auch eine ökonomische und soziale Elite.
Die islamische Tradition, in der ein nahezu völliges Bilderverbot herrscht, schuf im Laufe der Jahrhunderte ein eigenes literarisches Genre (*dalāʾil an-nubuwwa, šamāʾil*), in dem das tabuisierte Erschei-

nungsbild Mohammeds im Detail diskutiert und zum Ideal erhoben wurde: „Ich sah einen Mann, der sehr reinlich war, mit hellem Gesicht, von schöner Art; nicht machte ihn Magerkeit tadelswert noch verunzierte ihn Kleinköpfigkeit; anmutig und elegant (*nasim wasim*); in seinen Augen Schwärze, mit gebogenen Wimpern, in seiner Stimme ein helles Klingen und in seinem Halse Glanz, mit dichtem Barte und gewölbten, zusammenhängenden Augenbrauen. Wenn er schwieg, so umgab ihn Würde, und wenn er sprach, ragte er hoch, und Glanz umgab ihn, der Schönste und Strahlendste der Menschen von Ferne und der Süßeste und Lieblichste von Nahe, ...“ [391]

Immer wieder werden Khomeinis buschige Brauen und seine „tiefschwarzen“ Augen erwähnt, die mal als „unauslotbare Ozeane“ (Taheri) erscheinen, mal an „Raben“ erinnern, „die verzweifelt aus Eisenkäfigen auszubrechen suchen“, in denen alle Hoffnung und Verzweiflung seiner Jugend, all die Konflikte im Himmel und auf Erden, sich spiegeln (Nirumand/Daddjou), „die alles in ihren Bann schlagen“. Sein Blick ist „streng“, „durchdringend“, „stechend“, „scharf“, in jedem Fall bedeutungsvoll. Schon als Kind erschien er manchem als jemand, „dessen Blick man besser aus dem Weg ging“.

Den Augen des Führers, das behauptet die Massenpsychologie, kommt besondere Bedeutung zu. Sie sind das Organ, mit dem er über Distanz einen direkten Kontakt zu den Anhängern herstellen kann. [392] Die Metaphern für das, was man in den Augen Khomeinis zu sehen oder nicht zu sehen glaubte, zeigen erneut die Ambivalenz der Betrachter. So sagte Bazargan über Khomeini, er sei „ein ungeschliffener und primitiver Mann, gleichzeitig aber ist er auch ein Genie. Ich bin noch nie einem Menschen begegnet, der seine Fähigkeit besitzt, die Massen zu interpretieren, mit ihnen durch einen einfachen Blick oder wenige aus der Ferne gesprochenen Worte zu kommunizieren.“ [393]

Daß das Erscheinungsbild Khomeinis (*dunkle Augen, buschige Brauen, weißer Bart, schwarzer Turban*) zu einem Symbol der Islamischen Revolution werden konnte, beruht im wesentlichen auf einer Übertragung, einer Projektion. In Khomeini erkannte man das tabuisierte Aussehen Moses, Mohammeds oder Hoseins wieder. Dies läßt sich an den bereits erwähnten Plakatdarstellungen der Islamischen Revolution zeigen. Eine systematische Untersuchung dieser Ikonographie Khomeinis auf Plakaten könnte hier weiteren Aufschluß geben.

Eine Lithographie (von 1870, links) versinnbildlicht die Schlacht von Kerbela: Hosein sitzt, von Pfeilen durchbohrt, auf seinem Schimmel, unter ihm sprießen Rosen (aus seinem Blut ?), vor ihm zerstückelte Leichen seiner Gefolgsleute (darunter sein Sohn als Wickelkind), im Hintergrund das Lager Yasids, dessen Zelte durch (christliche?) Kreuze gekennzeichnet sind.
Das Revolutionsplakat daneben zeigt den Märtyrer ebenfalls auf einem Schimmel. Er trägt einen Säbel und das grüne Banner des Islams, während im Hintergrund zwei rote Fahnen (der „roten" Schia) wehen. Das Bilderverbot erlaubte nicht, das Gesicht des Heiligen zu zeigen. Es erscheint als weiße Fläche.

Denn für die Macht eines religiös-politischen Führers ist weniger entscheidend, wer er tatsächlich ist, als vielmehr, für wen er von seinen Anhängern und Gläubigen gehalten wird, welches Bild sie sich von ihm machen. [394] Das Bilderverbot im Schiismus führte dazu, daß schon auf alten Miniaturen zumindest das Gesicht Mohammeds oder Hoseins als weiße Fläche dargestellt wurde und damit buchstäblich eine Projektionsfläche bot. Seit den Anfängen der Islamischen Revolution ersetzten Hunderte von Bildern Khomeinis diese weiße Fläche – mit der Islamischen Revolution bekam der Schiismus ein Gesicht, das Gesicht Khomeinis.

Doch es ist Symbol, weist über Khomeini hinaus auf Hosein, Mohammed oder Moses, schafft eine Brücke zwischen dem Nicht-Darstellbaren – dem Numinosen – im Antlitz der Propheten und der erfahrbaren Realität des Revolutionsführers. Und es stellt so eine Verbindung der revolutionären Gegenwart mit dem schiitischen Mythos her.

Die Frage nach dem *Charisma* Khomeinis kann daher nicht bei der Aufzählung äußerer Merkmale stehen bleiben. Auch die Feststellung, daß die Qualitäten des Propheten Mohammed oder des Märtyrers Hosein auf Khomeini projiziert wurden, daß er mit entscheidenden Figuren des schiitischen Mythos identifiziert wurde, führt hier noch nicht wesentlich weiter. Vielmehr muß gefragt werden, wie dieser Prozeß zustande kam und was Khomeini zur Projektionsfläche für die idealisierte Vorstellung eines religiösen Führers werden ließ.

Khomeini kann auch kaum als Revolutions*theoretiker* bezeichnet werden, und seine politischen Schriften hatten vor der Revolution nur wenig Beachtung gefunden. „Aus Ayatollah Khomeinis über dreißig Büchern läßt sich der Nachweis seiner charismatischen Qualifikation nicht erbringen." (Schreiner/Becker/Freund) [395]

Eine zentrale Rolle spielte vielmehr – ganz im Gegensatz zur Auffassung Taheris – gerade das *gesprochene* Wort. Wenn Khomeini sprach, dann „äußerst ungern über persönliche Dinge". Zwar galt er als „schlechter Redner, dessen monotone Sprache oft gar nicht zu verstehen war", sprach „leise und undeutlich, machte oft längere Pausen, benutzte grammatisch ungewohnte, ja oft falsche Formulierungen", sein Vokabular soll auf nur 2000 Wörtern beruht haben – doch „durch ständiges Wiederholen" erhielten sie „die Kraft magischer Formeln" (Taheri). Entscheidend war: „Die Gläubigen [...] verstanden ihn und waren hingerissen von seinen Worten" (Nirumand/Daddjou). Er konnte sie „in einen Zustand tränenreicher Hysterie" versetzen, „indem er die Tragödie von Kerbela" erzählte. Bei seinen Vorlesungen sprach er klar und gebildet und ‚der Ton seiner Stimme schlug viele Zuhörer in den Bann. Nur wenige wagten, ihn zu kritisieren.' In seinen Reden warnte und drohte er. Wegen seiner Reden wurde er verhaftet und schließlich in die Verbannung geschickt. Und er ist sich der Autorität seiner Rede bewußt: „Herr Schah, soll ich öffentlich erklären, daß du ein Ungläubiger bist, damit man dich aus dem Lande jagt?"

Mit seinen Reden belebte Khomeini die religiösen Bilder der schiitischen Religion, produzierte damit eine ursprungsmythische Geisteslage. Die Autorengruppe Schreiner/Becker/Freund kommt zu dem Schluß: „Sein wichtigstes Mittel bei diesem revolutionären Werk: die Macht seiner Rede. Tonbänder, die der Ayatollah 4500 Kilometer vom Ort des eigentlichen Geschehens entfernt besprochen hatte, wurden tausendfach in den Moscheen des Iran abgespielt, vermittelten den Gläubigen das außeralltägliche Gefühl des Einsseins miteinander, das Gefühl der Gemeinschaft mit dem Führer." [396]

Selbst beim Abspielen dieser Tonbänder gerieten die Gläubigen in Ekstase, „schrien, weinten und lachten, schlugen sich mit beiden Händen auf den Kopf oder auf die Brust, sprangen und tanzten herum, als ob sie sich ihres Körpers entledigen und ihm ihre Seele schenken wollten" (Nirumand/Daddjou).

Die außeralltägliche und gemeinschaftsstiftende Qualität seiner „Botschaften", von denen man wußte, daß sie gleichzeitig von Tausenden im In- und Ausland empfangen wurden, vermittelte sich also über *moderne Massenmedien* und Kommunikationsmittel, über Telefon und Telex, per Rundfunk und Tonband – schließlich durch das Fernsehen. Sie vermittelte sich auch auf riesigen Trauerprozessionen und Demonstrationen, bei denen überlebensgroße Bilder Khomeinis ständig präsent waren und auf denen sich die Bevölkerung ihres Führers versicherte.

Seine Botschaft, seine religiös-politische Rolle, sein Konflikt mit dem Schah waren vor dem Hintergrund des schiitischen Mythos leicht verständlich und im Grunde bekannt. Es war die Wiederherstellung eines gottgewollten und damit dem Menschen gerecht werdenden Zustands, *der* alten Ordnung schlechthin.

„Nach dem Tode des Propheten", sagte der Revolutionsführer, „widersetzten sich die Umayyaden und andere Widersacher der Gründung einer islamischen Regierung unter Imam Ali. Sie verhinderten damit die Verwirklichung eines von Gott und dem Propheten gewollten [!] islamischen Staates. Infolgedessen veränderten sie die islamische Staatsidee von Grund auf. Ihr Regierungssystem stimmte zum größten Teil nicht mehr mit der islamischen Lehre überein. [...] Religion und Vernunft gebieten, nicht zuzulassen, daß diese Regierungen in ihrer anti-islamischen oder unislamischen Form bestehen bleiben." [397]
Dieser Aspekt ist bei charismatischen Führern häufig beobachtet worden, wie der Sozialpsychologe Serge Moscovici ausführt: „Das Charisma hat die Merkmale einer Beschwörung der Vergangenheit, das Wachrufen von im Gedächtnis eingegrabenen Gefühlen und Bildern, die Autorität einer Tradition. Durch diese Komplizenschaft mit der Welt der Erinnerungen ruft der Führer unmittelbaren Gehorsam hervor. Man hat gesagt, sein Erscheinen genüge, um die Masse in ihm einen anderen Führer wiedererkennen zu lassen, der auf einer anderen Bühne, unter anderen Umständen einmal eine Rolle gespielt hat." [398]
Das Schaffen neuer Ursprungsbindungen, als Ziel revolutionärer Erneuerung, wurde bereits im Zusammenhang mit dem islamischen Fundamentalismus und Nationalismus diskutiert. Tillich hatte darauf hingewiesen, daß die revolutionäre Romantik darauf abziele, „in zerstörendem Angriff gegen das rationale System den Boden für neue Ursprungsbindungen zu erobern." [399] Dies ist nicht nur bei politischen Massenbewegungen festzustellen, sondern ergibt sich auch aus der Untersuchung ihrer charismatischen Führer als deren Personifizierung. So schrieb Max Weber: „Das Charisma ist die große revolutionäre Macht in traditional gebundenen Epochen. [...] In vorrationalistischen Epochen teilen Tradition und Charisma nahezu die Gesamtheit der Orientierungsrichtungen des Handelns unter sich auf." [400]
Ein wesentliches Merkmal von Khomeinis Charisma lag darin, daß er vor dem Hintergrund des schiitischen Mythos verstanden werden konnte. Ähnlich wie die Rückversicherung im Mythos nicht nur kollektiv Identität stiftet, also Schutz und Selbstgewißheit gewährt, sondern auch mit einem weitgehenden Verlust an Selbständigkeit bis hin zur totalen Unterordnung verbunden ist, scheint auch das Verhältnis zum charismatischen Führer selbst ambivalent: „Wie alle ursprüngliche, irratio-

nale Macht ist das Charisma Gnade und Stigma zugleich. Es verleiht seinem Besitzer das Zeichen eines außergewöhnlichen Wertes, aber auch das Mal des Unmaßes, einer unerträglichen Gewaltsamkeit. [...] Die gemeinsame Besonderheit all dieser Zeichen ist es, anziehend und bedrohlich zugleich zu wirken. Sie schützen, und sie machen Angst.“ [401]

Während der islamische Fundamentalismus den im Mythos angenommenen Ursprung zur Utopie verkehrte, wurde der „Revolutionsführer“, als Verkörperung dieser Utopie, von Iranern mit den „Urvätern“ Moses, Mohammed oder Hosein identifiziert. Europäische Autoren verglichen dagegen Khomeini mit anderen geschichtstragenden Personen: Nußbaumer sah sich bei Khomeinis Vater an Mahatma Gandhi erinnert, Rinser bei Khomeini an den polnischen Kardinal Wyszynski oder gar an den Münsteraner Kardinal von Galen. [402] Während von Iranern der Schah mit Yasid und Pharao identifiziert wurde, verglich sie den Schah mit Hitler. [403] Harald Vocke, Herausgeber der konservativen katholischen *Deutschen Tagespost*, maß Ende 1978 nicht den Schah, sondern Khomeini selbst an Hitler. [404]

Kurzfristig auch in der Bundesrepublik zu einem Idol des anti-imperialistischen Kampfes erhoben, wandelte sich Khomeinis Image schnell zu dem eines Despoten. Wie Carpozi meinte, sei er *„like Adolph Hitler in another time“*. [405]

Auch wenn Khomeini vor dem Hintergrund der jeweiligen Kultur und Geschichte mit sehr verschiedenen Größen identifiziert wird, scheint der Vorgang der gleiche zu sein. Damit kommen wir noch einmal auf unsere Ausgangsfrage zurück, was Khomeini zum Fokus der sozialen Bewegungen im Iran machte, was ihn zur Verkörperung des Ich-Ideals der Massen werden ließ.

Die Massenpsychologie hat eine Reihe grundsätzlicher Antworten formuliert, in deren Zentrum die Person des Führers selbst steht. Sie postuliert kultur- und geschichtsübergreifend eine Bereitschaft und Empfänglichkeit der Massen für das Charisma eines Führers. Diese Antwort wäre jedoch unbefriedigend, solange der kulturelle, soziale, ökonomische oder historische Kontext unberücksichtigt bliebe.

Ein möglicher Schlüssel für eine Antwort könnte darin liegen, wie das bereits erwähnte Abbildungsverbot durchbrochen wird. Ein solches Abbildungsverbot gab und gibt es in vielen Religionen, auch im Judentum und im frühen Christentum. In der Überlieferung des Alten Testamentes (Ex. 20, 4; Dtn. 5, 8) verbietet Gott ausdrücklich, sich ein Bild zu machen. Im Christentum finden wir überhaupt erst im 3. Jahrhundert Darstellungen von Jesus (als Verkörperung Gottes), die ihn jedoch bloß im Sinnbild des „guten Hirten" zeigen. Sein Gesicht trägt keine individuellen Züge, bleibt dunkel. Noch bis ins 7. und 8. Jahrhundert hinein beschäftigte die Frage des Abbildungsverbotes, der sogenannte Ikonoklasmus, christliche Theologen. [406] Doch trotz aller Verbote und Bedenken setzte sich im Laufe der Geschichte das Bedürfnis nach konkreter Visualisation des Nicht-Darstellbaren durch. Die sich in Jahrhunderten entwickelnden Darstellungsformen des Heiligen unterlagen in Stil und Technik, in Thematik und Symbolik zeitgeschichtlichen Einflüssen und Moden. Sie spiegeln insofern die epochalen Schwankungen der Gottesvorstellungen und ihrer Projektion wider. Die Ikone zeigt also keinesfalls ein Porträt der Heiligen, auf die sie verweist. Ihr Versuch der Reproduktion der mythischen Figuren ist zugleich Abbild aktueller, individuell psychischer wie sozialer Konzeptionen.

Auch das islamische Abbildungsverbot wurde nur teilweise befolgt. Es wird weniger aus den Suren des Korans (hier 59, 24) abgeleitet, sondern begründet sich aus den sogenannten *Ḥadīten*, der Überlieferung von Worten und Taten des Propheten. Das islamische Abbildungsverbot [407] wirkte sich vor allem im sakralen Bereich aus, z. B. auf die Ausgestaltung der Moscheen. Dennoch finden wir Miniaturen in islamischen Handschriften, auf denen Engel und Propheten dargestellt sind. Wie erwähnt, ist ihr Gesicht häufig mit einem Schleier verhüllt, erscheint als weiße Fläche. Mit Aufkommen der Fotographie Ende des 19. Jahrhunderts, des Films und schließlich des Fernsehens, wurde die oft magische Scheu vor der bildlichen Darstellung überwunden. Während der Schah-Dynastie erlebten Plakat- und Kaffeehausmalerei einen Aufschwung.

Dennoch werten mehrere Autoren die propagandistische Verwendung von Plakaten während der Islamischen Revolution noch als Bruch mit dem überlieferten Abbildungsverbot. Die Darstellung Khomeinis ist zunächst Porträt des Revolutionsführers, verweist jedoch auch auf die mythischen Urväter – und korreliert als solches mit dem Ich-Ideal der Masse. Warum das Bild eines bärtigen, alten Mannes eine solche Attraktivität bekam, warum er zum Übervater werden konnte, mag mit

der iranischen Familienstruktur, der Heirat zwischen einem relativ alten Mann und einer relativ jungen Frau, in Zusammenhang stehen. Daß aus dieser Familienkonstellation für die (ohnehin tabuisierte) Sexualität in der Ehe und für das Heranwachsen der Kinder Probleme resultieren, ist anzunehmen. Den Kindern muß der autoritäre Vater (insbesondere im Verhältnis zur Mutter) als alter Mann erscheinen. Seine dominante Stellung innerhalb der Familie und der Kultur könnte zur Herausbildung eines Ich-Ideals der Söhne führen, deren äußere Merkmale von Khomeini bzw. anderen Mullahs verkörpert werden. Sie könnten für einen kulturellen Vatertypus stehen, für ein bestimmtes männliches Ich-Ideal, das über die Sozialisation in der Familie reproduziert wird. Die schwarzen Augen Khomeinis, seine buschigen Brauen und der lange Bart, die zum Symbol der neuen islamischen Identität wurden, hätten demnach eine innere Entsprechung. In doppelter Hinsicht – individuell psychisch wie kollektiv mythisch – erscheint Khomeini als tief verwurzeltes Abbild des Urvaters.
So wird auch ein mystisch anmutendes Erlebnis mit Khomeini verständlich, von dem der Politiker Banisadr berichtete: „Zum erstenmal bin ich ihm in Nadschaf begegnet. Es war bei der Trauerfeier zum Tode meines Vaters. Ich ging hinter dem Sarg. Plötzlich spürte ich ein Leuchten, einen Schein hinter mir. Ich drehte mich um und sah ihn. Khomeinis würdevolle Erscheinung beeindruckte mich zutiefst. Sein Antlitz leuchtete. Die Trauer um den Tod meines Vaters war auf einmal verschwunden. In Khomeini sah ich meinen Vater und empfand eine große Zuneigung zu ihm“. [408]
Der hier skizzierte Gedanke kennzeichnet das Verhältnis zwischen dem Revolutionsführer und seinen männlichen Anhängern als Beziehung der Söhne zu einem übermächtigen Vater. Dawud Gholamasad dachte in einem Artikel über sozialpsychologische Aspekte des Martyriums in eine ähnliche Richtung. In der Beziehung der „Soldaten für Khomeini“ zum Revolutionsführer fließe „einseitig sehr viel libidinöse Energie“. Sie erinnere in ihrer Abhängigkeit ‚an die Mutter-Kind-Dyade‘. „Für die Freiwilligen ersetzt der Imam den starken und dominanten eigenen Vater, den sie lieben.“ [409]
Die Vorstellung der Freiwilligen, für eine göttliche Mission auserwählt zu sein, weise „auf ein gestörtes Selbstwertgefühl hin, auf eine narzißtische Kränkung.“ Die eigene Person werde idealisiert, aus dem Ver-

sager von einst, dem Marginalisierten, dem Arbeitslosen und Lumpen werde ein „Befreier der Menschheit". „In der Regel sind diese Menschen im Erwachsenenalter zu einer reifen Bewältigung von narzißtischen Kränkungen nicht in der Lage. Sie begegnen den Verletzungen ihres Selbstwertgefühls in unreifer oder gar pathologischer Weise mit regressiven Mechanismen. [...] Die schmerzliche Realität wird negiert und in ihr Gegenteil verkehrt. Die Phantasie bläht die eigene Macht zu grandiosen Dimensionen auf. Die unrealistischen Größenvorstellungen, die hier entwickelt werden, weisen auf ein realitätsfremdes Ich-Ideal hin, das an kindliche Phantasien gebunden ist." [410]

Schließlich sei in diesem Zusammenhang die Rolle Fatimas im schiitischen Mythos erwähnt. Sie ist die *Tochter* Mohammeds und die *spätere Ehefrau* des Imam Ali (ein Vetter Mohammeds), *die Mutter* des Märtyrers Hosein. Da Mohammeds Söhne früh verstarben, ist Fatima das wichtige Bindeglied für den genealogischen Rückbezug auf Mohammed. Alle Sayyids, die Nachfahren Mohammeds, sind auch Nachfahren der „Urmutter" Fatima, der Tochter des Propheten. Sie ist Identifikationsfigur der schiitischen Frau. Khomeini über Hasrat Fatima: „... a woman who holds the respect of the family of revelation; she is like a sun which shines upon the highest peak of islam; she is a woman whose virtues equal the endless virtues of the Holy Prophet and his esteemed and purified family; she is a woman whose station is such that whosoever spoke about her to the extend of his or her insight, came to love her." [411]

Während einer Rundfunksendung im Iran über die „ideale muslimische Frau" anläßlich des Geburtstages Fatimas soll eine Hörerin am Telefon geäußert haben, daß in ihren Augen Fatima kein Vorbild für iranische Frauen darstelle, da sie vor 1400 Jahren gelebt habe. Sie ziehe „Oshi", die Titelheldin eines japanischen Fernsehstücks, vor. Khomeini schrieb daraufhin an den Direktor des Rundfunks, Mohammed Haschimi, einem Bruder des Parlamentspräsidenten Rafsandschani: Falls sich herausstelle, daß es sich bei der Äußerung über Fatima um eine absichtsvolle Beleidigung gehandelt habe, müsse diese Frau sterben. Die Person, die dieses Programm ausgestrahlt habe, und die anderen Beteiligten müßten bestraft und entlassen werden.

Inzwischen wurden mindestens vier Rundfunkmitarbeiter wegen der Sendung 1989 zu Haft- und Prügelstrafen verurteilt. [412] Das öffentli-

che Bekenntnis der bloßen Nicht-Identifikation mit Fatima stellte in Khomeinis Augen bereits ein Vergehen dar, das nur durch eine Hinrichtung gesühnt werden kann.
Die Rolle, die der schiitischen Frau zugedacht wird, ist ebenfalls auf die Urväter zentriert; sie ist Tochter, Ehefrau und die Gebärerin ihrer Söhne.
Die Suche nach Korrelationen zwischen dem mythischen und psychischen Idealbild vom Urvater rückt die Frage der Sozialisation in der iranischen Gesellschaft ins Zentrum. Psychoanalytiker wie Sigmund Freud oder Wilhelm Reich haben auf die Bedeutung der Sozialisation in der Familie für die Ausbildung des Ich-Ideals und einer bestimmten Charakterstruktur in ihren Arbeiten über Massenpsychologie hingewiesen. Ob solche Überlegungen universalisiert und auf die Kultur des Orients übertragen werden dürfen, muß zunächst offen gelassen werden. Psychoanalytische Studien vor dem Hintergrund des Islams sind uns nicht bekannt. Eine intensivere Literaturrecherche und psychoanalytische Gespräche wären notwendig, um hier eindeutige Aussagen machen zu können. Nur wenige Berichte schildern das Familienleben im Iran. Und Mottahedeh bemerkt, seine „iranischen Freunde sprachen ungern über diesen Bereich". Die Arbeiten von Fatima Mernissi geben hier zumindest Anhaltspunkte. Sie diskutiert kritisch die rollenspezifischen Konflikte der islamischen Gesellschaft, die rigide Geschlechtertrennung – deren sichtbarstes Symbol der Schleier ist –, die Verbannung der Frau aus der öffentlichen Sphäre, die Dominanz der Männer, deren Ehre wesentlich vom Verhalten der Frauen abhängt.
Über eine traumatisierende Familienstruktur könnte dennoch nachgedacht werden. Als Ort, an dem über die Sozialisation autoritäre Charakterstrukturen und ein bestimmtes Ich-Ideal reproduziert werden, könnte die Familie als ‚wesentlichste Institution der Konservierung des sie bedingenden autoritären Systems' (Reich) gesehen werden.[413]
Wie der mythologiekritische Ansatz Tillichs könnten massen- und individualpsychologische Studien eine ökonomisch-soziologische Analyse der Islamischen Revolution sinnvoll erweitern. Trotz ihrer unterschiedlicher Ansätze und obwohl ihr Untersuchungsschwerpunkt jeweils ein anderer ist, sind sie in sich kohärent und könnten (zumindest dem westlichen Betrachter) ein tieferes Verständnis der Islamischen Revolution ermöglichen.

Ausblick

Eine Überhöhung Khomeinis setzt sich im Iran bis heute nahezu ungebrochen fort. „Die Baraka hört mit dem Tode nicht auf, wirksam zu sein. Im Gegenteil. Gerade den verstorbenen Heiligen schreibt man besondere Kraftwirkungen zu. Die Verehrung, die der betreffenden Person zu ihren Lebzeiten entgegen gebracht worden ist, wendet sich nachher in gesteigertem Maß ihrem Grabe zu. Die islamische Heiligenverehrung ist vor allem ein Gräberkult", erläutert Paret. [414] Der Kult um den Ayatollah scheint sich von den politischen und sozialen Problemen der Islamischen Republik abgespalten und Eigendynamik entwickelt zu haben. Auf der einen Seite findet sich ein Prozeß der „Vergottung" Khomeinis, der nur Verehrung zuläßt, – auf der anderen Seite steht das Elend der Bevölkerung, drängen ungelöste soziale, wirtschaftliche und politische Probleme, der Terror der vergangenen Jahre. Wie sich diese Spannung lösen wird, ist zur Zeit noch ungewiß. Sollte sich jedoch keine Lösung finden, wäre u. a. sowohl eine radikale Umwertung Khomeinis, ein Umschlagen der affektiven Bindungen denkbar als auch eine soziale Revolution gegen das Mullah-Regime.

Die Frage, ob Khomeini von Schiiten langfristig als der wiedergekehrte *Imam Mahdi* anerkannt oder lediglich als *Heiliger* betrachtet wird, ist auch von theologischer Bedeutung. Sie könnte zu einem Schisma im Schiismus führen – sogar die Entstehung einer neuen Religion wäre denkbar. Denn der schiitische Mythos endet mit der Vision der Wiederkehr des verschwundenen zwölften Imams. [415]

Fraglich ist ebenso, ob die Islamische Revolution und die Errichtung eines schiitischen Staates möglicherweise auch als siegreiche Fortsetzung der Schlacht von Kerbela religiös verarbeitet und damit das zum Mythos erstarrte Trauma seine Auflösung finden könnte. Bisher gibt es allerdings nur wenige Anzeichen dafür, daß neue Ideale an die Stelle von Märtyrertum und heiligem Krieg treten oder die Feier der Islamischen Revolution einmal die Bedeutung des Aschura-Tages erlangen könnte.

Mit der Bestimmung eines politischen oder religiösen Nachfolgers ist also die entscheidende Krise, die durch Khomeini und die Realisierung seines „islamischen Gottesstaates" ausgelöst wurde, nicht bewältigt,

der Platz, der ihm in der schiitischen Geschichte zuzuweisen ist, noch nicht endgültig gefunden.
Wie sich an Selig- oder Heiligsprechungsprozessen in der Katholischen Kirche oder am Personenkult um sozialistische Staatsmänner zeigt, kann sich ihre theologische oder politische „Verortung" über Generationen hinziehen, und während dieser Zeit sind Umdeutungen immer möglich. Diese Prozesse entscheiden sich erst in großen Zeiträumen.
Die Überwindung der derzeitigen ökonomischen und sozialen Probleme im Iran wird für den Fortbestand der Islamischen Republik jedoch langfristig von großer Bedeutung sein. Ob die neuen Führer weiterhin die schiitischen Massen an sich zu binden vermögen, hängt auch davon ab, wieweit es ihnen gelingt, charismatische Wirkung auszuüben. Bereits Max Weber hatte über diese „Veralltäglichung" des *Charismas*, deren „Institutionalisierung", nachgedacht. „Die Veralltäglichung vollzieht sich in der Regel *nicht* kampflos. Unvergessen sind anfänglich die persönlichen Anforderungen an das Charisma des Herrn, und der Kampf des Amts- oder Erb- mit dem persönlichen Charisma ist ein in der Geschichte typischer Vorgang. [...] Charisma ist typische *Anfangs*erscheinung religiöser (prophetischer) oder politischer (Eroberungs-) Herrschaften, weicht aber den Gewalten des Alltags, sobald die Herrschaft gesichert und, vor allem, sobald sie Massencharakter angenommen hat." [416]
Ob sich innerhalb des Schiismus in absehbarer Zukunft eine humanistische Perspektive entwickeln kann, hängt – mit Paul Tillich gesprochen – auch davon ab, wieweit der schiitische Mythos *gebrochen*, wieweit durch Überwindung der bloßen Ursprungsgebundenheit eine Reformation des Schiismus gelingt und damit Autonomie gegenüber den Ursprungsbindungen gewonnen wird.

Öffentliche Hinrichtungen finden im Iran häufig durch Erhängen statt. Seit 1989 dürfen Szenen wie diese nicht mehr fotographiert werden, da solche Fotos in der internationalen Presse dem Ansehen Irans schadeten.

Nachwort

Wie jede wissenschaftliche Arbeit über Khomeini, so läuft auch unsere religionswissenschaftliche Studie Gefahr, den islamischen Revolutionsführer in den Mittelpunkt einer bloß akademischen Diskussion zu rücken. Es hieße aber, den Mann und die politische Ideologie, die er symbolisiert, – es hieße Religion überhaupt verklären, würde man sich und den Leser nicht auch mit ihrem Grauen konfrontieren. Jede Wertung Khomeinis – sei sie nun durch politische Theorien, durch religiöse Sympathien oder durch wissenschaftliche Reflexion legitimiert – muß sich relativieren lassen durch die Hoffnungen, die die *Islamische Revolution* in der islamischen Welt zunächst weckte, – aber auch durch ihren Schrecken, ihre Gewalt und die zahlreichen Opfer, die sie bis heute fordert. Immer wieder wurde unsere Beschäftigung mit dem islamischen Revolutionsführer von Meldungen über Menschenrechtsverletzungen, Folter und Massenhinrichtungen im Iran unterbrochen, die die Relevanz unserer Diskussion verblassen ließen.
Die iranische Regierung gab noch bis 1985 Namen von Hingerichteten öffentlich bekannt; die Hinrichtungen selbst fanden häufig in aller Öffentlichkeit statt. Man weiß sogar von einem Fall, bei dem die am Galgen hängenden Leichen auf einem Wagen durch die Straßen gefahren wurden. Im Laufe der Jahre fanden jedoch immer mehr Hinrichtungen im geheimen statt und entziehen sich damit jeder Kontrolle. Ein Erlaß vom 17. Januar 1989 besagt, daß Hinrichtungen nicht mehr fotographiert werden dürfen, da solche Fotos immer wieder ihren Weg in die ausländische Presse fanden. Seit Ende 1988 sollen mehrfach Massenhinrichtungen politischer Gefangener in Gefängnissen stattgefunden haben. Verwandte erfuhren in vielen Fällen erst Monate nach der Hinrichtung davon. Ihnen wurde nicht einmal mitgeteilt, wo die Leichen begraben wurden.
Nach Darstellung von *Amnesty International* finden bis heute im Iran Hinrichtungen ohne vorangegangene Prozesse statt. In einigen Fällen dauerten Gerichtsverhandlungen nicht länger als wenige Minuten, ohne Verteidigung, ohne Zeugenvernehmung und ohne Einspruchmöglichkeit gegen das Urteil. Gemäß einer Weisung des obersten Richters Ayatollah Ardabili vom 20. Januar 1989 sollen Prozesse we-

gen Drogendelikten im Schnellverfahren durchgeführt werden. Spätestens zehn Tage nach der Tat sollen die Delinquenten hingerichtet sein. Wenig später begrüßte Ardabili die rasche Umsetzung seiner Richtlinien unter Hinweis auf konkrete Fälle, bei denen Prozeß und Hinrichtung innerhalb von Tagen erfolgten.

Laut Berichten von *Amnesty International* wurden im Iran zwischen 1979 und 1988 mindestens 7.512 Menschen hingerichtet. Tatsächlich könnte die Zahl jedoch wesentlich höher liegen. Die Namen von 1.428 iranischen Frauen, die allein in den Jahren 1981 bis 1985 im Iran hingerichtet worden sind, wurden 1989 in Berlin veröffentlicht. Von ihnen waren 187 noch unter 18 Jahren alt, davon neun Mädchen weniger als 13 Jahre, die Jüngste zehn Jahre alt. 32 Frauen waren zum Zeitpunkt ihrer Hinrichtung schwanger.

Allein von 1985 bis Mitte 1988 wurden im Iran 743 Menschen hingerichtet. „Die Gesetze über *ḥudūd* (Vergehen gegen den göttlichen Willen, im Singular *ḥadd*) und *qiṣāṣ* (Vergeltung) sind Teil des islamischen Strafgesetzbuches von Iran, das die Versammlung des iranischen Rates 1982 verabschiedet hat. Es sieht die Todesstrafe für eine Vielzahl von Straftaten vor, darunter vorsetzlicher Mord, Vergewaltigung und Verstoß gegen Moralvorschriften wie Ehebruch, Sodomie und wiederholter Konsum alkoholischer Getränke. Die Gesetze über *ḥudūd* und *qiṣāṣ* ermöglichen die Verhängung der Todesstrafe auch gegen Personen, die für schuldig befunden werden, ‚auf Erden korrupt' oder ‚ein Feind Gottes' zu sein. Diese interpretierbaren Begriffe können auch auf Oppositionelle angewandt werden, selbst wenn diese ihre politische Meinung gewaltfrei geäußert haben", schrieb *Amnesty International* in einem Report 1989.

In den vergangenen Jahren hat sich die Zahl der Hinrichtungen im Iran drastisch erhöht. In der zweiten Hälfte 1988 sollen mindestens 2000 politische Häftlinge bei Massenhinrichtungen in Gefängnissen des Irans in allen Teilen Irans getötet worden sein. Während nach offiziellen Angaben 1988 noch insgesamt 142 Hinrichtungen wegen krimineller Vergehen stattfanden, lag deren Zahl in der ersten Hälfte 1989 bereits über 250. *Amnesty International* zählte 1989 erneut einen sprunghaften Anstieg auf 1500 Hinrichtungen wegen krimineller Vergehen, davon über 1000 angeblich wegen Drogenhandels. Nach Ansicht von *Amnesty International* befanden sich unter den 79 Menschen,

Öffentliche Auspeitschung in Ghom.

die allein am 19. August 1989 in Hamedan, Raschd, Kermanschah und Schiraz wegen „Drogendelikten" hingerichtet wurden, mindestens fünf Männer, von denen angenommen werden muß, daß sie wegen politischer Aktivitäten hingerichtet wurden. In mehreren anderen Fällen liegen Amnesty ähnlich lautende Hinweise vor.

Von den 14.000 Häftlingen, die seit März 1989 wegen Drogenmißbrauchs im Iran inhaftiert wurden, erwartet 900 Menschen die Todesstrafe, wie Kiumars Abou, Beamter der iranischen Regierungsorganisation für Drogenbekämpfung, erklärte.

Während die Mehrzahl der Hinrichtungen im Iran durch Erhängen stattfindet, wurden 26 Steinigungen bekannt. Sie finden in der Islamischen Republik in der Regel wegen „sexueller Vergehen" statt, etwa Ehebruch oder Prostitution. Im April 1989 wurden in Buschehr zwölf Frauen und drei Männer in einem Fußballstadion zu Tode gesteinigt, wobei die Steine – nach einer Erklärung von Ayatollah Mohammed Gilani im iranischen Fernsehen vor einigen Jahren – nicht so groß sein dürften, daß sie das Opfer sofort töten, und nicht „zu klein, um noch als Stein definiert werden zu können". Die iranische Presse berichtete von tausenden Zuschauern und davon, daß in einigen Fällen die Öffentlichkeit sich an der Steinigung beteiligte. [417]

Anmerkungen

1 *Munzinger Archiv* / IH-Länder aktuell 40/1985 (Iran, Wirtschaft) u. *Munzinger Archiv* / IH-Länder aktuell 9/1987 (Iran, Wirtschaft).

2 Fariborz Riyahi: Ayatollah Khomeini, Frankfurt/M. 1986, S. 127 u. 132 (bezogen auf die britische Militärzeitschrift *Jane's Defence Weekly* vom 24. 4. 1984).

3 Bahman Nirumand: Genscher in der Zwickmühle, in: Der Krieg am Golf, Informationen des Komitees gegen den iranisch-irakischen Krieg, Bremen-Hamburg Juli–Sept. 1987, H. 1.

4 Ein Theologe in diplomatischer Mission: Gespür für die andere Dimension, Hans Küng reiste mit Außenminister Hans Dietrich Genscher in den Iran, in: Schwäbisches Tagblatt, 3. 12. 1988. – Das Treffen in Teheran soll übrigens nicht im Rahmen des „christlich-islamischen Dialogs" stattgefunden haben, und in der Zeitschrift *Islamochristiana* wurde es nicht näher erwähnt. Schon Anfang 1988 hatte in Hamburg ein ähnliches Treffen über „Religion und Gesellschaft; Wirtschaft und Politik; bilaterale Beziehungen" im Rahmen eines „Deutsch-Iranischen Kolloquiums" stattgefunden, an dem jeweils rund 20 Deutsche und Iraner teilnahmen. „In der iranischen Delegation lag der fachliche Schwerpunkt [...] deutlich im Bereich von Theologie und Philosophie. Beide Seiten werden durch z. T. hochrangige Vertreter der jeweiligen diplomatischen Dienste ergänzt." Man darf daher wohl davon ausgehen, daß solche Gespräche durchaus einen halboffiziellen Charakter haben. Ein weiteres Gespräch ist in Planung. Vgl. Deutsch-Iranisches Kolloquium: Religion und Gesellschaft; Wirtschaft und Politik; bilaterale Beziehungen, Hamburg 28.–30. März 1988, Hamburg 1989.

5 Bahman Nirumand: Iran – Kultur des Mordens und des Vergessens, in: *MIZ* 1/1989 (außerdem erschienen in: *Zitty* Berlin 3/1989 u. *Arbeiterkampf* 303/6. 2. 1989). – Zu den Auswirkungen des Hinrichtungsbefehls auf die auch 1989 noch florierenden Geschäfte zwischen BRD-Unternehmen und dem Iran siehe: Heinrich Rieker: Rushdies Schatten über dem Geschäft, in: *Rhein. Merk.*, 3. 3. 1989, sowie: „Ich fürchte, wir kommen in die Hölle", in: *Spiegel* 9/27. 2. 1989, S. 163 f.

6 Vgl. Äußerungen von Theologen in der Presse: Sayyid Abdullah Bokhari, Schahi, Imam der *Jama Moschee* in Neu Delhi und einer der mächtigsten islamischen Geistlichen Indiens, sprach ebenfalls eine *fetwa* aus, in der er die *fetwa* Khomeinis

bestätigte, Rushdie zu töten (Nicht ohne Schadenfreude, in: *taz*, 6. 3. 1989). Im Libanon forderte der Führer der schiitischen *Amal-Miliz*, Husain Musawi, die Moslems in Großbritannien dazu auf, den Mordbefehl Khomeinis auszuführen. Rushdie bezeichnete er als „Aids-Virus", das vom Westen geschickt worden sei, „weil sie herausgefunden haben, daß der Marsch des Islams auf der ganzen Welt vorankommt." (Kommandos wollen Rushdie töten, in: *SZ*, 27. 2. 1989). Sayyid Pasha, Generalsekretär des *Verbandes muslimischer Organisationen* in Großbritannien, über „solchen Schmutz": „Dieses Buch ist eine Verleumdung aller Muslims und eine Beleidigung des Propheten. [...] Es ist unsere Pflicht, uns gegen das zu wehren" („Die Satanischen Verse" u. der Aufstand von Bradford, in: *FR*, 25. 1. 1989). Sayyid Abdul Quddus, Sekretär des *Moscheenrates* in Bradford, drohte, er persönlich werde den Mordbefehl des Ayatollahs ausführen. Jeder Satz des Romans sei eine Blasphemie und „full of shit". Rushdie habe sich am Islam vergangen und gehöre aufgehängt. Ihn umzubringen sei kein Verbrechen, sondern ein Akt der Gerechtigkeit (Die böse Ahnung auf Seite 374, in: *SZ*, 21. 2. 1989; Satanische Verse, entsetzliche Worte, ebd., 16. 2. 1989). Salam Ghaffari, Botschafter der Islamischen Republik Iran im Vatikan, äußerte die „Hoffnung", daß es auch in Italien islamische Gläubige gebe, die zur Vollstreckung des Todesurteils gegen Rushdie bereit seien. Er sei bereit, Rushdie persönlich zu ermorden (Besorgnis im Vatikan über Drohungen aus Teheran gegen Rushdie, in: *KNA*, 18. 2. 1989; Iran bietet Gnade gegen Reue, in: *Kinz.Nachr.*, 18. 2. 1989). Der Imam der in Norwegen lebenden Moslems, Alama Mustak Chisti, kündigte an, falls das Buch in Norwegen verlegt werde, würden sich die Moslems an die *Europäische Menschenrechtskommission* wenden, weil der Glaube von einer Milliarde Moslems beleidigt werde (Kommandos wollen Rushdie töten, in: *SZ*, 27. 2. 1989).

Avraham Schapira, einer der beiden *Hauptrabbiner Israels*, sprach sich für ein Verbot des Romans aus. Er sei schockiert über die Auszüge aus dem Buch, die er gelesen habe: „Jeder religiöse Mensch muß sich durch eine Veröffentlichung wie diese verletzt fühlen. Wären wir nicht auch schockiert, wenn beispielsweise unser Urvater Moses oder die Propheten attackiert würden? Hier geht es nicht um Kritik, sondern um einen Angriff auf die Ehre der Religion" (Auch in Israel jetzt Ruf nach Rushdie-Verbot, in: *WAZ*, 7. 3. 1989; Niederländer mißbilligen Proteste der Moslems, in: *SZ*, 7. 3. 1989). Rabbiner Ravitz, Führer der orthodoxen *Degel Hatorah* in Jerusalem: Die Welt müsse aufhören, aus Rusdie einen Heiligen und Märtyrer zu machen. Sein Roman verletze die Gefühle von Millionen Moslems, weil es das Leben des Propheten und seiner Frauen in den Schmutz ziehe. So berechtigt die Proteste gegen Khomeinis Mordbefehl seien, so energisch müßten religiöse Menschen gegen die Verunglimpfung der Religion protestieren (In Teheran tobt der Kampf um die Macht, in: *Kinz.Nachr.*, 23. 2. 1989).

Der katholische Theologe Hans Küng äußerte die Ansicht, Rushdie habe die Gedanken- und Pressefreiheit über die Frage des Ethos und des Geschmacks gestellt. Er hätte wissen müssen, daß er unter Umständen mit einem Prozeß und mit entsprechenden Strafen rechnen müsse, wenn er mit dem Propheten Mohammed eine Person angreife, „die für Millionen Menschen eine lebendige Person, sozusagen die höchste unter Gott", sei (Auch in Israel jetzt Ruf nach Rushdie-Verbot, in: *WAZ*, 7. 3. 1989).

Robert Runcie, Erzbischof von Canterbury, trat in der Diskussion um das Rushdie-

Buch dafür ein, das englische Blasphemie-Gesetz auch auf den islamischen Glauben zu erweitern– eine Forderung, die auch von englischen Moslems gestellt wurde (Die böse Ahnung auf Seite 374, in: *SZ*, 21. 2. 1989). Der französische Erzbischof Decourtray verglich das Buch mit dem Film „Die letzte Versuchung Christi": „Unlängst wurden die Christen durch einen den Gottessohn entstellenden Film getroffen, jetzt sind es die Moslems durch ein Buch über ihren Propheten". Das Buch habe „wieder einmal zu einer Beleidigung der religiösen Gefühle von Gläubigen geführt". Gleichzeitig wandte er sich gegen „fanatische Reaktionen", die ebenfalls „Beleidigungen gegen Gott" seien (Fabius: Chomeini ist ein Mörder, in: *FAZ*, 28. 2. 1989; Fanatische Reaktionen sind auch eine Beleidigung Gottes, in: *KNA*, 23. 2. 1989; In Teheran tobt der Kampf um die Macht, in: *Kinz. Nachr.*, 23. 2. 1989). Kardinal John O'Connor, Erzbischof von New York, hatte „Sympathie für die verletzten Gefühle" der islamischen Gemeinschaft. Für einen Katholiken wäre es „dumm", dieses Werk zu lesen, sagte der Kardinal bei einem Gottesdienst in der St. Patrick-Kathedrale. „Es ist wichtig, daß die Muslime wissen, daß wir Angriffe auf ihren Glauben mißbilligen". Entschieden wandte er sich aber gegen „jede Art von Terrorismus und jede Form von Angriff gegen das Leben eines Bürgers". Seine Stellungnahme fiel jedoch so drastisch aus, daß ihm einen Tag später eine Reihe katholischer Schriftsteller „moralische Unempfindlichkeit gegenüber dem Schicksal von Herrn Rushdie und einen ökumenischen Eifer, der den Eindruck erweckt, er unterstütze Repression", vorwarfen (USA: Katholische Autoren fordern Unterstützung für Rushdie, in: *KNA*, 24. 2. 1989; Erzbischof von New York: „Satanische Verse" beleidigen Islam, ebd., 22. 2. 1989; In Teheran tobt der Kampf um die Macht, in: *Kinz. Nachr.*, 23. 2. 1989). Der Jesuit Robert Graham sagte in einem Zeitungsinterview, Revolutionsführer Khomeini habe nicht ganz unrecht in Bezug auf Rushdies Buch. Allerdings übertreibe der Ayatollah, wenn er den Schriftsteller wegen „Gotteslästerung" zum Tode verurteile (Erzbischof von New York: „Satanische Verse" beleidigen Islam, in: *KNA*, 22. 2. 1989). *Radio Vatikan* brachte „Solidarität mit den Muslimen" und „Verständnis für die Beleidigung ihrer religiösen Gefühle" zum Ausdruck (Radio Vatikan bekundet Solidarität mit Muslimen, in: *KNA*, 24. 2. 1989; Gegen Verhöhnung des Islam, in: *FR*, 25. 2. 1989).
Axel Freiherr von Campenhausen, Leiter des *Kirchenrechtlichen Instituts der Evangelischen Kirche in Deutschland*, sagte, die Beleidigung des Islam durch den Autor müsse energisch abgelehnt werden. Evangelische Christen hätten keinen Anlaß, die bewußte Verhöhnung einer Weltreligion als „besondere Freiheitstat" zu feiern. Die „barbarische Morddrohung" Khomeinis müsse aufs Äußerste mißbilligt werden (Gegen Verhöhnung des Islam, in: *FR*, 25. 2. 1989).

7 Killer sprechen von Gottesurteil, Fundamentalisten bekennen sich zu Doppelmord, in: *Kinz. Nachr.*, 1. 4. 1989; Drohungen gegen Moslem-Führer, in: *SZ*, 3. 4. 1989.

8 Egon Scotland: Radikale türkische Glaubensgemeinschaften in der Bundesrepublik, in: *SZ*, 5./6. 9. 1987.
Vgl. dazu ausführlich Karl Binswanger / Fethi Sipahioglu: Türkisch-islamische Vereine als Faktor deutsch-türkischer Koexistenz, Benediktbeuern 1988, und: Binswanger: Islamischer Fundamentalismus in der Bundesrepublik, Entwicklung – Bestandsaufnahme – Ausblick, in: Nirumand [Hg]: Im Namen Allahs. Islamische Gruppen und der Fundamentalismus in der Bundesrepublik Deutschland, Köln 1990.

9 Alle Zitate Chemalettin Kaplans nach der Fernsehreportage von Jürgen Roth/Yüksel Ugurlu: Die Ayatollahs von Köln, Radikale Muslime in der BRD, ausgestrahlt am 26. 4. 1988 um 19.30 Uhr, *ZDF*.

10 Ümmet-i Muhammed 15, 1. 2. 1989, zit. nach: Bundesminister des Innern [Hg]: Verfassungsschutzbericht 1989, Bonn 1990, S. 169.

11 Der Betrieb des Internats war bereits im Sept. 1987 vom Landesjugendamt Rheinland untersagt worden. Auch das Oberverwaltungsgericht in Münster hatte im Nov. 1987 entschieden, daß das Heim eine Gefahr für das Wohl der Kinder darstelle. Da das Heim dennoch weitergeführt wurde, ließ es das Innenministerium in Düsseldorf zweimal polizeilich räumen, wobei es zu gewalttätigen Auseinandersetzungen gekommen sein soll. Vgl.: Die Ayatollahs von Köln, in: *FR*, 26. 4. 1988; Kaplans Predigten sind in der Türkei zu haben, in: *FAZ*, 4. 5. 1988; Islamisches Internat in Köln geräumt, in: *FAZ*, 13. 5. 1988; Internat des „Khomeini von Köln" geräumt, in: *SZ*, 13. 5. 1988; Islamisches Internat zum zweitenmal geräumt; ebd., 31. 5. 1988; Das Islamische Internat muß geschlossen bleiben (*dpa*-Meldung), ebd., 1. 7. 1988. Vgl. auch: Bundesminister des Innern [Hg]: Verfassungsschutzbericht 1988, Bonn 1989, S. 167 f. (Islamische Extremisten).

12 Der „Verband Islamischer Vereine und Gemeinden", [Skript des] Islam-Archiv-Deutschland, Soest, 15. 11. 1989 [u. maschinenschriftl. Nachtrag zum Skript].

13 Vgl. Ömer Erzeren: Aksoy: Politischer Querdenker und Laizist, in: *taz*, 3. 2. 1990; ders.: Das Ende des Kemalismus?, ebd., 19. 3. 1990; ders.: Morde im Namen der „heiligen Nation", ebd., 9. 10. 1990; Wie ein Wundbrand, Der Vormarsch der Fundamentalisten bedroht d. Trennung von Staat u. Religion, in: *Spiegel*, 19. 3. 1990.

14 *KNA*, Presseerklärung 203, Aug. 1987 (Statistische Angaben vom *Islam-Archiv-Deutschland* in Soest).

15 Deutschsprachige Moslems: Keine Entscheidung in Anerkennungsfrage, in: *Materialdienst der EZW*, Aug. 1987.

16 Scotland, a.a.O.

17 Binswanger/Sipahioglu, a.a.O., S. 93.

18 Vgl. *Milli Gazette*, 14. 7. 1986, nach: Binswanger/Sipahioglu, a.a.O., S. 94 f.

19 ebd., S. 92.

20 Zu den „Grauen Wölfen" in der BRD vgl. auch Jürgen Roth/Berndt Ender: Das zensierte Buch, Geschäfte und Verbrechen der Politmafia, Berlin 1987; Scotland, a.a.O.; Binswanger/Sipahioglu, a.a.O., S. 61–71.

21 Deutschsprachige Moslems, a.a.O.

22 Martin Breuninger: Islamischer Unterricht, „In der Moschee machts mehr Spaß", in: *Zitty* Berlin, 15/1988.

23 Wer darf islamischen Religionsunterricht erteilen? Senat nicht zuständig, (*epd*-Meldung), in: *taz* (Berlin), 25. 7. 1987.

24 Vgl. Breuninger, a.a.O., 1988.

25 Scotland, a.a.O.; vgl. auch Karl Binswanger: Khomeinis Jünger zündeln auch am Rhein, in: *Rhein. Merk.* 33, 14. 8. 1987.

26 Binswanger/Sipahioglu, a.a.O., S. IV.

27 Bundesminister des Innern: Verfassungsschutzbericht 1988, S. 169 u. 177; ders.: Verfassungsschutzbericht 1989, S. 164.

28 Wolfgang S. Freund: Grenzen und Möglichkeiten des religiösen Integrismus, Ausgehend vom iranischen Beispiel, in: Schreiner/Becker/Freund [Hg]: Der Imam, Islamische Staatsidee und revolutionäre Wirklichkeit, St. Michael 1982, S. 288.

29 Persönliche Auskunft des Übersetzers des Buches von Halliday, Dr. Martin Pfeiffer (Berlin). Vgl. ebenfalls die „Besprechungen, Neuere Literatur zum Iran" von Ulrike Froneberg, in: Berliner Institut für vergleichende Sozialforschung [Hg]: Revolution in Iran und Afghanistan, Franfurt 1980.

30 Fred Halliday: Iran, Analyse einer Gesellschaft im Entwicklungskrieg, Berlin 1979, S. 10.

31 Freund: Grenzen und Möglichkeiten..., in: Schreiner/Becker/Freund, a.a.O., S. 289.

32 Nader Hassan/Ilse Itscherenska: [Vorwort der Übersetzer zur deutschen Ausgabe von] Ajatollah Khomeini: Der islamische Staat, Berlin/DDR 1983, S. 7.

33 George Carpozi: [Nachwort des Herausgebers:] Islamic Government by Ayatollah Khomeini, An Analysis, in: Ayatollah Khomeinis' Mein Kampf [o. O. u. J., um 1979]. Vgl. auch Luise Rinser: Khomeini und der Islamische Gottesstaat, Eine große Idee, Ein großer Irrtum?, Darmstadt 1979, S. 47: „Man sagte, Khomeinis fanatischer Haß gegen den Schah sei persönlicher Natur: Im November 1977 starb Khomeinis Sohn Mustafa, Lehrer für islamisches Recht in Ghom. Er starb so plötzlich, daß es auffiel und daß man diesen plötzlichen Tod in Verbindung bringen mußte mit dem einige Stunden zuvor beobachteten Besuch seltsamer Unbekannter. Er starb, so die öffentliche Meinung, vergiftet durch den Savak. [...] Es hieße aber Khomeini und sein Sendungsbewußtsein verkennen, glaubte man wirklich, daß er von privatem Haß getrieben war."

34 Ende, Werner: Ajatollah Chomeini, Der islamische Staat [Rezension der Übersetzung von Hassan/Itscherenska], in: *Welt des Islams* XXVI, 1986, S. 183-185.

35 *Munzinger Archiv* /Int. Biograph. Archiv, Lieferung 20/1979 – P-15491*a, 19. 5. 1979.

36 Rajaee, Farhang: Islamic Values and World View, Khomeyni on Man, the State and International Politics, Vol. XIII, Lanham-New York-London 1983.

37 Bahman Nirumand/Keywan Daddjou: Mit Gott für die Macht, Eine politische Biographie des Ayatollah Chomeini, Reinbek b. Hamburg 1987, S. 9.

38 Biographische Angaben enthalten u. a. folgende persischsprachigen Arbeiten: *Bīyōgrāfī-yi pīšwā* [ohne Ort, *Panždah Ḫurdād* ohne Jahr] (von Rajaee verwendet); Ali Davani: *Nahḍat-i ruḥāniyūn-i Īrān* [„Die Bewegung der religiösen Rechtsgelehrten im Iran"], 11 Bde., Teheran: *Bonyād-i Imām Riḍā*, 1360/1981-1983 (von Rajaee und Taheri verwendet); Muhammad S. Razi: *Ganǧīna-yi dānišmandān*, 8 Bde., Ghom: Pīrūz [ohne Jahr] (von Rajaee verwendet); Sayyid Hamid Rouhani: *Tāḥlīlī az nahḍat-i Imām Ḫumainī* [Interpretation der Bewegung Imam Khomeinis], Ghom: *Dār-al-fikr, Našr Asār* 1356/1977 (von Rajaee und vermutlich auch von Göbel verwendet); Sayyid Hamid Rouhani: *Bar-rasī-wa tāḥlīlī az nahḍat-i Imām*

Ḫumainī dār Īrān [Analyse und Überprüfung der Bewegung Imam Khomeinis im Iran], Ghom 1979 (von Riyahi verwendet); Sayyid Hamid Rouhani: *Nahḍat-i Imām Ḫumainī* [Bewegung Imam Khomeinis], Bd. 2, Teheran 1985 (von Nirumand/Daddjou verwendet); *Sar-goḏašta-yi wiǧa az zindigī-yi Imām Ḫumainī* [Biographische Notizen über das Leben Imam Khomeinis], 2 Bde., Teheran 1983 (von Nirumand/Daddjou verwendet); *Zindigī-nāma* [Biographie], 2 Bde., [ohne Ort] *Našr Fadak* 1394/1974 (von Rajaee und Nirumand/Daddjou verwendet); Khomeini: *Ḫumainī wa-ǧumbiš* [Khomeini und die Bewegung], [ohne Ort] *Panždah Ḫurdād* 1352/1973/74 (von Rajaee verwendet).

39 Rajaee (a.a.O., S. 25 u. 114 FN 1) beruft sich auf Geburtsurkunde und Paß Khomeinis und gibt als einziger Autor den 28. Aug. 1902 als Geburtsdatum Khomeinis an.

40 Encke, Nirumand/Daddjou, Nußbaumer und Hassan/Itscherenska nennen als Geburtsjahr 1902 (Ulrich Encke: Ayatollah Khomeini, München 1989, S. 29; Nirumand/Daddjou, a.a.O., S. 24; Hassan/Itscherenska, a.a.O. [Klappentext]; Heinz Nußbaumer: Khomeini, Revolutionär in Allahs Namen, München 1979, S. 23). Richard nennt Sept. 1902 (Yann Richard: Modern Iranian Political Thought, in: Keddie [Hg]: Roots of Revolution, New Haven-London 1981, S. 205). Riyahi und Göbel nennen den 24. Sept. 1902; Riyahi – unter Berufung auf das Isl. Führungsministerium d. Isl. Rep. Iran – auch das Jahr 1900 (Karl-Heinrich Göbel: Moderne schiitische Politik und Staatsidee, Opladen 1984, S. 142; Riyahi, a.a.O., S. 10). Das *Munzinger Archiv* (Int. Biograph. Archiv, 19. 5. 1979) nennt zunächst den 24. Sept. 1902 als Geburtsdatum, dann auch den 17. Mai 1900 (ebd., 15. 11. 1980 u. 34/1989; vgl. auch *Current Biography*, a.a.O., S. 207, wo unter Berufung auf das Magazin *Time* vom 16. 7. 1979 dieses Datum als ein ‚plausibles Datum' genannt wird). Hussain nennt den 9. April 1900 (Asaf Hussain: Islamic movements in Egypt, Pakistan and Iran, London 1983, S. 88). Göbel nannte unter Brufung auf eine persische Biographie den 24. Sept. 1902 und unter Berufung auf andere Quellen 1892/93 (Göbel, in: *Orient* 4/1978, S. 10–13). Rajaee gibt das Geburtsdatum nach Geburtsurkunde und Paß mit dem 28. Aug. 1902 an (Rajaee, a.a.O., S. 25). Das Isl. Führungsministerium d. Isl. Rep. Iran nennt das Jahr 1900: „Sein Geburtstag fiel, entsprechend dem Mondkalender, mit dem Jahrestag des gesegneten Geburtstages von Hazrat Fatima, der am höchsten geachteten Frau im Islam zusammen." (Isl. Führungsministerium der Isl. Republik Iran: Biografie von Imam Khomeini, Teheran 1982, S. 2). Taheri nennt den 9. Nov. 1902 als wahrscheinliches Geburtsdatum (Amir Taheri: Chomeini und die Islamische Revolution, Hamburg 1985, S. 29). Auch Taheri beschreibt eine Episode, nach der Khomeinis zukünftige Ehefrau geträumt habe, die Tochter des Propheten, Fatima, habe ihr verheißen: ‚Schwester, du wirst einen Mann heiraten, der an meinem Geburtstag geboren wurde'. Daraufhin wurde Khomeini von der Familie als Ehemann akzeptiert (ebd., S. 106). Göbel schreibt, Khomeini habe am 28. Okt. 1964 zum Widerstand gegen ein vom Parlament verabschiedetes Gesetz aufgerufen, an seinem eigenen Geburtstag und dem Geburtstag Fatimas (Göbel 1984, a.a.O., S. 183).

41 Hamid Algar: The Oppositional Role of the Ulama in Twentieth-Century Iran, in: Keddie [Hg]: Scholars, Saints, and Sufis, Berkeley–Los-Angeles–London 1972, S. 245.

42 Vgl. Nirumand/Daddjou, a.a.O., S. 26. Das *Munzinger Archiv* (Int. Biograph. Archiv, 15. 11. 1980), *Current Biography* (a.a.O., S. 207) und Rajaee (a.a.O., S. 25) sprechen allgemein von sechs Kindern, wovon Khomeini das jüngste gewesen sei. Nußbaumer und Hottinger schreiben lediglich von drei Söhnen (Nußbaumer 1979, a.a.O., S. 23; Arnold Hottinger: Ajatollah Chomaini und die Iranische Revolution, in: Meyers Großes Lexikon, Bd 7, S. 149).

43 Nußbaumer 1979, a.a.O., S. 23.

44 Carpozi, a.a.O., S. 135; Nußbaumer 1979, a.a.O., S. 25; *Munzinger Archiv*, a.a.O., 15. 11. 1980; vgl. Taheri, a.a.O., S. 25 f.

45 Richard 1981, a.a.O., S. 205.

46 Göbel 1978, a.a.O., S. 11.

47 Nirumand/Daddjou, a.a.O., S. 24. Vgl. auch Riyahi, a.a.O., S. 10 u. Göbel 1978, a.a.O. Danach starb Khomeinis Vater 1903 als Opfer eines Überfalls auf der Straße zwischen Khomein und Arak.

48 Nirumand/Daddjou, a.a.O., S. 24; Hottinger, a.a.O., S. 149; Taheri, a.a.O., S. 30 f.; Richard 1981, a.a.O., S. 205.

49 Nirumand/Daddjou, a.a.O., S. 24.

50 Taheri, a.a.O., S. 29 ff.

51 Taheri, a.a.O., S. 11 ff. u. 41; Nirumand/Daddjou, a.a.O., S. 9 u. 24. Auch die *Current Biography* nennt mehrere Versionen. Sie ist die einzige, die schreibt, Sayyid Mustafa sei während einer Pilgerfahrt in den Irak ermordet worden (a.a.O., S. 207).

52 *Munzinger Archiv*, a.a.O., 10. 2. 1979. Vgl. weitere Zusammenhänge im *Munzinger Archiv*, a.a.O., 15. 5. 1979 u. 15. 11. 1980 sowie dagegen *Munzinger Archiv* 27/1984 u. 34/1989.

53 Carpozi, a.a.O., S. 135.

54 Riyahi, a.a.O., S. 10; Taheri, a.a.O., S. 50. Auch die *Current Biography* (a.a.O., S. 207) erwähnt, die Mutter habe während des Prozesses gegen die Mörder ihres Mannes ausgesagt und dieser sei verurteilt und hingerichtet worden.

55 Nußbaumer: Khomeini – Revolutionär in Allahs Namen, a.a.O. (1979, 1. Aufl.), S. 20 und 22; ders.: Khomeini – Anarchie in Allahs Namen, München 1980 (2. Aufl.), S. 22. Vgl. Rinser, a.a.O., S. 73: „Sein Vater war Wanderprediger, dann Ayatollah, er hat lange in Indien gelebt, wohnte nach der Rückkehr mit seiner Familie in Armut, engagierte sich sozial, indem er gegen die Feudalherren predigte und Sozialreformen forderte, wofür er denn auch umgebracht wurde."

56 Nußbaumer 1979, a.a.O., S. 23.

57 Taheri, a.a.O., S. 31.

58 Taheri, a.a.O., S. 29. Diese Widersprüche wären möglicherweise dadurch zu erklären, daß Khomeinis Vater mehrere Frauen hatte. In der Literatur gibt es jedoch keinen Hinweis darauf.

59 Vgl. Taheri, a.a.O., S. 28 f. und Isl. Führungsministerium der Isl. Rep. Iran, a.a.O., S. 2. Nach Taheris Angaben heirateten Khomeinis Eltern 1887. Khomeinis Vater,

Sayyid Mustafa, war zu diesem Zeitpunkt 18 Jahre alt, seine Frau Sadiqeh neun Jahre. Der älteste Sohn wurde bereits 1890 oder 1891 geboren.

60 Taheri, a.a.O., S. 31.

61 Die *Current Biography* (a.a.O., S. 207) gibt den Namen von Khomeinis Mutter mit Hadschar Sagafi an. Vgl. Who's Who in the World, Illinois/USA 1987/88, S. 550.

62 Nirumand/Daddjou, a.a.O., S. 24. Vgl. Göbel 1984, a.a.O., S. 144 (bezogen auf die persische Biographie *Nahḍat-i Imām Ḫumainī*).

63 Daß ein Kind von Verwandten aufgezogen wird, ist im Iran auch heute noch, vor allem bei kinderreichen Familien, zu beobachten, wie uns eine Islamkundlerin mitteilte.

64 Nußbaumer 1979, a.a.O., S. 24.

65 Riyahi, a.a.O., S. 10. Vgl. auch Isl. Führungsministerium d. Isl. Rep. Iran, a.a.O., S. 2: „Von seinem 5. Lebensmonat an zogen ihn Sahiba, seine Tante väterlicherseits, und seine Mutter auf. Imam Khomeini litt in seiner Kindheit unter scharfen Anfeindungen. In seiner Kindheit war er seines Vaters beraubt worden. Als er 15 Jahre zählte, starb seine Tante unverhofft, und kurz danach verstarb auch seine Mutter. Solche Verluste jedoch dienten nur dazu, seine Willenskraft zu stärken."

66 Vgl. Taheri, a.a.O., S. 19, 20, 28 u. 33.

67 Nach Taheri, a.a.O., S. 17.

68 Vgl. Taheri, a.a.O., S. 22–25; Nirumand/Daddjou, a.a.O., S. 30 f. Ranghöchste *Sayyids* waren die *Tabatabais*, die sowohl väterlicherseits als auch mütterlicherseits von Mohammed abstammten, gefolgt von den *Hoseini-Sayyids*, die ihre Abstammung auf den dritten Imam Hosein zurückführen. Ihnen folgen im Rang die *Razawi-*, die *Hasani-* und *Musawi-Sayyids*. Nicht-*Sayyids* durften als Geistliche nur einen weißen und bei bestimmten Gelegenheiten einen cremefarbenen Turban tragen. Die äußeren Zeichen der Abstammung bei Geistlichen wurden 1930 von Schah Reza Khan abgeschafft.

69 Rajaee, a.a.O., S. X; Taheri, a.a.O., S. 28.

70 Taheri, a.a.O., S. 32.

71 Gustav Mensching: Die Weltreligionen, Wiesbaden 1989, S. 248. Vgl. auch eine ähnliche Darstellung bei Schimmel und Paret (Annemarie Schimmel: Und Muhammad ist Sein Prophet, Düsseldorf-Köln 1981, S. 11 f.; Rudi Paret: Mohammed und der Koran, Stuttgart-Berlin-Köln-Mainz 1980, S. 36 f.). Sie folgen im Wesentlichen einer Überlieferung der Lebensgeschichte Mohammeds durch Mohammed Ibn Ishâq, die etwa 120 Jahre nach Mohammeds Tod entstand und bereits ältere Berichte darüber zusammenfaßt (Vgl. Ibn Ishâq: Das Leben des Propheten, Aus d. Arabischen übertragen u. bearbeitet von Gernot Rotter, Tübingen-Basel 1976).

72 Schimmel, a.a.O., S. 11.

73 Paret 1980, a.a.O., S. 39, 41.

74 Taheri, a.a.O., S. 17.

75 Encke, a.a.O., S. 18.

76 Abdullaziz Abdulhussein Sachedina: Islamic Messianism, New York 1981, S. 70.

77 Historical Gazeteer of Iran, Vol 1: Theran and northwestern Iran [1918], [Hg. dieser Ausgabe: Ludwig W. Adamec], Graz 1976

78 Brugsch, Heinrich: Reise der königlich-preussischen Gesandtschaft nach Persien 1860/61, Leipzig: Heinrichs, 1862., Bd. 2, S. 19-24.

79 Taheri, a.a.O., S. 28.

80 Taheri, a.a.O., S. 37.

81 Taheri, a.a.O., S. 41.

82 Nirumand/Daddjou, a.a.O., S. 26.

83 Riyahi, a.a.O., S. 10 f.

84 Nußbaumer 1979, a.a.O., S. 24.

85 Nirumand/Daddjou, a.a.O., S. 27 f.

86 Taheri, a.a.O., S. 51.

87 Taheri, a.a.O., S. 41.

88 Taheri, a.a.O., S. 11 f. Vgl. *Current Biography*, a.a.O., S. 208.

89 *Current Biography*, a.a.O., S. 207.

90 Mensching, a.a.O., S. 248.

91 Taheri, a.a.O., S. 19 f.

92 Schimmel, a.a.O., S. 28 f.

93 Al-Baihaqi: Dalā'il an-nubuwwa, Bd. I, Medina 1969, S. 150 f., nach Schimmel, a.a.O., S. 30.

94 Schimmel, a.a.O., S. 39.

95 Schimmel, a.a.O.

96 Schimmel, a.a.O., S. 30.

97 Algar, a.a.O., S. 245.

98 Taheri, a.a.O., S. 11.

99 Nirumand/Daddjou, a.a.O., S. 9.

100 Nirumand/Daddjou, a.a.O., S. 355 f.

101 „The young Ruhollah began his education by studying Persian and Arabic languages and literature until 1919 with his older brother Mortaza Pasandida" – Rajaee, a.a.O., S. 25; Zur Stellung Mortazas vgl. Nußbaumer 1979, a.a.O., S. 24, u. Riyahi, a.a.O., S. 11.

102 Yann Richard: Der verborgene Imam, Berlin 1983, S. 102.

103 Taheri, a.a.O. S. 33.

104 Taheri, a.a.O., S. 120.

105 Taheri, a.a.O., S. 134 f.

106 *Munzinger Archiv*, a.a.O. (19. 5. 1979); Riyahi, a.a.O., S. 11.

107 Nirumand/Daddjou, a.a.O., S. 30.

108 Taheri, a.a.O., S. 41.

109 Göbel 1978, a.a.O., S. 11; Göbel 1984, a.a.O., S. 151 (bezogen auf *Nahḍat-i Imām Ḫumainī*).

110 In Anlehnung an Taheri, a.a.O., S. 46–49.

111 Taheri, a.a.O., S. 374 FN 7; Nirumand/Daddjou, a.a.O., S. 355 FN 1–10 u. S. 11–23.

112 *Ettela'at* [Teheraner Tageszeitung], 29. Aban 1359/20. Nov. 1980, nach Nirumand/Daddjou, a.a.O., S. 22 f.

113 Nach Rajaee (a.a.O., S. 25) u. Göbel (1984, a.a.O., S. 151) lebte Abdol Karim 1859–1937; Taheri (a.a.O., S.109) gibt das Jahr 1935, Göbel 1936/37 (Göbel 1978, a.a.O., S. 11). Riyahi jedoch 1927 als Todesjahr an (a.a.O., S. 11, beruht vermutlich auf einem Schreibfehler!).

114 Nirumand/Daddjou, a.a.O., S. 41. Vgl. eine ähnliche Darstellung bei Göbel 1984, a.a.O., S. 151.

115 Rajaee, a.a.O., S. 25; Göbel, a.a.O., S. 11.

116 Richard 1983, a.a.O., S. 50.

117 Taheri, a.a.O., S. 49.

118 Taheri, a.a.O., S. 63.

119 Taheri, a.a.O., S. 64.

120 Ruhollah Musawi Khomeini: *Kašf al-asrār*, Ghom 1961, S. 132, nach Taheri, a.a.O., S. 75.

121 Nirumand/Daddjou, a.a.O., S. 40 f.

122 Nirumand/Daddjou, a.a.O., S. 45.

123 Nirumand/Daddjou, a.a.O., S. 51.

124 Zur Befähigung zum *iǧtihād* siehe Riyahi, a.a.O., S. 11; *Munzinger Archiv*, a.a.O. (19. 5. 1979) und spätere Ausgaben. Göbel nennt das Jahr 1926/27 und 1927 (Göbel 1978, a.a.O., S. 11; Göbel 1984, a.a.O., S. 159 f.). – Dagegen schreibt Nußbaumer, daß Khomeini den *iǧtihād*-Grad erst im Sommer 1941 erhielt (Nußbaumer 1979, a.a.O., S. 46 u. 54).

125 Nirumand/Daddjou, a.a.O., S. 51; laut Rajaee (unter Berufung auf Rouhani) 1929 erschienen (Rajaee, a.a.O., S. 26 u. 114 FN 6).

126 Nirumand/Daddjou, a.a.O., S. 56.

127 Taheri, a.a.O., S. 95.

128 In der *Current Biography* (a.a.O., S. 208) ist offensichtlich diese Pilgerreise nach Maschhad gemeint, wenn es heißt, Khomeini habe mit 27 Jahren eine Pilgerreise nach Mekka unternommen. Tatsächlich erfolgte die Pilgerreise nach Mekka erst nahezu zehn Jahre später.

129 Taheri, a.a.O., S. 98.

130 Taheri, a.a.O., S. 100. Nirumand/Daddjou bezeichnen die schiitische Zeitehe etwas irreführend als „Prostitution auf islamisch". Tatsächlich gilt die Ehe auf Zeit für Sunniten als verboten.

131 Taheri, a.a.O., S. 103.

132 Nirumand/Daddjou, a.a.O., S. 53.

133 Taheri, a.a.O., S. 105 f.

134 Nirumand/Daddjou, a.a.O., S. 56 f.

135 Taheri, a.a.O., S. 106.

136 Taheri, a.a.O., S. 107.

137 Carpozi, a.a.O., S. 135; *Current Biography*, a.a.O., S. 211.

138 Taheri, a.a.O., S. 107 f.

139 Nußbaumer 1979, a.a.O., S. 35.

140 Taheri, a.a.O., S. 94.

141 Taheri, a.a.O., S. 109 f. [Hervorhebung im Zitat, G. T./F. H. R.]

142 Nußbaumer 1979, a.a.O., S. 46 f. [Hervorhebung im Zitat, G. T./F. H. R.] Zur Datierung der *iǧtihād*-Befähigung siehe auch unsere Anmerkung 124.

143 Nirumand/Daddjou, a.a.O., S. 51.

144 „By the time Ayat-Allah Ha'eri died [1937] Imam Khomeyni had already attained sound independent juridical knowledge and had become one of the distinguished mujtahids and a religious genius."– Rajaee, a.a.O., S. 25 (in Anlehnung an Rouhani). Eine ähnliche Einschätzung vertritt Göbel (1984, a.a.O., S. 160).

145 Taheri, a.a.O., S. 109.

146 Göbel 1984, a.a.O., S. 153; Taheri a.a.O., S. 110.

147 Taheri, a.a.O., S. 111.

148 Nirumand/Daddjou, a.a.O., S. 57 f.

149 Werner Ende; Udo Steinbach [Hg]: Der Islam in der Gegenwart, München 1984, S. 472.

150 Taheri, a.a.O., S. 115–117. Nach eigenen Angaben soll Khomeini bereits als 17jähriger im Umgang mit Waffen vertraut gewesen sein (Göbel 1984, a.a.O., S. 144).

151 Nirumand/Daddjou, a.a.O., S. 357 f.

152 Taheri, a.a.O., S. 117.

153 Nirumand/Daddjou, a.a.O., S. 60.

154 Taheri, a.a.O., S. 119; Göbel 1984, a.a.O., S. 161.

155 Nußbaumer 1979, a.a.O., S. 48.

156 Taheri, a.a.O., S. 120. Vgl. auch Nirumand/Daddjou, a.a.O., S. 65: „Es [Khomeinis Buch *Kašf al-asrār*] war einige Jahre zuvor geschrieben worden, konnte jedoch erst jetzt veröffentlicht werden."

157 *Munzinger Archiv*, a.a.O. (15. 11. 1980); Riyahi, a.a.O., S. 22 u. 109; Taheri, a.a.O., S. 120; Richard 1983, a.a.O., S. 102; Carpozi, a.a.O., S. 125; Isl. Führungsministerium d. Isl. Rep. Iran, a.a.O., S. 4.

158 Nirumand/Daddjou, a.a.O., S. 65; Riyahi, a.a.O.,.S. 22.

159 Rajaee (a.a.O., S. 27 f. u. 114 FN 17) führt eine Reprintausgabe an: Tehran: Islamiya 1363 Q/1943.

160 Khomeini: *Kašf al-asrār*, S. 239 u. 225, nach Nirumand/Daddjou, a.a.O., S. 65 f.

161 Wiedergegeben nach Isl. Führungsministerium d. Isl. Rep., a.a.O., S. 4 f.

162 Taheri, a.a.O., S. 121.

163 Taheri, a.a.O., S. 123; Nußbaumer 1979, a.a.O., S. 49.

164 Riyahi, a.a.O., S. 23.

165 Rajaee, a.a.O., S. 28 u. 115 (bezogen auf Rouhani u. ein Interview mit Ali Davani in Teheran, Juni 1982).

166 Nirumand/Daddjou, a.a.O., S. 75; Rajaee, a.a.O., S. 28.

167 Nirumand/Daddjou, ebd.

168 Nirumand/Daddjou, a.a.O., S. 74 ff.

169 Nirumand/Daddjou, a.a.O., S. 79.

170 Taheri, a.a.O., S. 132; Hans Georg Ebert/Henner Fürtig/Hans Georg Müller: Die Islamische Republik Iran, Berlin (DDR) 1987 u. Köln 1987, S. 34.

171 Taheri, a.a.O., S. 127; Göbel 1984, a.a.O., S. 165.

172 Taheri, a.a.O., S. 130.

173 Vgl. Nirumand/Daddjou, a.a.O., S. 82.

174 Vgl. Taheri, a.a.O., S. 124–134; Nirumand/Daddjou, a.a.O., S. 88. – Eine Beteiligung des CIA am Sturz Mossadeghs wird im Iran allgemein angenommen (vgl. auch *CISNU* : Iran 25 Jahre nach dem CIA-Putsch, Frankfurt Sept. 1978). Der Historiker Philipp W. Fabry stellt dies in Frage (Fabry: Zwischen Schah und Ayatollah, Gießen 1983, S. 92). – Zu den Aktivitäten des CIA im Iran siehe Günter Neuberger; Michael Opperskalski: CIA im Iran, Die Geheimdokumente aus der Teheraner US-Botschaft, Bornheim 1982. Die Autoren werfen auch die Frage auf, ob der bundesdeutsche Verfassungsschutz oder der Bundesnachrichtendienst (BND) in CIA-Geheimoperationen im Iran verwickelt war. Die *CISNU* hatte schon 1977 eine Zusammenarbeit des Verfassungsschutzes mit der iranischen Geheimpolizei SAVAK aufgedeckt (*CISNU* : Iran-Report zur Zusammenarbeit SAVAK – Verfassungsschutz, Frankfurt April 1977).

175 Taheri, a.a.O., S. 132.

176 Nirumand/Daddjou, a.a.O., S. 91.

177 Nirumand/Daddjou, a.a.O., S. 90.

178 Nirumand/Daddjou, a.a.O., S. 88 f.

179 Nirumand/Daddjou, a.a.O., S. 89.

180 Taheri, a.a.O., S. 133.

181 *Munzinger Archiv*, a.a.O. (10. 2. 1979, und spätere Ausgaben).

182 Taheri, a.a.O., S. 134. Nach Göbel erschien das Buch 1964 in Bursa, im türkischen Exil.

183 Vgl. Rajaee, a.a.O., S. 131-138.

184 Vgl. Taheri, a.a.O., S. 138.

185 Taheri, a.a.O., S. 138. Vgl. *Current Biography*, a.a.O., S. 207: Khomeini war demnach Ende der 50er Jahre Ayatollah, Anfang der 60er *Āyatūllah al-Uzma* („Groß-Ayatollah").

186 Taheri, a.a.O., S. 145 f. Vgl. dazu auch ebd. S. 51.

187 Richard 1983, a.a.O., S. 103.

188 Die Darstellung folgt im Wesentlichen Göbel 1984, a.a.O., S. 172.

189 Taheri, a.a.O., S. 144.

190 Taheri, a.a.O., S. 144.

191 Taheri, a.a.O., S. 145.

192 ebd.

193 Khomeini: *Tauzīh al-Masā'il* [Erklärung von Problemen] 1961, S. 19, nach Taheri, a.a.O., S. 147.

194 Riyahi, a.a.O., S. 22.

195 Taheri, a.a.O., S. 149

196 Nirumand/Daddjou, a.a.O., S. 93.

197 Nirumand/Daddjou, a.a.O., S. 97.

198 Rajaee, a.a.O., S. 29.

199 Ein solches Telegramm zitiert Rajaee (a.a.O., S. 29): „The State and Local Council Election Bill wich considers Muslims and non-Muslims (*kuffār*) as equal and replaces the Qur'an with ‚a divine book' in the swearing ceremony is not only a setback to real progress, it is contrary to the interest of Islam, the country and the kingship. Furthermore, it is contrary to the constitution and the aspirations of the absolute majority of the people."

200 Nirumand/Daddjou, a.a.O., S. 99.

201 Nirumand/Daddjou, a.a.O., S. 100.

202 Richard 1983, a.a.O., S. 103.

203 Nußbaumer 1979, a.a.O., S. 49.

204 Nußbaumer 1979, a.a.O., S. 50.

205 Nußbaumer 1979, a.a.O., S. 50 f.

206 Dem ‚Zusammenschluß der kämpfenden Gottesmänner' gehörten 1980 u. a. Scheich Haschemi Rafsandschani, Faslollah Mahallati, Scheich Mohsin ad-Din Anwari, Scheich Abbas Ali Hamid und Duktur Sarafrazi an (Göbel 1984, a.a.O., S. 174).

207 Mitglieder dieser Gruppe waren u. a. Hosein Beheschti, Ayatollah Mahmud Talighani, Musa as-Sadr, Mehdi Bazargan, Hosein Tabatabai (Göbel 1984, a.a.O., S. 174).

208 Rajaee, a.a.O., S. 25 u. 29. Vgl. Algar, a.a.O., S. 244.

209 Nirumand/Daddjou, a.a.O., S. 101.

210 ebd.

211 Nirumand/Daddjou, a.a.O., S. 103.

212 Taheri, a.a.O., S. 152.

213 Zit. nach Göbel 1984, a.a.O., S. 176.

214 Riyahi, a.a.O., S. 25.

215 Taheri, a.a.O., S. 153 f.

216 Riyahi, a.a.O., S. 25. Taheri (a.a.O., S. 154) nennt Hasan Nedschati u. Karim Borhan; Nirumand/Daddjou (a.a.O., S. 104) nennen den Theologiestudenten Sayyid Dschunes Rudbari. Vgl. auch Botschaft d. Isl. Rep. Iran [Hg]: Islamische Republik Iran, Bern 1986, S. 102.

217 Göbel 1984, a.a.O., S.176.

218 Taheri, a.a.O., S. 157 ff.

219 Taheri, a.a.O., S. 166.

220 *Munzinger Archiv*, a.a.O. (10. 2. 1979).

221 *Ḫumainī wa-ǧumbiš* [Khomeini und die Bewegung], Teheran 1979, S. 4 f., nach Nirumand/Daddjou, a.a.O., S. 108. Vgl. die gleiche Passage in anderer Übersetzung bei Roy Mottahedeh: Der Mantel des Propheten, München 1988, S. 168 f.

222 Mohammed hatte sich nach der ersten Offenbarung eines Engels zu seinem Schutz einwickeln lassen. Deshalb spricht ihn der Engel in diesem Zusammenhang mit „Du Eingewickelter" an. Vgl. Mensching, a.a.O., S. 250.

223 Nirumand/Daddjou, a.a.O., S. 245 f. u. 261.

224 Göbel 1984, a.a.O., S. 181.

225 Taheri, a.a.O., S. 173. Nach Berichten, auf die Rajaee (a.a.O., S. 31) bezieht, wurden mehr als 5000 Menschen getötet und noch viel mehr verwundet. Vgl. auch Isl. Führungsministerium d. Isl. Rep. (a.a.O., S. 13): „Es gibt keine Liste der Opfer, aber es wird von etwa 1500 berichtet, 400 allein wurden in Teheran und Ghom getötet." Vgl. ebenso Botschaft d. Isl. Rep., a.a.O., S. 103: „Das Regime antwortete mit Waffengewalt. In einem allgemeinen Massaker kamen Tausende von Menschen ums Leben." In einer Broschüre der Konföderation Islamischer Studenten (CISNU) heißt es: „Mit Polizei- und Armeeeinheiten wurde dieser Massenaufstand brutal zerschlagen. Das Resultat waren 15.000 Tote! Der 15. *Ḫurdād* ging als blutiger Tag in die Geschichte des Irans ein, jedoch auch als Höhepunkt des unberechenbaren Widerstandes breitester Bevölkerungsschichten gegen das faschistische Schah-Regime." (CISNU 1978, a.a.O., S. 35).

226 Isl. Führungsministerium d. Isl. Rep., a.a.O., S. 12 u.14.

227 Rajaee, a.a.O., S. 31.

228 Nirumand/Daddjou, a.a.O., S. 115.

229 Beide Zitate aus Reden vom April u. Juni 1964 nach Göbel 1984, a.a.O., S. 181.

230 Nirumand/Daddjou, a.a.O., S. 117.

231 Nirumand/Daddjou, a.a.O., S. 117. Vgl. die gleiche Passage in anderer Übersetzung bei Mottahedeh, a.a.O., S. 217.

232 Taheri, a.a.O., S. 216.

233 In Anlehnung an Göbel 1984, a.a.O., S. 180–182 u. 188–192.

234 Isl. Führungsministerium d. Isl. Rep. Iran, a.a.O., S. 16.

235 Nirumand/Daddjou, a.a.O., S. 120; Taheri, a.a.O., S. 187.

236 Isl. Führungsministerium d. Isl. Rep. Iran, a.a.O., S. 17.

237 Göbel, a.a.O., S. 184; Rajaee, a.a.O., S. 32. Taheri (a.a.O., S. 388) erwähnt als Aufenthaltsorte Khomeinis in der Türkei: Izmir, Ankara, Istanbul und Bursa.

238 Während Göbel schreibt, Khomeini habe in Bursa unter Hausarrest gestanden und keinen Besuch empfangen dürfen, berichten Nirumand/Daddjou gleich von mehreren Besuchen (Göbel 1984, a.a. O., S. 184 u. 188; Nirumand/Daddjou, a.a.O., S. 121–123).

239 Von dieser Darstellung weicht Taheri erheblich ab: „Den Türken wiederum machte es nichts aus ihn [Khomeini] ziehen zu lassen. Er stieß daher kaum auf Widerstand, als er um die Erlaubnis einkam, in den Irak zu reisen..." Außerdem behauptet Taheri, Khomeini habe sich bereits im Januar 1965 in Nadschaf befunden (Taheri, a.a.O., S. 187 ff.). Nirumand/Daddjou (a.a.O., S. 125) schreiben, Khomeini sei Anfang Sept. 1965 in Bagdad gelandet. Nach Rajaee wurde Khomeini dagegen erst am 5. Okt. 1965 von Bursa nach Nadschaf transferiert (Rajaee, a.a.O., S. 32).

240 Nirumand/Daddjou, a.a.O., S. 128.

241 Taheri, a.a.O., S. 189.

242 Zit. nach Göbel 1984, a.a.O., S. 202

243 Vgl. Göbel 1984, a.a.O., S. 203 f.

244 Zu den Beziehungen zwischen Khomeini u. der PLO siehe Göbel 1984, a.a.O., S. 204 ff.

245 Nirumand/Daddjou, a.a.O., S. 129.

246 Rajaee, a.a.O., S. 32.

247 Hassan/Itscherenska, a.a.O., S. 7; Rajaee, a.a.O., S. 32 u. 116 FN 47; Ende: [Rezension zu] Ajatollah Chomeini: Der islamische Staat [Übersetzung von Hassan/Itscherenska], in: *Welt des Islams* XXVI, 1986, S. 183–185.

248 Nirumand/Daddjou, a.a.O., S. 133.

249 Göbel 1984, a.a.O., S. 217 ff.

250 Als Todesdatum wird genannt: Okt. 1977, ohne genaue Angabe des Tages, bei Ulrich Tilgner: Umbruch im Iran, Reinbek 1979, S. 185. Den 23. Okt. 1977 nennen Nirumand/Daddjou (a.a.O., S. 158) und das Isl. Führungsministerium d. Isl. Rep. Iran (a.a.O., S. 22); den 25. Okt. 1977 nennt Taheri (a.a.O., S. 224); den 29. Okt. 1977 das *Munzinger Archiv* (a.a.O., 19. 5. 1979). Den 29. Nov. 1977 nennen als Todesdatum Göbel (1978, a.a.O., S. 12), Nußbaumer (1979, a.a.O., S. 108) und Ebert/Fürtig/Müller (a.a.O., S. 98). Carpozi nennt sogar 1978 als Todesjahr, allerdings auch 1933 als Geburtsjahr und errechnet dennoch ein Lebensalter Mustafas von nur 40 Jahren.

251 Die SAVAK-Hypothese wird von Ebert/Fürtig/Müller (a.a.O., S. 98) als wahr berichtet; jedoch selbst in der vom Isl. Führungsministerium d. Isl. Rep. Iran

herausgegebenen Biographie Khomeinis wird ein Giftmord nicht direkt behauptet (a.a.O., S. 22); andere Quellen stellen diese These lediglich zur Diskussion, z. B. Carpozi, Nußbaumer, Taheri und Tilgner.

252 Nirumand/Daddjou, a.a.O., S. 158.

253 Nußbaumer 1979, a.a.O., S. 108; Halliday, a.a.O., S. 265; Taheri, a.a.O., S. 224.

254 Nirumand/Daddjou, a.a.O., S. 159.

255 Vgl. Taheri, a.a.O., S. 209 ff.

256 Nirumand/Daddjou, a.a.O., S. 161. Vgl. insbesondere auch Taheri, a.a.O., S. 248; ferner Nußbaumer 1979, a.a.O., S. 109; Tilgner, a.a.O., S. 185; Ebert/Fürtig/Müller, a.a.O., S. 98.

257 Nirumand/Daddjou, a.a.O., S. 173.

258 Nirumand/Daddjou, a.a.O., S. 174; Taheri, a.a.O., S. 281.

259 Isl. Führungsministerium d. Isl. Rep. Iran, a.a.O., S. 23; Taheri, a.a.O., S. 282.

260 Nach Göbel begab Khomeini sich am 6. Okt., nach Rajaee am 7. Okt., nach anderen Quellen erst am 16. Okt. 1978 nach Frankreich.

261 Nirumand/Daddjou, a.a.O., S. 175; Taheri, a.a.O, S. 284.

262 Nirumand/Daddjou, a.a.O., S. 177.

263 *Munzinger Archiv*, a.a.O. (8. 11. 1980, Biographie: Beheschti).

264 Nirumand/Daddjou, a.a.O., S. 179 (nach einem Interview mit Hasan Schariatmadari, Sohn des Ayatollah Schariatmadari, im März 1986).

265 ebd.

266 Taheri, a.a.O., S. 283.

267 Isl. Führungsministerium d. Isl. Rep. Iran, a.a.O., S. 23.

268 Nirumand/Daddjou, a.a.O., S. 188.

269 Nirumand/Daddjou, a.a.O., S. 189.

270 Nirumand/Daddjou, a.a.O., S. 193.

271 Nirumand/Daddjou, a.a.O., S. 193 f.

272 Schapur Bakhtiyar fuhr übrigens 1938 als Beobachter zum Nürnberger Reichsparteitag; die Inszenierung Hitlers soll ihn angeblich veranlaßt haben, gegen den Faschismus aufzutreten.

273 Nirumand/Daddjou, a.a.O., S. 209.

274 Nirumand/Daddjou, a.a.O., S. 216.

275 Nach Nirumand/Daddjou, a.a.O., S. 220. Über das „Warten auf Khomeini" vgl. Göbel 1984, a.a.O., S. 125; Iran, Waiting for the Ayatullah, As the National Euphoria Ends, the Military Begins to Show its Muscle, in: *Time*, 5. 2. 1979; The Khomeini Era Begins, There is Hope for Peaceful Change as the Ayatullah Returns from Exile, in: *Time*, 12. 2. 1979.

276 Nirumand/Daddjou, a.a.O., S. 223 f.

277 *Ettela'at*, 15. Bahman 1357 (4. 2. 1979), nach Nirumand/Daddjou, a.a.O., S. 227.

278 *CISNU* 1978, a.a.O., S. 2, 39 u. 43. – Auf die heftigen Diskussionen unter iranischen Studenten in der Bundesrepublik, wie die Rolle Khomeinis einzuschätzen sei, geht auch Nirumand ein, der damals (wie Riyahi) Kreisen der *CISNU* nahestand (Bahman Nirumand: Iran, Hinter den Gittern verdorren die Blumen, Reinbek b. Hamburg 1985, S. 13, 28 ff. u. 54 ff.)

279 Nirumand/Daddjou, a.a.O., S. 245.

280 Nach Gudmar Aneer: Imām Rūḥullāh Khumainī, Šāh Muḥammad Riẓā Pahlavī and the Religious Traditions of Iran, Uppsala 1985, S. 69. Vgl. auch Göbel 1984, a.a.O., S. 128.

281 Nirumand/Daddjou, a.a.O., S. 248 f.

282 Nirumand/Daddjou, a.a.O., S. 304.

283 Vgl. Riyahi, a.a.O., S. 115. Zur ersten Besetzung der US-Botschaft siehe auch Fabry, a.a.O., S. 80 ff. Damals wurden vor allem islamo-marxistische Gruppen für die Botschaftsbesetzung verantwortlich gemacht.

284 Riyahi, a.a.O., S. 116.

285 Vgl. Nirumand/Daddjou, a.a.O., S. 277 ff.

286 Vgl. Riyahi, a.a.O., S. 116.

287 Vgl. Nirumand/Daddjou, a.a.O., S. 277.

288 Taheri, a.a.O., S. 332 f.

289 Nirumand/Daddjou, a.a.O., S. 281 f.

290 Nirumand/Daddjou, a.a.O., S. 297.

291 Taheri, a.a.O., S. 336.

292 Nach Göbel 1984, a.a.O., S. 236 f.

293 Riyahi, a.a.O., S. 117.

294 Göbel 1984, a.a.O., S. 238 f.

295 „‚Krieg, Krieg bis zum Sieg', ist eine Parole, die täglich mehrfach im Fernsehen und Rundfunk verkündet wird. Sie steht in den Zeitungen, an den Hauswänden, auf Transparenten." (Bahman Nirumand: Krieg, Krieg bis zum Sieg, in: Malanowski/Stern [Hg]: Iran – Irak, „Bis die Gottlosen vernichtet sind", Reinbek b. Hamburg 1987, S. 90, fast wörtlich auch in Nirumand/Daddjou, a.a.O., S. 347).

296 Wortlaut der *UN-Resolution 598* vom 20. Juli 1987, in: Der Krieg am Golf, a.a.O., S. 8.

297 Nirumand 1987: Krieg, Krieg ..., a.a.O., S. 95 f.

298 Vgl. Martin Robbe: Dschihad, Heiliger Krieg, Berlin 1989, S. 41 f.; Taheri, a.a.O., S. 351.

299 Werner Schmucker: Iranische Märtyrertestamente, in: *Welt des Islams* XXVII, 1987; Dawud Gholamasad: Weltanschauliche und sozialpsychologische Aspekte der iranischen Kriegsführung, Einige sozialpsychologische Aspekte des Martyriums der iranischen Kriegsfreiwilligen – eine Auswertung ihrer Testamente, in: *Orient* 30, 4/1989.

300 Schmucker, a.a.O., S. 242 f.

301 Nirumand 1987: Krieg, Krieg ..., a.a.O., S. 89 (fast wörtlich bei Nirumand/Daddjou, a.a.O., S. 346 f.). Der „Blutbrunnen“ wird in gleichem Zusammenhang von Robbe (a.a.O., S. 42) erwähnt. Bei Taheri findet sich im Abschnitt „Die Schlagworte der Revolution“ etwas abweichend die Parole „Der Islam ist ein Baum der Ewigkeit, er braucht Märtyrerblut zum Gedeihen“, ohne daß diese als Ausspruch Khomeinis gekennzeichnet ist (Taheri, a.a.O., S. 393).

302 Ausführlicher sind der Verlauf und Hintergrund des Krieges sowie die Verwicklung ausländischer Firmen dargestellt in Anja Malanowski /Marianne Stern: Iran – Irak, „Bis die Gottlosen vernichtet sind“, Reinbek b. Hamburg 1987. Darin befinden sich auch zwei Beiträge von Nirumand und einer von Hottinger. Eine Chronologie des Krieges bieten darin Anja Malanowski u. Beate Seel, während Michael Flitner über die Waffenexporte (auch der BRD) in den Iran und Irak berichtet. Weitere Hintergrundinformationen sind enthalten in: Der Krieg am Golf, a.a.O. Darin weitere Beiträge obengenannter Autoren u. ebenfalls eine Chronologie des Krieges von Febr. 1986–Aug. 1987, der Wortlaut der *UN-Resolution 598*, sowie Beiträge von Käthe Jans über Waffen- und Munitionslieferungen bundesdeutscher Firmen an den Iran. Dort auch Literatur zum Thema.

303 Über Aktivitäten der *Volksmuǧahidīn* berichtet die Zeitschrift *Iran Liberation, News Bulletin of the People's Mojahedin of Iran* (die auch in deutschsprachigen Ausgaben erscheint), während das *NLA Quarterly* (auf Hochglanzpapier u. Mehrfarbdruck herausgegebenes Vierteljahresmagazin) über Operationen der *National Liberation Army of Iran* informiert. Beide Zeitschriften sind über Bezugsadressen in der Bundesrepublik zu erhalten.

304 Nach Riyahi fand der Bombenanschlag auf die Parteizentrale erst am 28. Juni 1981 statt, 74 Persönlichkeiten (davon 27 Abgeordnete) wurden getötet. Nirumand/Daddjou nennen über 80 Tote. Taheri datiert das Attentat auf den 20. Juni. Es habe über 70 Tote gegeben (Vgl. Riyahi, a.a.O., S. 118; Nirumand/Daddjou, a.a.O., S. 328 f.; Taheri, a.a.O., S. 346).

305 Nach unterschiedlichen Darstellungen wurden für den Brand mal der iranische Geheimdienst SAVAK, später die Mullahs, mal die Anhänger Khomeinis oder die Volks*muǧahidīn* verantwortlich gemacht (Vgl. *CISNU* 1978, a.a.O., S. 45 f.; Taheri, a.a.O., S. 273 f.; Mottahedeh, a.a.O., S. 328; Nirumand 1985, a.a.O., S. 31 f. u. noch deutlicher Nirumand/Daddjou, a.a.O., S. 167).

306 Taheri, a.a.O., S. 346.

307 Vgl. Taheri, a.a.O., S. 348 f.; *Amnesty International* : Iran, Violations of Human Rights, London 1987.

308 Taheri, a.a.O., S. 355 f.

309 Taheri, a.a.O., S. 371 u. 373.

310 Nirumand/Daddjou, a.a.O., S. 354.

311 Encke, a.a.O., S. 188.; vgl. in diesem Zusammenhang den Titel „Ich fürchte, wir kommen in die Hölle“, der ebenfalls auf diese Äußerung Khomeinis anspielt, in: *Spiegel*, 27. 2. 1989.

312 Salman Rushdie: The Satanic Verses, London 1988, 547 S.

313 Zu nennen wären hier z. B. Salman Rushdie: Mitternachtskinder, München-Zürich 1983, 612 S. u. ders.: Scham und Schande, München-Zürich Piper, 1985, 340 S. Beide Bücher erschienen in persischer Übersetzung auch im Iran. Der Übersetzer erhielt 1987 den Preis für die beste Übersetzung (Khomeinis Machtkampf mit Satanischen Versen, in: *taz*, 6. 3. 1989).

Wiederkehrende Themen in Rushdies Romanen sind Identitätskonflikte, Entfremdung von Kultur und Religion, Konfrontationen von Menschen der Dritten Welt mit der Großstadt, mit der Moderne. Rushdies Romanhelden werden in fremde Kulturen geworfen und sind dadurch gezwungen, die eigene Kultur und Gesellschaft zu hinterfragen. So wird eine Wirklichkeit geschaffen, die sich auf verschiedenen Ebenen unterschiedlich darstellt, die vielschichtig und widersprüchlich, aber nie eindeutig ist. Seine Romanhelden suchen nach eigenen Lösungen, passen sich an, schlüpfen in verschiedene Rollen und wandeln sich im Laufe der Zeit. Diese Prozesse werden in Träumen, Phantasien, Metaphern dargestellt. Der Roman *Mitternachtskinder* spielt überwiegend in Indien, später in Pakistan. Der Held, (wie Rushdie) im Unabhängigkeitsjahr Indiens geboren, schildert seine bizarre Familiengeschichte, die gleichzeitig Geschichte Indiens ist. Eine Fülle von Versatzstücken indisch-islamischer Mythologie und europäischer Literatur werden mit Daten der Gegenwartsgeschichte und Zeitungsmeldungen verwoben. Immer wieder unterbricht der Autor seine Erzählung, um über seine Geschichte zu reflektieren: „Begehen Sie nicht den Fehler, das, was ich Ihnen eröffnet habe, als reines Delirium abzutun oder womöglich als die krankhaft übersteigerten Phantasien eines einsamen häßlichen Kindes. Ich habe zuvor festgestellt, daß ich nicht bildlich spreche; was ich gerade geschrieben [...] habe, ist nichts als die lautere Wahrheit, ich schwöre bei-den-Haaren-meiner-Mutter. Wirklichkeit kann Metaphorisches zum Inhalt haben, das macht sie nicht weniger wirklich. Tausendundein Kind wurde geboren, tausendundeine Möglichkeit gab es, die es nie zuvor an einem Ort und zu einer Zeit gegeben hatte, tausendundeine Sackgasse gab es. Die Mitternachtskinder können für viele Dinge stehen, [...]“ (Rushdie 1983: Mitternachtskinder, a.a.O. , S. 263).

Der Romanheld hört als Kind Stimmen (ausgelöst durch eine Stirnhöhlenerkrankung) und glaubt zunächst an eine göttliche Offenbarung. Er vergleicht sich mit Moses und Mohammed: „Auf dem Berg Sinai hörte der Prophet Musa oder Moses Gebote, die nicht von einem Körper stammten; auf dem Berg Hira sprach der Prophet Muhammad (auch als Mohammed, Mahomet, der Vorletzte und Mahound bekannt) zum Erzengel (Gabriel oder Jibreel, wie Sie wollen). [...] Muhammad (über dessen Namen wir uns nicht streiten wollen, möchte ich hinzufügen; ich möchte niemanden beleidigen) hörte eine Stimme sagen ‚trag vor!‘ und dachte, er würde verrückt; ich hörte zuerst einen Kopfvoll plapperndes Gerede wie in einem nicht exakt eingestellten Radio, und da mir durch mütterliches Gebot die Lippen versiegelt waren, konnte ich auch nicht um Trost bitten.“ Die Identifikation des Romanhelden mit dem Propheten greift Salman Rushdie im Roman *Satanische Verse* wieder auf. An anderer Stelle verteidigt der Romanheld in den *Mitternachtskindern* seine Wahrnehmung von Wirklichkeit: „‚Ich habe euch die Wahrheit gesagt‘, sagte ich noch einmal. ‚Die Wahrheit der Erinnerung, denn die Erinnerung hat ihre eigene, besondere. Sie wählt aus, eliminiert, verändert, übertreibt, untertreibt, verherrlicht und schmäht auch, aber letzten Endes schafft sie ihre eigene Realität, ihre heterogene, doch in der Regel zusammenhängende Version der Ereignisse, und kein menschliches Wesen bei gesundem Verstand traut je der Version eines anderen mehr als seiner eigenen.'" Und gegen den Vorwurf, er sei vielleicht verrückt, wehrt er sich: „,Selbst Mohammed', sagte ich, ,hielt sich zuerst für wahnsinnig: glaubt ihr, der Einfall sei mir nie gekommen? Der Prophet aber hatte seine [Frau] Khadija, seinen Abu Bakr, die ihn von der Echtheit seiner Berufungen überzeugten; niemand lieferte ihn Irrenhausärzten aus.' [...] ,Was ist Wahrheit?' Ich wurde rhetorisch. ,Was ist geistige Gesundheit? Ist Jesus aus dem Grab auferstanden? Glauben Hindus nicht [...], daß die Welt eine Art Traum sei, daß Brahma das Universum träumte und es immer noch träumt; daß wir nur undeutlich durch dieses Traumgespinst, das die Maja ist, hindurchsehen? [...] Wenn ich sage, daß sich gewisse Dinge ereigneten, die du, in Brahmas Traum versunken kaum glauben kannst, wer von uns hat dann recht?'" (ebd., S. 214 f. u. 276 f.) Die Relativierung von Wahrheit (und damit auch von religiösen und politischen Dogmen) ist Bestandteil von Rushdies Erzähltechnik als auch Inhalt seiner Romane. In Indien wurde der Roman *Mitternachtskinder* verboten, weil sich Indira Gandhi darin verunglimpft sah. Sie wird darin mehrfach genannt (ebd., S. 505 u. 550 f.).

Rushdies zweiter Roman *Scham und Schande* spielt überwiegend in Pakistan. In Randbemerkungen setzt sich Rushdie wieder mit dem Kulturkonflikt auseinander. Der Titel (im Englischen: *Shame*) erklärt sich aus einer Zeitungsmeldung über einen pakistanischen Vater in einem Londoner Viertel, der seine Tochter mit einem Messer tötete. Er hatte sie verdächtigt, mit ihrem Freund geschlafen zu haben. Diese Schande konnte nur durch den Tod der Tochter gesühnt werden. Rushdie baut diese Geschichte in die Erzählung ein. An anderer Stelle reflektiert er über die Diktatur in Pakistan, die er als islamische Theokratie bezeichnet: „Pakistan ist nicht Iran. Das mag eine sonderbare Bemerkung über ein Land sein, daß bis zu Khomeinis Zeiten eine der beiden einzigen Theokratien auf Erden war (Israel ist die andere), aber ich bin der Meinung, daß Pakistan nie eine von Mullahs beherrschte Gesellschaft war. [...] Was ich sage, wird vom gegenwärtigen Regime in diesem glücklosen Land wahrscheinlich mit dem Bannfluch belegt werden. Sei's drum. [...] Der sogenannte islamische Fundamentalismus gründet in Pakistan nicht im Volk. Er ist ihm von oben auferlegt. Autokratische Regimes finden es nützlich, sich der Rhetorik des Glaubens zu bedienen, weil das Volk diese Sprache achtet, sich ihr ungern widersetzt. Auf diese Weise unterstützen Religionen Diktatoren; sie hüllen sie in Worte der Macht, Worte, die das Volk ungern angezweifelt, entrechtet, verhöhnt sieht. [...] Am Ende stößt der Glaube einem auf, man verliert den Glauben an den Glauben, wenn nicht in seine Eigenschaft als Glaube, so gewiß an den Glauben als Basis für einen Staat. Und dann stürzt der Diktator, es stellt sich heraus, daß er Gott mit sich herabgezogen hat, daß der Mythos, der die Nation rechtfertigen sollte, vernichtet worden ist. Es bleiben nur zwei Möglichkeiten: Desintegration oder eine neue Diktatur... nein, es gibt eine dritte, und ich will nicht so pessimistisch sein, sie als Möglichkeit zu leugnen. Die dritte Möglichkeit ist das Ersetzen des alten Mythos durch einen neuen. Hier sind drei solcher Mythen, die alle kurzfristig lieferbar sind: Freiheit, Gleichheit, Brüderlichkeit. Ich empfehle sie wärmstens." (ebd., S. 295 f.) Der Roman wurde unter dem damaligen Militärdiktator Zia ul-Haq in Pakistan verboten.

314 Vgl. den Artikel: Salman Rushdie, Satanic Storm [verschiedene Autoren], in: *India Today*, 15. 3. 1989, S. 14 ff.

315 Die Chronologie der Rushdie-Affäre, Volkszorn und Staatsterrorismus, in: *FAZ*, 22. 2. 1989. Die *Islamic Foundation* in Leicester bezeichnet sich als eine „educational and research organisation devoted to make Islam a living reality in our age. For this purpose, it aims at improving human communication and develping a better understanding of Islam among all the people of the world, Muslim and non-Muslim, so as to galvanise man to the message and ideal of the God and the unity of mankind, as brought by all the Prophets of God throughout the ages..." Die *Islamic Foundation* gibt seit Anfang der 80er Jahre in regelmäßiger Folge den *Muslim World Book Review* heraus, in dem Neuerscheinungen von und über Moslems und Islam angezeigt und (aus moslemischer Sicht) kritisch rezensiert werden. Gelegentlich veröffentlichte auch Faiyazuddin Ahmad darin. Insofern erklärt sich, daß Rushdies Buch dort unmittelbar nach Erscheinen gesichtet wurde.

316 Encke, a.a.O., S. 172.

317 Die Bedrohung von Autoren ist (auch in der Bundesrepublik) nicht neu. So wurden hier gegen zwei Autoren, auf die wir uns u. a. bei dieser Arbeit stützen, ernstzunehmende Morddrohungen ausgesprochen (eine von iranischen Khomeini-*Gegnern*). Mehrere Journalisten und Rundfunkredakteure erhielten Morddrohungen von islamischen Fundamentalisten. Ende 1987 wurden drei großen deutschen Tageszeitungen Todesurteile zugestellt, die Journalisten galten, welche über den Angriff von Khomeini-Anhängern während der Pilgerfahrt in Mekka berichtet hatten. „Im vergangenen Jahr veröffentlichte die in London erscheinende arabische Zeitschrift *an-Naqid* in ihrer ersten Juli-Nummer einen Text, der in sämtlichen arabischen Ländern auf Kassetten [...] verbeitet wurde. In diesem Text wird ‚im Namen Allahs und seines Propheten Mohammed' eine halbe Hundertschaft bekannter arabischer Intellektueller aus den verschiedensten Ländern mit dem Tod bedroht: ‚wegen Verrats am Islam'." Unter ihnen befinden sich die Namen bekannter Dichter, Schriftsteller und Denker der arabischen Welt, etwa Adonis (Libanon), Fatima Mernissi (Marokko) und Edward Kharat (Ägypten). Einige von ihnen leben in Europa im Exil. Auch der libanesische Denker Hassine M'roua und der linksintellektuelle Demokrat Mehdi Amal standen auf dieser Liste. Beide wurden inzwischen ermordet (Vgl. Das Schwert und die Feder im Islam, Betrachtungen zum neuen „satanischen Verdikt" Khomeinis gegen Salman Rushdie, in: *SZ*, 25. 2. 1989).
In den Wochen nach dem Hinrichtungsbefehl Khomeinis, der durch die *fetwa* eines hohen islamischen Geistlichen in Indien bekräftigt wurde, gab es in ganz Europa nicht nur Demonstrationen gegen Rushdie, sondern auch zahlreiche Solidaritätserklärungen für den Autor. An der Auseinandersetzung um Rushdies Roman ließe sich der Konflikt zwischen Fundamentalismus und Moderne in europäischen Staaten exemplarisch studieren, wie er sich nur wenige Wochen zuvor in der Auseinandersetzung um den Film *Die letzte Versuchung Christi* von Martin Scorsese bereits gezeigt hatte (vor dessen Uraufführungen es heftige, zum Teil handgreifliche Auseindersetzungen mit christlichen Fundamentalisten gab): In Paris starb ein Mensch nach einem Brandanschlag auf ein Kino, für den eine Gruppe „Wege zum Christentum" verantwortlich gemacht wurde. In der Bundesrepublik forderten zahl-

reiche Anzeigen bei der Staatsanwaltschaft Frankfurt ein Verbot des Films. Schon die Filmvorlage, der Roman *Die letzte Versuchung* des berühmten griechischen Autors Nikos Kazantzakis aus dem Jahre 1951, hatte heftige Proteste der orthodoxen Kirchen hervorgerufen. 1954 war das Buch auf den päpstlichen Index der für Katholiken verbotenen Bücher gesetzt worden. Und nach dem Tod des Autors war eine kirchliche Beerdigung in seiner Heimat verweigert worden. Die Auseinandersetzungen um den Roman und seine Verfilmung sind in vielerlei Hinsicht mit der Auseinandersetzung um den Roman von Rushdie vergleichbar (Vgl. ausführlich Ernst-Ludwig Richter: Die letzte Versuchung, Der Roman und seine Verfilmung, in: *MIZ* 4/1988).

318 Rushdie bezog sich ausdrücklich auf den kanonischen Lehrmeister al-Tabari (Salman Rushdie: Ein Buch brennt leicht! Mein Buch ist kein antireligiöser Roman, in: *Stern* 9/1989, S. 28). Vgl. auch die Sure 53, 19–25 und den Kommentar dazu von Kurt Rudoplph, in: Der Koran [Übersetzung von Max Henning um 1901], Wiesbaden [o. J., nach 1971], S. 479). Zur Ablehnung der Benennung von Engeln mit weiblichen Namen siehe Sure 53, 28 f.

319 Rushdie 1989: Ein Buch brennt leicht!, a.a.O.

320 Inzwischen ist insbesondere im englischen Sprachraum ein Fülle von Büchern zu den *Satanischen Versen* erschienen. Vgl. Ziauddin Sardar: A Postmodern War of the Wor(l)ds, in: *Muslim World Book Review* 10, 3/1990 oder Malise Ruthven: A Satanic Affair, Salman Rushdie and the Rage of Islam, London 1990 (dort auch jeweils weitere Literatur).

321 Fatima Mernissi: Geschlecht, Ideologie, Islam, München 1989; dies.: Der politische Harem, Mohammed und die Frauen, Frankfurt 1989.

322 Eine Passage in den *Satanischen Versen* beschreibt, wie der Romanheld – ein indischer Filmstar – den es nach Großbritannien verschlagen hat, sich in den Imam verwandelt: „[...] the bearded and turbaned Imam. Who is he? An exile. [...] Exile is a dream of glorious return. Exile is a vision of revolution: Elba, not St Helena. It is an endless paradox: looking foreward by always looking back. [...]
The Imam is the enemy of images. When he moved in the pictures slid noiselessly from the walls and slunk from the room, removing themselves from the rage of his unspoken disapproval. [...] The curtains, thick golden velvet, are kept shut all day, because otherwise the evil thing might creep into the apartement: foreigness, Abroad, the alien nation. [...]
The Imam has often vented his rage upon the memory of the late Aga Khan, as a result of being shown the text of an interview in which the head of the Ismailis was observed drinking vintage champagne. ‚O, sir, this champagne is only for outward show. The instant it touches my lips, it turns to water.‘ Fiend, the Imam is wont to thunder. Apostate, blesphemer, fraud. When the future comes, such individuals will be judged, he tells his men. Water will have its day and blood will flow like wine. Such is the miraculous nature of the future of exiles: what is first uttered in the impotence of an overheated apartment becomes the fate of nations.“ – „The Imam is a massive stillness, an immobility. He is living stone. His great gnarled hands, granite-grey, rest heavily on the wings of his high-backed chair. His head, looking too large for the body beneath, lolls ponderously on the surprisingly scrawny neck

that can be glimpsed through the grey-black wisps of beard. The Imam's eyes are clouded; his lips do not move. He is pure force, an elemental being; he moves without motion, acts without doing, speaks without uttering a sound. He is the conjurer and history is his trick.
No, not history: something stranger." (Rushdie: The Satanic Verses, a.a.O., S. 205–209).

323 Encke, a.a.O., S. 171.

324 Encke, a.a.O., S. 178; vgl. auch: „Ich fürchte wir kommen alle in die Hölle", in: *Spiegel* 9/1989 (27. 2. 1989), S. 165.

325 Massaker ohne Gerichtsverfahren, in: *taz*, 28. 4. 1989 (Faksimile in: Prov. Frauenkomitee gg. Hinrichtungen im Iran [Hg]: Bericht über 83 gefangene Frauen im Iran, Berlin [o. J.], S. 69 f.).

326 Angaben u. Zitat nach Raj Chengappa: Iran after Khomeini, Alarm and Insecurity, in: *India Today*, 30. 6. 1989; „Ich fürchte wir kommen alle in die Hölle", in: *Spiegel* 9/1989.

327 Encke, a.a.O., S. 173 f.

328 Encke, a.a.O., S. 181.

329 Taheri, a.a.O., S. 367.

330 Encke, a.a.O., S. 182.

331 Encke, a.a.O., S. 181–188.

332 *Spiegel* 24/1989, S. 166.

333 Prov. Frauenkomitee gg. Hinrichtungen im Iran, a.a.O.

334 UNO stellt in Iran anhaltend schwere Menschenrechtsverletzungen fest, in: *Tsp*, 17. 11. 1989 (Faksimile in: Prov. Frauenkomitee gg. Hinrichtungen im Iran, a.a.O., S. 68).

335 *taz*, 12. 6. 1989 [Bildunterschrift].

336 Chengappa, a.a.O.

337 „Die einzige Staatsform, die die Vernunft bejaht, ist der Gottesstaat. Der Schöpfer hat bestimmt, daß man ihm, dem Propheten und dem Herrscher gehorcht." – „Wir wollen, daß das Land nach islamischen Gesetzen regiert wird, und dies ist ohne eine Oberaufsicht der Geistlichkeit nicht möglich." – „Was spricht dagegen, daß das Parlament, so wie auch das Gesetz es vorschreibt, durch fromme Schriftgelehrte gebildet oder ihrer Kontrolle unterstellt wird?" Khomeini: *Kašf al-asrār*, nach Nirumand/Daddjou, a.a.O., S. 66 ff.

338 S. A. Tokarew: Die Religion in der Geschichte der Völker, Köln-Berlin 1968, S. 690.

339 Elias Canetti: Masse und Macht, Frankfurt/M. 1986, S. 164.

340 Schimmel, a.a.O., S. 18.

341 Klaus Heinrich: Die Funktion der Genealogie im Mythos [1963], in: ders.: Vernunft und Mythos, Ausgewählte Texte, Frankfurt/M. 1983, S. 12 f.

342 Sussan Azarine: Frauen in der islamischen Bewegung, in: Tilgner, a.a.O., S. 126 f.

343 ebd., S. 131 f.

344 Schmucker, a.a.O., S. 236.

345 Schmucker, a.a.O., S.226 f.

346 Udo Singer: Massenselbstmord, Stuttgart 1980.

347 Heinrich, a.a.O., S. 15.

348 Algar, a.a.O., S. 233.

349 Hans G. Kippenberg: Jeder Tag Ashura, jedes Grab Kerbala – Zur Ritualisierung der Straßenkämpfe im Iran, in: Berliner Institut für Vergleichende Sozialforschung [Hg], Religion und Politik im Iran, *mardom nameh* – Jahrbuch zur Geschichte u. Gesellschaft d. Mittleren Orients, Frankfurt/M. 1981, S. 243.

350 ebd., S. 244.

351 ebd.

352 Eine erste Analyse von Revolutionsplakaten findet sich bei William L. Hanaway: The Symbolism of Persian Revolutionary Posters, in: Rosen [Hg]: Iran since the Revolution, New York 1985. Eine umfangreiche Sammlung von Revolutionsplakaten findet sich in: The Graphic Art of the Islamic Revolution, hg. Art Bureau of the Islamic Propagation Organization, [o. O., 1985]. Vgl. auch Plakatdarstellungen u. a. bei Aneer, Fabry und Stein.

353 Vgl. die Suren 2, 46 ff.; 7, 101 ff.; 10, 76ff.; 17, 103 ff.; 20, 25–81; 26, 10–68; 28, 30 ff. (nach: Der Koran [Übersetzung M. Henning], a.a.O.). Vgl. ebenso Altes Testament Ex. 7, 8–13.

354 Robbe, a.a.O., S. 120 ff.; Thomas Mooren: Hermeneutische Strategien im gegenwärtigen Islam, in: *Zeitschrift f. Missionswissenschaft u. Religionswissenschaft* 3/1989, S. 216 u. 218.

355 Aneer, a.a.O., S. 68 f.

356 Der Begriff *Islamische Renaissance* soll um den iranischen Religionssoziologen Ali Schariati entstanden sein, der 1977 in London unter ungeklärten Umständen starb (Vgl. Die Kunst menschlich zu sein. Islamische Renaissance im Denken u. Werk des Dr. Ali Schariati, in: Schreiner/Becker/Freund, a.a.O., S. 54 ff.).

357 Johannes Reissner: Die militant-islamischen Gruppen, Die „Re-Islamisierung" der siebziger Jahre, in: Ende/Steinbach, a.a.O., S. 484.

358 Durán Khálid: Die Stellung des Islams und des islamischen Rechts in ausgewählten Staaten, in: Ende/Steinbach, a.a.O., S. 292 f.

359 Thomas Meyer: Fundamentalismus, Aufstand gegen die Moderne, Reinbek b. Hamburg 1989, S. 18.

360 Wolfgang S. Freund verwendet den Begriff *Integrismus* auch im Gegensatz zu *Laizismus*. „Die Entwicklung der letzten Jahrzehnte zeigt, daß der ganze Vordere Orient – ob islamisch, jüdisch oder christlich – von einer religionsnahen ‚integristischen' Polit- und Sozialkultur geprägt bleibt, die unwahrscheinlich erscheinen läßt, daß Entwicklungen à l'européenne – auf strikter Trennung von ‚Staat' und ‚Kirche' fußend – in absehbarer Zeit [...] dort stattfinden können" (Freund: Grenzen u.

Möglichkeiten des religiösen Integrismus, ausgehend vom iranischen Beispiel, in: Schreiner/Becker/Freund, a.a.O., S. 291). Reinhard Schulze spricht dagegen von einem *Integrationismus* (in Abgrenzung zu *Isolationismus*) islamischer Gruppen, die sich durch die Teilnahme am Staat und an bestehenden gesellschaftlichen Prozessen in die Machtinstitutionen integrieren lassen wollen, „um dadurch eine Islamisierung der herrschenden Ordnung zu erreichen. Entsprechend formuliert die islamische Ideologie eine Integration der bestehenden Werte der kolonialen Gesellschaft in die islamische Weltsicht, indem diese Werte als ursprünglich islamisch herausgestellt werden." Schulze nennt in diesem Zusammenhang die Forderung nach „islamischen" Banken und Genossenschaften, nach „islamischen" Rechtsnormen und die Bereitschaft, über Teilnahme an Wahlen politische Macht zu erhalten (R. Schulze: Zum Hintergrund islamischer politischer Bewegungen, in: Nirumand [Hg] 1990, a.a.O., S. 16). Wilhelm E. Mühlmann wiederum hatte den Begriff *Integralismus* gewählt (im Zusammenhang mit *Universalismus*) und damit den Anspruch auf ‚völlige Aufeinander-Abgestimmtheit aller gesellschaftlichen Bauelemente' verstanden. Der Integralismus behaupte eine in sich stimmige, integrale oder ganzheitliche Weltsicht, die zwar theoretisch leicht vorstellbar ist, aber „wo der Integralismus praktisch wird, wo er politisch wird, wird er totalitär." (W. Mühlmann [Hg]: Chiliasmus und Nativismus, Studien zur Psychologie, Soziologie und historischen Kasuistik der Umsturzbewegungen, Berlin 1964, S. 281).

361 Meyer, a.a.O., S. 16.

362 Meyer, a.a.O., S. 82 f.

363 Reinhard Schulze: Islamische Kultur und soziale Bewegung, in: *Peripherie* 18/19 1984/1985, S. 61. – Im Zusammenhang mit dem islamischen Fundamentalismus werden eine Reihe weiterer Etikettierung häufig verwendt (z. B. Aktivismus, Kommunalismus), auf die hier nicht näher eingegangen werden soll.

364 Parto Teherani-Krönner, Islamische Symbole im Kulturkontakt: Ein Projekt über *„official and popular religion"* bei Migranten aus der Türkei und dem Iran, in: Peter Waldmann; Georg Elwert [Hg]: Ethnizität im Wandel, Saarbrücken-Fort Lauderdale 1989, S. 212.

365 ebd., S. 211.

366 Schulze 1984/85, a.a.O., S. 63.

367 ebd.

368 Homayoun Katouzian: Schia und moderne islamische Wirtschaftslehre, in: Berliner Institut für Vergleichende Sozialforschung 1981, a.a.O., S. 161.

369 Kamram Ekbal: Islam, Nationalismus und Identitätsfragen – Historische, ideologische und soziale Dimensionen des Irakisch-Iranischen Krieges, in: *Peripherie* 18/19 1984/1985, S. 92 f.

370 ebd., S. 85.

371 Vgl. hierzu Eric J. Hobsbawm / Terence Ranger [Hg]: The Invention of Tradition, Cambridge 1983; Benedict Anderson: Die Erfindung der Nation, Zur Karriere eines folgenreichen Konzepts, Frankfurt/M 1988; Georg Elwert: Nationalismus, Ethnizität und Nativismus – Über Wir-Gruppenprozesse, in: Waldmann / Elwert [Hg],

a.a.O.; Tilman Schiel: Fiktion und Realität einer politischen Ethnologie, Politische Ethnologie als Institutionenlehre: Die Idee von Staat und Zivilisation, in: Geschichte u. Gesellschaft d. Vord. u. Mittl. Orients, *Jahrb. f. Vergl. Sozialforschung* 1985/1986, hg Jochen Blaschke.

372 Elwert, a.a.O., S. 22 f.

373 Elwert, a.a.O. S. 23.

374 Paul Tillich: Die sozialistische Entscheidung, Berlin 1980. Das Buch entstand 1932, erschien 1933 und wurde sofort beschlagnahmt (ebd., S. 18).

375 ebd., S. 38.

376 ebd., S. 39.

377 ebd.

378 ebd.

379 *Union der Islamischen Studentenvereine in Europa*, U.I.S.A [Hg]: Verschiedene Interviews mit Imam Khomeini, Führer d. Isl. Bewegung im Iran, 1979, S. 2–5.

380 Chengappa, a.a.O.

381 Schreiner/Becker/Freund, a.a.O., S. 140.

382 Max Weber: Wirtschaft und Gesellschaft, Grundriss der verstehenden Soziologie, Tübingen 1985, S. 140.

383 Rudi Paret: Symbolik des Islam, Stuttgart 1958, S. 59. Vgl. auch den Begriff ‚Baraka' in: Encyclopaedia of Islam, New Edition Vol. 1, Leiden-London 1960.

384 Schimmel, a.a.O., S. 37 f.

385 ebd., S. 30.

386 ebd., S. 41.

387 Taheri, a.a.O., S. 193.

388 ebd., S. 154.

389 *Current Biography*, a.a.O., S. 211.

390 Schimmel, a.a.O., S. 37.

391 Baihaqi, a.a.O., I, S. 205 f., zit. nach Schimmel, a.a.O., S. 84.

392 Vgl. den Abschnitt „Augen" im Kapitel *Die Masse und ihre Gegenbildungen*, in Klaus Theweleit: Männerphantasien, Bd 2: Männerkörper – zur Psychoanalyse des weißen Terrors, Reinbek b. Hamburg 1980, S. 130 ff.; Serge Moscovici: Das Zeitalter der Massen, Frankfurt/M. 1986, S. 168.

393 *Spiegel* 46/1979, nach Riyahi, a.a.O., S. 169.

394 So erzählte uns z. B. ein iranischer Lehrer, seine Schüler behaupteten, Imam Khomeini auf einem Schimmel reitend an der Front gesehen zu haben.
Plakate aus dem Iran zeigen ebenfalls den Schimmel Hoseins, der mit Speeren durchbohrt ist und eine schwarze Fahne trägt. Nach Vorstellung der Schiiten soll der Imam Mahdi auf einem Schimmel reitend zurückkehren.

395 Vgl. das Kapitel Im Zentrum der Bewegung: Das Charisma Khomeinis, in: Schreiner/Becker/Freund, a.a.O., S. 139.

396 ebd., S. 140.

397 Khomeini: Vorlesungen über den islamischen Staat, Notwendigkeit der Gründung eines islamischen Staates, Abschnitt 4: Die Notwendigkeit einer politischen Revolution, nach Schreiner/Becker/Freund, a.a.O., S. 150 f.

398 Moscovici, a.a.O., S. 372.

399 Tillich, a.a.O., S. 34 f.

400 Weber, a.a.O., S. 142.

401 Moscovici, a.a.O., S. 365 f. Ähnlich Mühlmann: „Es ist tief bedeutsam und auch beunruhigend, daß der wiederkehrende Heilbringer nicht, jedenfalls nicht nur heilvolle Züge trägt, sondern auch unheilvolle, ja die Züge des Terrors." (Mühlmann, a.a.O., S. 306).

402 Clemens August Graf von Galen, Bischof von Münster während des Nationalsozialismus, wurde von katholischer Seite nach dem Krieg als Hauptentlastungszeuge für die Haltung der katholischen Bischöfe zum NS aufgebaut. Einige der von katholischer Seite protegierten Arbeiten über Rolle der Bischöfe und insbesondere der von Galens wurden in neuerer Zeit erheblich revidiert. Damit ist auch die Rolle von Galens als „Widerstandskämpfer gegen das NS-Regime", auf die Luise Rinser hier anspielte, in Frage gestellt. Vgl. Rahner/Richter/Riese/Stelter: „Treu deutsch sind wir – wir sind auch treu katholisch", Kardinal von Galen und das Dritte Reich, Münster 1987.

403 Überhaupt fand die katholische Autorin viele Parallelen zwischen Schah- und NS-Regime, zwischen dem antifaschistischen Widerstand und der schiitischen Revolution, auch zwischen Christentum und Islam. Die Befreiung von Iranern aus den Folterkellern des SAVAK ist ihr „ein Auszug wie aus einem Nazi-KZ bei der Befreiung durch die Alliierten." Der Hinrichtung von ‚Generälen und Henkern des SAVAK' folgt bei ihr ein (entschuldigender) Hinweis auf die Hinrichtungen im Nürnberger Prozeß. Doch sie verwendete das Bild Khomeinis als „Widerstandskämpfer" nicht durchgehend, was als Anzeichen dafür verstanden werden kann, daß ein Umdeutungsprozeß der Ereignisse noch während der Abfassung des Buches einsetzte. An anderer Stelle berichtet sie nämlich von einer Begegnung mit den „Revolutions-Komittees", die sie nun als „SA" Khomeinis bezeichnete. „Ich frage, ob ich das berüchtigte Gefängnis besuchen könne, das erst vor kurzem geöffnet hat, wobei man in den Kellern viele Halbverhungerte fand, man spricht von Tausenden; ein Auszug wie aus einem Nazi-KZ bei der Befreiung durch die Alliierten. Aber jetzt sind die Gefängnisse alle schon wieder voll: die Einsperrer von vorher sind Eingesperrte: die Savak-Führer, die Generäle der Schah-Armee." (Rinser, a.a.O., S. 14) – „Er [Khomeini] ist eine starke Persönlichkeit, vergleichbar dem polnischen ‚ungekrönten Herrscher', dem Kardinal Wyszynski von Warschau, der es fertigbrachte, Jahrzehnte hindurch den Polen ihr Christentum zu erhalten gegenüber dem massiven Druck der kommunistischen Regierung." (ebd., S. 72) – „Warum hat er [der Schah] Khomeini nicht sofort hinrichten lassen? Weil er sich keinen Märtyrer leisten konnte, so wenig wie Hitler es wagen konnte, den widerständischen Bischof von Münster, Galen, hinrichten zu lassen oder auch nur einzusperren. Hinter beiden stand ein Heer von Religiösen." (ebd., S. 75) – „Seither hat er [Khomeini] nicht nur

die [...] Kerker wieder gefüllt, sondern auch eine große Anzahl Menschen hinrichten lassen, ohne Prozeß beziehungsweise in einem unzulänglichen, kurzen Verfahren. Es sind Generäle und Henker des Savak. Auch die Alliierten haben nach 1945 nach den Urteilen im Nürnberger Prozeß einige der Höchstverantwortlichen hinrichten lassen." (ebd., S. 80; vgl. auch ebd. S. 15).

404 „Der persische Muslimführer Khomeini, das Idol der in Teheran demonstrierenden Massen, ist gewiß kein Hitler, sondern nur ein gefährlicher Demagoge. Doch von Juden hält er nicht viel mehr als Hitler zu Beginn seiner Laufbahn, als noch niemand von Auschwitz etwas ahnen konnte" (Harald Vocke, in: *FAZ*, 12. 12. 1978, zit. nach Riyahi, a.a.O., S. 168).

405 Ein anderes Beispiel für diesen Umdeutungsprozeß ist der Titel von Nußbaumers Buch, das 1979 in erster Auflage als ‚Khomeini – *Revolutionär* in Allahs Namen' erschien, bei der zweiten Auflage 1980 aber mit ‚Khomeini – *Anarchie* in Allahs Namen', obwohl der Inhalt nahezu unverändert blieb. Das Buch war lediglich um ein Kapitel über den ersten Jahrestag der Islamischen Revolution erweitert worden. Darin wird Khomeinis Politik als ungewöhnlicher Versuch gewertet, „den Revolutionsprozeß zu kontrollieren", denn Khomeini und die Mullahs überhaupt hätten eine „tiefe Abneigung gegen jede ausufernde Massenunruhe, gegen die Anarchie." Nußbaumer wendet sich damit gegen das Bild vom „blutrünstigen Rächer im Heiligengewand" und vom „verrückten Mullah", das monatelang in westlichen Medien gezeichnet worden war. Es sei der Geistlichkeit gelungen, die befürchteten Massaker an Tausenden von Schah-Anhängern zu verhindern. Den „revolutionären Fieberstößen" habe sie eine Scheinlegalität geben müssen, um nicht selbst überrollt zu werden. „Als die Zentralfigur einer Revolution, die keine politische Führung kannte, keuchte der alte Mann in Wahrheit oft genug hinter den Emotionen seines Volkes her, die er von Zeit zu Zeit selbst anstacheln mußte – auch deshalb, um nicht am Ende von anderen Revolutionären überholt zu werden." (Nußbaumer 1980, a.a.O., S. 181 f.) Khomeini, im Titel der Erstausgabe noch als islamischer Revolutionär gekennzeichnet, erscheint hier als mäßigende Autorität.

406 Moshe Barasch: Das Bild des Unsichtbaren, Zu den frühen Christusbildern, in:Kippenberg/van den Bosch/Leertouwer/Witte [Hg]: *Visible Religion*, Annual for Religious Iconography, Vol II, Leiden 1983.

407 Paret 1958, a.a.O., S. 11–15; Bertram Turner: Der Orient im „Objektiv", Von der Genrefotografie zum ethnologischen Blick, in: Münchner Stadtmuseum /Haus der Kulturen der Welt [Hg]: Der Geraubte Schatten, Photographie als ethnographisches Dokument, München 1989 (insbesondere S. 226 f.).

408 Nirumand/Daddjou, a.a.O., S. 191.

409 Gholamasad, a.a.O., S. 563.

410 ebd., S. 565.

411 Womanhood in the View of Imam Khomeini, in: *Mahjubah*, February/March 1982, S. 36.

412 Khomeini verärgert über ein Rundfunkprogramm, in: *FAZ*, 2. 2. 1989; Iranischer Frau droht Todesstrafe, in: *Kinz. Nachr.*, 2. 2. 1989.

413 Wilhelm Reich: Die Massenpsychologie des Faschismus, Frankfurt 1983, S. 108.

414 Paret 1958, a.a.O., S. 60.

415 Taheri deutete diese Möglichkeit bereits an, als er darauf hinwies, daß Khomeini im Dezember 1977 die Bezeichnung „Imam" in seiner *fetwa* verwendete. „Das ist zu betonen, da Khomeini, den man im Westen oft als einen Wahrer der Tradition schildert, in Wahrheit mit einer der wichtigsten Regeln der schiitischen Theologie gebrochen hat. Daß er für sich die Bezeichung *Imam* akzeptierte, könnte nach seinem Tode Ursache eines bedeutenden Schismas innerhalb der Schia werden. Hier mag der Hinweis genügen, daß keiner der Groß-Ayatollahs, die Khomeini zum einen oder anderen Zeitpunkt unterstützten, weder direkt noch indirekt seinen Anspruch, Imam genannt zu werden, guthießen" (Taheri, a.a.O., S. 210).

416 Weber, a.a.O., S. 146 f.

417 Alle Angaben im Nachwort beziehen sich auf folgende Quellen: *Amnesty International*: Jahresbericht 1985, Frankfurt 1985; *Amnesty International*: Jahresbericht 1986, Frankfurt 1986; *Amnesty International*: Jahresbericht 1989, Frankfurt 1989; *Amnesty International*: Jahresbericht 1990, Frankfurt 1990; *Amnesty International*: Wenn der Staat tötet, Frankfurt 1989; *Amnesty International*: Iran, Written Statement to the 46th Session of the United Nations Commission on Human Rights, London Januar 1989 (MDE 13/02/90); *Amnesty International*: The Death Penalty: List of Prisoners executed in 1988, London Februar 1989 (ACT 51/15/89); *Amnesty International*: Iran, Over 900 Executions announced in Five Months, Summary, London Juni 1989 (MDE 13/19/89); *Amnesty International*: The Death Penalty: List of Prisoners executed since January 1989, London August 1989 (ACT 51/44/89); Prov. Frauenkomitee gg. Hinrichtungen im Iran, a.a.O.

Bibliographie

Adamec, Ludwig W. [Hg]: Historical Gazeteer of Iran, Vol 1: Tehran and Northwestern Iran [1918], Graz: Akademische Druck- und Verlagsanstalt, 1976.

Algar, Hamid: Islam and Revolution, Writings and Declarations of Imam Khomeini, Berkeley, Cal.: Mizan Press, 1981.

Algar, Hamid: The Oppositional Role of the Ulama in Twentieth-Century Iran, in: Keddie [Hg]: Scholars, Saints, and Sufis, Berkeley–Los Angeles–London 1972.

Amnesty International [Hg]: Iran, Violations of Human Rights, Documents Sent by Amnesty International to the Government of the Islamic Government of Iran, London 1987.

Amnesty International : Iran, Over 900 Executions Announced in Five Months, Summary, London Juni 1989 (MDE 13/19/89).

Amnesty International : Iran, Written Statement to the 46th Session of the United Nations Commission on Human Rights, London Januar 1989 (MDE 13/02/90).

Amnesty International : Jahresberichte 1985 bis 1990, Frankfurt/M.: Fischer, 1985 bis 1990.

Amnesty International : The Death Penalty: List of Prisoners Executed since January 1989, London August 1989 (ACT 51/44/89).

Amnesty International : Wenn der Staat tötet, Frankf./M.: Fischer 1989.

Anderson, Benedict: Die Erfindung der Nation. Zur Karriere eines folgenreichen Konzepts, Frankfurt/M.–New York: Campus, 1988.

Aneer, Gudmar: Imām Rūḥullāh Khumainī, Šāh Muḥammad Riżā Pahlavī and the Religious Traditions of Iran, Uppsala–Stockholm: Almqvist & Wiksell International, 1985 [Acta Universitatis Upsaliensis, Historia Religionum 8].

Art Bureau of the Islamic Propagation Organization [Hg]: The Graphic Art of the Islamic Revolution [collected by Abulfazl A'li]. The Days of Revolution, War, Martyrs, Personalities, [o. O.:] Offset Press [1985].

Azarine, Sussan: Frauen in der islamischen Bewegung, Interviews und Erlebnisse, in: Tilgner [Hg]: Umbruch im Iran, Reinbek bei Hamburg 1979.

Barasch, Moshe: Das Bild des Unsichtbaren. Zu den frühen Christusbildern, in: Kippenberg/van den Bosch/Leertouwer/Witte [Hg]: Visible Religion, Annual for Religious Iconography Vol II, Representations of God, Leiden: E. J. Brill, 1983, S. 1–13.

Berliner Institut für Vergleichende Sozialforschung [Hg]: Religion und Politik im Iran, mardom nameh – Jahrbuch zur Geschichte und Gesellschaft des Mittleren Orients, Frankfurt/M.: Syndikat, 1981.

[Bibel:] Die Heilige Schrift des Alten und Neuen Testamentes, hg. Hamp, Vinzenz; Stenzel, Meinrad und Kürzinger, Josef, Aschaffenburg: Paul Pattloch, 1971 (21. Aufl.).

Binswanger, Karl: Khomeinis Jünger zündeln auch am Rhein, in: Rheinischer Merkur / Christ und Welt 33, 14. 8. 1987.

Binswanger, Karl: Islamischer Fundamentalismus in der Bundesrepublik. Entwicklung – Bestandsaufnahme – Ausblick, in: Nirumand [Hg]: Im Namen Allahs, Berlin 1990.

Binswanger, Karl; Sipahioglu, Fethi: Türkisch-islamische Vereine als Faktor deutsch-türkischer Koexistenz, Benediktbeuern: Rieß, 1988.

Bonnie, E. Michael; Nikki Ragozin Keddie [Hg]: Modern Iran. The Dialectics of Continuity and Change, Abany: State University of New York Press, 1981.

Botschaft der Islamischen Republik Iran [Bern, Hg]: Islamische Republik Iran, Bern 1986 (1. Aufl.).

Botschaft der Islamischen Republik Iran [Bonn, Hg]: Delegation der Islamischen Republik Iran vor der UNO [darin auch: Die

Rede des iranischen Außenministers Dr. Ebrahim Yazdi; Die Trennung der Religion von der Politik], Bonn November 1979 [Iran und die Islamische Republik 1].

Brugsch, Heinrich: Reise der königlich-preussischen Gesandtschaft nach Persien 1860/61, Leipzig: Hinrichs, 1862, 2 Bde.

Bundesminister des Innern [Hg]: Verfassungsschutzberichte 1988 bis 1989, Bonn 1989 bis 1990.

Canetti, Elias: Masse und Macht [darin: Das Muharramfest der Schiiten; Der Islam als Kriegsreligion], Frankfurt/M.: Fischer, 1986.

Carpozi, George: Ayatollah Khomeinis' Mein Kampf. Islamic Government by Ayatollah Ruhollah Khomeini, The official United States Government translation of the Ayatollah Khomeini's plan for Islamic government [Übersetzung der Joint Publications Research Service], Arlington–Virginia–New York: Manor Books, 1979.

CISNU [Confederation of Iranian Students/National Union]: Iran – 25 Jahre nach dem CIA-Putsch. Über die wirtschaftliche, militärische und politische Lage unter der Herrschaft des faschistischen Schahregimes, sowie über die heutigen Massenkämpfe, Frankfurt: CISNU, September 1978.

Current Biography, Yearbook 1979, ed. by Charles Moritz, New York: H. W. Wilson Company, 1979 [Khomeini, S. 207–211].

Der „Verband Islamischer Vereine und Gemeinden" [Skript], Soest: Islam-Archiv-Deutschland, 15. 11. 1989.

Deutsch-Iranisches Kolloquium: Religion und Gesellschaft; Wirtschaft und Politik; bilaterale Beziehungen [in] Hamburg 28.–30. März 1988 [Zusammenfassung: Peter Heine], Hamburg: Deutsches Orient Institut, 1989.

Ebert, Hans-Georg; Fürtig, Henner; Müller, Hans-Georg: Die Islamische Republik Iran. Historische Herkunft – Ökonomische Grundlagen – Staatsrechtliche Struktur [hg. Günter Barthel], Berlin/DDR: Akademie-Verlag, 1987 [u. Köln 1987].

Ekbal, Kamram: Islam, Nationalismus und Identitätsfragen: Historische, ideologische und soziale Dimensionen des Irakisch-Iranischen Krieges, in: Peripherie 18/19 (1984/1985), S. 85–115.

Elwert, Georg: Nationalismus, Ethnizität und Nativismus – über die Bildung von Wir-Gruppen, in: Waldmann/Elwert [Hg]: Ethnizität im Wandel, Saarbrücken–Fort Lauderale 1989 [ebenfalls in: Kölner Zeitschrift für Soziologie 31 (Sept. 1989)].

Encke, Ulrich: Ayatollah Khomeini. Leben, Revolution und Erbe, München: Wilh. Heyne, 1989.

Ende, Werner: [Rezension zu] Ayatollah Chomeini: Der islamische Staat [Übersetzung von Hassan/Itscherenska], in: Die Welt des Islams XXVI (1986), S. 183–185.

Ende, Werner; Steinbach, Udo [Hg]: Der Islam in der Gegenwart, München 1984.

Erzeren, Ömer: Aksoy: Politischer Querdenker und Laizist, in: taz , 3. 2. 1990; Das Ende des Kemalismus?, ebd., 19. 3. 1990; Morde im Namen der heiligen Nation, ebd., 9. 10. 1990.

Fabry, Philipp W.: Zwischen Schah und Ayatollah, Ein Deutscher im Spannungsfeld der Iranischen Revolution, Gießen: Damals Bibliothek, 1983.

Freund, Wolfgang S.: Grenzen und Möglichkeiten des religiösen Integrismus, Ausgehend vom iranischen Beispiel, in: Schreiner/Becker/Freund [Hg]: Der Imam, St. Michael 1982.

Gholamasad, Dawud: Die Entstehung der „Islamischen Revolution", Hamburg: Junius, 1985.

Göbel, Karl-Heinrich: Āyatullah Āg̱hā Rūḥullāh al-Mūsawī al-Kẖumainī, in: Orient 1 (1978), S. 10–13.

Göbel, Karl-Heinrich: Moderne Schiitische Politik und Staatsidee, nach Taufīq al-Fukaikī, Muḥammad Ǧawād Muġnīya, Rūḥullāh Ḫumainī (Khomeyni), Opladen: Leske + Budrich, 1984 [Schriften des Deutschen Orient-Instituts].

Halliday, Fred: Iran, Analyse einer Gesellschaft im Entwicklungskrieg, Berlin: Rotbuch, 1979.

Hanaway, William L.: The Symbolism of Persian Revolutionary Posters, in: Rosen [Hg]: Iran since the Revolution, New York 1985.

Heinrich, Klaus: Die Funktion der Genealogie im Mythos [1963], in: Heinrich: Vernunft und Mythos, Ausgewählte Texte, Frankfurt/M.: Fischer, 1983.

Hobsbawm, Eric J.; Ranger, Terence [Hg]: The Invention of Tradition, Cambridge 1983.

Hottinger, Arnold: Ajatollah Chomaini und die iranische Revolution, in: Meyers Großes Lexikon, Bd. 7, Mannheim 1983, S. 149–153.

Hussain: Asaf: Islamic Movements in Egypt, Pakistan and Iran, An Annotated Bibliography, London: Mansell, 1983 [enthält 438 kommentierte Buchtitel und eine Kurzbiographie Khomeinis].

Ibn Ishâq: Das Leben des Propheten, Aus dem Arabischen übertragen und bearbeitet von Gernot Rotter, Tübingen–Basel 1976.

International Solidarity Front for the Defense of the Iranian People's Democratic Rights (ISF–Iran) [Hg]: The Crimes of Khomeini's Regime, A Report on the Violations of Civil and Political Rights by the Islamic Republic of Iran, USA, Mai 1982 [2. Aufl.].

Islamische Wissenschaftliche Akademie [Hg]: Der Islam im Dialog, Aufsätze von Professor A. Falaturi, Dezember 1979 [2. Aufl.].

Islamisches Führungsministerium der Islamischen Republik Iran [Hg]: Biografie von Imam Khomeini [zum 1. April 1979, dem Tag der Verkündung der Islamischen Republik in Iran], Teheran April 1982.

Katouzian, Homayoun: Schia und moderne islamische Wirtschaftslehre, in: *Berliner Institut für Vergleichende Sozialforschung* [Hg]: Religion und Politik im Iran, mardom nameh – Jahrbuch zur Geschichte und Gesellschaft des Mittleren Orients, Frankfurt/M 1981.

Keddie, Nikki Ragozin [Hg]: Scholars, Saints, and Sufis. Muslim Religious Institutions in the Middle East since 1500, Berkely–Los Angeles–London: University of California Press, 1972.

Keddie, Nikki Ragozin: Iran. Religion, Politics and Society, Guilford (G.B.) 1980.

Keddie, Nikki Ragozin: Roots of Revolution, An Interpretive History of Modern Iran, With a Section by Yann Richard, Yale University Press, New Haven 1981.

Khálid, Durán: Die Stellung des Islams und des islamischen Rechts in ausgewählten Staaten, in: Ende, W.; Steinbach, U. [Hg]: Der Islam in der Gegenwart, München 1984.

[Khomeini:] Ajatollah Chomeini: Der islamische Staat [Übersetzung von Nader Hassan und Ilse Itscherenska], Berlin: Klaus Schwarz, 1983 [Lizenzausgabe: Berlin/DDR: Union. 1983] [Islamkundliche Materialien 9].

Khomeini, Ayatollah: Meine Worte, Weisheiten, Warnungen, Weisungen, Auszüge aus drei Hauptwerken des Ayatollah „Das Königreich der Gelehrsamkeit" [*wilayat-i faqih*], „Der Schlüssel der Geheimnisse" [*Kaschf al-asrar*], „Die Erklärung der Probleme" [*Tauzih al-masa'il*], Playboy Report, München: Moewig Verlag, 1980.

Kippenberg, Hans G.: Jeder Tag Ashura, jedes Grab Kerbala – Zur Ritualisierung der Straßenkämpfe im Iran, in: *Berliner Institut für Vergleichende Sozialforschung* [Hg], Religion und Politik im Iran, mardom nameh – Jahrbuch zur Geschichte und Gesellschaft des Mittleren Orients, Frankfurt/M, 1981.

Kippenberg, Hans G.: Zu einem normativen Symbol Vorderasiens: Das gesattelte Pferd, in: Kippenberg/van den Bosch/Leertouwer/Witte [Hg]: Visible Religion, Annual for Religious Iconography Vol I, Leiden: E. J. Brill, 1982, S. 76–97.

Komitee gegen den iranisch-irakischen Krieg [Hg]: Der Krieg am Golf, Informationen des Komitees gegen den iranisch-irakischen Krieg, Hamburg–Bremen Juli–September 1987, Heft 1.

Konzelmann, Gerhard: Die Schiiten und die islamische Republik, München 1979.

[Koran:] Der Koran [Übersetzung von Max Henning, 1901], Wiesbaden: VMA-Verlag [ohne Jahr, Lizenzausgabe Philipp Reclam jun., Leipzig].

Laffin, John: Islam – Die Macht des Glaubens. Ursprünge, Geschichte, Hintergründe [Übersetzung von Karl Binswanger], München: Wilh. Heyne, 1989.

Landeszentrale für politische Bildung Baden-Württemberg [Hg.]: Brennpunkt Mittel-Ost, Stuttgart: W. Kohlhammer, 1981.

Lurker, Manfred [Hg]: Wörterbuch der Symbolik, Stuttgart: Kröner, 1988 (4. erw. Aufl.).

Mahrad, Ahmad: Iran nach dem Sturz des Schahs, Die provisorische Revolutionsregierung Bazargans, Frankfurt 1983.

Malanowski, Anja ; Stern, Marianne [Hg]: Iran – Irak. „Bis die Gottlosen vernichtet sind" [Vorwort von Bahman Nirumand], Reinbek bei Hamburg: Rowohlt, März 1987.

Massarat, Mohssen: Der Gottesstaat auf dem Kriegsschauplatz, in: Peripherie 29 (1988), S. 45–84.

Mernissi, Fatima: Geschlecht, Ideologie, Islam, München: Weismann/Frauenbuchverlag, 1989 (3. Aufl.).

Mernissi, Fatema: Der politische Harem. Mohammed und die Frauen, Frankfurt/M.: Dagyeli, 1989 (1. Aufl.).

Mensching, Gustav: Die Weltreligionen, Wiesbaden: VMA-Vertriebsgesellschaft Modernes Antiquariat, 1989 (5. Aufl.).

Meyer, Thomas: Fundamentalismus. Aufstand gegen die Moderne [Essay], Reinbek bei Hamburg: Rowohlt, März 1989.

Mooren, Thomas: Hermeneutische Strategien im gegenwärtigen Islam, in: Zeitschrift für Missionswissenschaft und Religionswissenschaft 3 (Juli 1989), S. 210–234.

Moscovici, Serge: Das Zeitalter der Massen, Eine historische Abhandlung über die Massenpsychologie, Frankfurt/M.: Fischer, 1986

Mottahedeh, Roy: Der Mantel des Propheten, oder Das Leben eines persischen Mullah zwischen Religion und Politik, München: C. B. Beck, 1988 [2. Aufl.].

Munzinger Archiv / IH-Länder aktuell [verschiedene Jahrgänge; Iran, Wirtschaft].

Munzinger Archiv / Internationales Biographisches Archiv [verschiedene Jahrgänge].

Nirumand, Bahman: Genscher in der Zwickmühle, in: Der Krieg am Golf, Informationen des Komitees gegen den iranisch-irakischen Krieg 1 (Juli–September 1987).

Nirumand, Bahman: Iran – hinter den Gittern verdorren die Blumen, Reinbek bei Hamburg: Rowohlt, Dezember 1985.

Nirumand, Bahman: Krieg, Krieg bis zum Sieg, in: Malanowski/Stern: Iran – Irak, Reinbek bei Hamburg 1987.

Nirumand, Bahman: Persien – Modell eines Entwicklungslandes oder Die Diktatur der Freien Welt, Reinbek b. Hamburg, 1967.

Nirumand, Bahman; Daddjou, Keywan: Mit Gott für die Macht. Eine politische Biographie des Ayatollah Chomeini, Reinbek bei Hamburg: Rowohlt, 1987 [Taschenbuchausgabe Juni 1989].

Nirumand, Bahman: Iran – Kultur des Mordens und des Vergessens, in: MIZ 1/1989 [Zitty 3 (1989) u. Arbeiterkampf 303, 6. 2. 1989].

Nirumand, Bahman [Hg]: Im Namen Allahs. Islamische Gruppen und der Fundamentalismus in der Bundesrepublik Deutschland, Köln: Dreisam, 1990.

Nußbaumer, Heinz: Khomeini – Revolutionär in Allahs Namen. Biographie, München: Wilh. Heyne, 1979 (1. Aufl.).

Nußbaumer, Heinz: Khomeini – Anarchie in Allahs Namen, München: Wilh. Heyne, 1980 (2. erw. Aufl.).

Paret, Rudi: Mohammed und der Koran, Geschichte und Verkündigung des arabischen Propheten, Stuttgart–Berlin–Köln–Mainz 1980 (5. überarb. Aufl.).

Paret, Rudi: Symbolik des Islam, Stuttgart 1958.

Pfeiffer, Martin: Iran – Endstation Islam? in: MIZ 2 (1980), S. 2–6; MIZ 2 (1981), S. 2–9.

Provisorisches Frauenkomitee gegen Hinrichtungen im Iran: Bericht über 83 gefangene Frauen im Iran, Berlin 1989.

Quitter, Christa: Im Frühling der Freiheit, Iranisches Tagebuch, Frankfurt/M 1979.

Rahner, Stefan; Franz-Helmut Richter; Stefan Riese; Dirk Stelter: „Treu deutsch sind wir – wir sind auch treu katholisch", Kardinal von Galen und das Dritte Reich, Münster: Wurf, 1987.

Rajaee, Farhang: Islamic Values and World View, Vol XIII: Khomeyni on Man, the State and International Politics, Lanham–New York–London: University Press of America, 1983.

Reich, Wilhelm: Die Massenpsychologie des Faschismus [1933], Frankfurt/M.: Fischer, 1983.

Reissner, Johannes: Die militant-islamischen Gruppen, Die „Re-Islamisierung" der siebziger Jahre, in: Ende/Steinbach [Hg]: Der Islam in der Gegenwart, München 1984.

Richard, Yann: Der verborgene Imam. Die Geschichte des Schiismus in Iran [entspricht in drei Kapiteln dem franz. Titel: Le

Shi'isme en Iran. Imam et révolution, Paris 1980], Berlin: Wagenbach, 1983.

Richard, Yann: Modern Iranian Political Thought, in: Keddie: Roots of Revolution, New Haven–London 1981.

Richter, Ernst-Ludwig: Die letzte Versuchung, Der Roman und seine Verfilmung, in: MIZ 4 (1988).

Rinser Luise: Khomeini und der Islamische Gottesstaat, Eine große Idee, Ein großer Irrtum?, Darmstadt 1979.

Riyahi, Fariborz: Ayatollah Khomeini, Frankfurt/M.–Berlin: Ullstein, 1986.

Robbe, Martin: Dschihad – Heiliger Krieg. Der Islam in Konfliktsituationen der Gegenwart, Berlin/DDR: Militärverlag der Deutschen Demokratischen Republik, 1989.

Rosen, Barry M. [Hg]: Iran since the Revolution. Internal Dynamics, Regional Conflict, and the Superpowers, Boulder: Social Science Monographs, New York: Columbia University Press, 1985 [Brooklyn College Studies on Society in Change 47].

Roth, Jürgen; Ender, Berndt: Das zensierte Buch. Geschäfte und Verbrechen der Politmafia, Eine kritische Bestandsaufnahme d. internationalen Dunkelmännerwesens, Berlin: IBDK, 1987.

Roth, Jürgen; Ugurlu, Yüksel: [Fernsehreportage] Die Ayatollahs von Köln, Radikale Muslime in der BRD [ausgestrahlt am 26. April 1988 um 19.30 Uhr, ZDF].

Rushdie, Salman: Mitternachtskinder, München–Zürich: Piper, 1983.

Rushdie, Salman: Scham und Schande, München–Zürich: Piper, 1985.

Rushdie, Salman: The Satanic Verses, London: Viking/Penguin, 1988.

Sachedina, Abdulaziz Abdulhussein: Islamic Messianism, The Idea of the Mahdi in Twelver Shi'ism, New York 1981.

Schiel, Tilman: Fiktion und Realität einer politischen Ethnologie, Politische Ethnologie als Institutionenlehre: Die Idee von Staat und Zivilisation, in: J. Blaschke [Hg]: Geschichte und Gesellschaft des Vorderen und Mittleren Orients, Jahrbuch für Vergleichende Sozialforschung, Edition Parabolis, 1985/1986.

Schimmel, Annemarie: Und Muhammad ist Sein Prophet, Die Verehrung des Propheten in der islamischen Frömmigkeit, Düsseldorf–Köln 1981.

Schmucker, Werner: Iranische Märtyrertestamente, in: Die Welt des Islams XXVII (1987), S. 185–249.

Scholl-Latour, Peter: Allah ist mit den Standhaften. Begegnungen mit der islamischen Revolution, Stuttgart 1983.

Schreiner, Hans-Peter; Becker, Kurt E.; Freund, Wolfgang S. [Hg]: Der Imam, Islamische Staatsidee und revolutionäre Wirklichkeit, St. Michael 1982.

Schröder, Günter [Hg]: Schah und Schia, Materialien zur Geschichte von Religion und Staat im Iran, Gießen 1979.

Schulze, Reinhard: Islamische Kultur und soziale Bewegung, in: Peripherie 18/19 (1984/1985), S. 60–84.

Scotland, Egon: Radikale türkische Glaubensgemeinschaften in der Bundesrepublik, Prediger mit drohenden Thesen, Wie Anhänger des traditionellen Islams ihren politischen Einfluß auszuweiten suchen, in: Süddeutsche Zeitung 5./6. Sept. 1987.

Singer, Udo: Massenselbstmord. Zur Phänomenologie und Psychodynamik, Stuttgart: Hippokrates, 1980.

Stein, Annemarie [Pseudonym]: Iran. Neue Diktatur oder Frühling der Freiheit? [Vorwort von Bahman Nirumand], Hamburg: jrv Reents, 1979 (1. Aufl.).

Taheri, Amir: Chomeini und die Islamische Revolution [Übersetzung des engl. Orig.: The Spirit of Allah. Khomeini and the Islamic Revolution, London 1985], Hamburg: Hoffmann u. Campe, 1985 (1. Aufl.).

Teherani-Krönner, Parto: Islamische Symbole im Kulturkontakt: Ein Projekt über „official and popular religion" bei Migranten aus der Türkei und dem Iran, in: Waldmann/Elwert [Hg]: Ethnizität im Wandel, Saarbrücken–Fort Lauderdale 1989.

Tellenbach, Silvia: Untersuchungen zur Verfassung der islamischen Republik Iran vom 15. November 1979, Berlin 1985.

Thaiss, Gustav: Religious Symbolism and Social Change: The Drama of Husain, in: Keddie [Hg]: Scholars, Saints, and Sufis, Berkeley–Los Angeles–London 1972.

Tilgner, Ulrich [Hg]: Umbruch im Iran, Augenzeugenberichte – Analysen – Dokumente, Reinbek bei Hamburg März 1979.

Tillich, Paul: Die sozialistische Entscheidung [1933], Berlin 1980.

Tokarew, Sergej A.: Die Religion in der Geschichte der Völker [Russischer Originaltitel, Moskau 1965], Köln: Pahl-Rugenstein 1981 (2. überarb. Aufl.) [Berlin/DDR: Dietz, 1968].

United Islamic Students Association (U.I.S.A.) Aachen [Hg]: Die Islamische Revolution im Iran, Februar 1979.

United Islamic Students Association (U.I.S.A.) in Europe [Hg]: Verschiedene Interwies mit Imam Khomeini, Führer der islamischen Bewegung im Iran, [o. O.] Januar 1979.

Waldmann, Peter; Georg Elwert [Hg]: Ethnizität im Wandel, Breitenbach Publishers, Saarbrücken–Fort Lauderale, 1989 [Spektrum, Berliner Reihe zu Gesellschaft, Wirtschaft und Politik in Entwicklungsländern, 21].

Waardenburg, Jacques: Fundamentalismus und Aktivismus in der islamisch-arabischen Welt d. Gegenwart, in: Orient 1 (1989), S. 39–51.

Weber, Max: Wirtschaft und Gesellschaft, Grundriss der verstehenden Soziologie, Studienausgabe, Tübingen: J. C. B. Mohr, 1985

Who's Who in Iran, [prep. by Iran Research Group] Meckenheim: MB Medien & Bücher Verlagsgesellschaft, Februar 1990 (1. Aufl.).

Who's Who in the World, Illinois/USA 1987/88 (8. Ausg.) [Kurzbiographie: Khomeini, S. 550].

Womanhood in the View of Imam Khomeini, in: Mahjubah, The Magazine for Muslim Women, February/March 1982.

Verwendete Zeitschriften-Kürzel:

Der Spiegel (Spiegel); Die Tageszeitung (taz); Frankfurter Allgemeine Zeitung (FAZ); Frankfurter Rundschau (FR); India Today; Katholische Nachrichten Agentur (KNA); Kinzigthal Nachrichten (Kinz. Nachr.); Materialdienst der Evangelischen Zentralstelle für Weltanschauungsfragen (EZW); Materialien und Informationen zur Zeit, Politisches Journal der Konfessionslosen und Atheisten (MIZ); Muslim World Book Review; Orient, Zeitschrift des Deutschen Orient-Instituts (Orient); Peripherie, Zeitschrift für Politik und Ökonomie in der Dritten Welt (Peripherie); Rheinischer Merkur / Christ und Welt (Rhein. Merk.); Süddeutsche Zeitung (SZ); Tagesspiegel (Tsp) Westfälische Allgemeine Zeitung (WAZ); Zitty, Illustrierte Stadtzeitung Berlin (Zitty).

Abbildungsnachweis:

Cover: Gernot Huber (LAIF/Köln); S. 17 u. 22: Günay Ulutunçok (LAIF/Köln); S. 14: Schambeck (Bundesbildstelle/Bonn); S. 44: Ernst Höltzer (Wietz, Common Film Produktion/Berlin); S. 53, 77, 79 u. 85: Bildarchiv Preussischer Kulturbesitz/Berlin; S. 145: Sven Hedin (Ethnographic Museum/Stockholm); S. 184 u. 187: Amnesty Internationl/Bonn. Alle Plakate in Privatbesitz.

Personenregister

Reihe Wissenschaftliche Texte

Beirat: Prof. Dr. Michael Daxner, Prof. Dr. György Széll, Prof. Dr. Mohssen Massarrat, Dr. Rainer Werning

Band 1 – Arno Rolf: **Zur Veränderung der Arbeit in Büro und Verwaltung durch Informationstechnologie**, 1983, 190 S. [vergriffen]

Band 2 – Theodor Sander: **Bildungsplanung als Illusion, Empirische Untersuchung zur Unplanbarkeit des Bildungswesens in der DDR**, 1983, 215 S.

Band 3 – Marga Pröhl: **Indiens neualte Elite, Zur Entwicklung von Unternehmertum und Führungskräfteausbildung**, 1984, 252 S.

Band 4 – Beate Pieper: **Vom Lehrermangel zur Lehrerarbeitslosigkeit. Bildungspolitik als geschichtliches Dilemma**, 1984, 265 S.

Band 5 – Emmanuel Kamdem: **Unterentwicklung und Autozentrismus in Kamerun – Staatliche Entwicklungsorganisation im ländlichen Bereich**, 1985, 273 S.

Band 6 – Wiking Ehlert: **Staatstechnologie. Möglichkeiten und Grenzen der ADV in der öffentlichen Verwaltung**, 1986, 400 S.

Band 7 – Henning Buck: **Neues Medien-Bewußtsein? Medienwissenschaft als Beitrag zu Theorie und Praxis der Bewußtseinsbildung**, 1986, 164 S.

Band 8 – Reinhard Landmeier: **Wissen und Macht. Studien zur Kritik der naturbeherrschenden und sozialtechnologischen Vernunft**, 1986, 278 S.

Band 9 – Jens H. Göttner: **Arbeitslosigkeit in Entwicklungsländern**, 1988, 196 S.

Band 10 / Religion und Religionskritik 1 – Gabriele Thoß, Franz-Helmut Richter: **Ayatollah Khomeini. Zur Biographie und Hagiographie eines islamischen Revolutionsführers**, 1991, 235 S.

Band 11 / Betrieb und Gewerkschaft 1 – Ralf Uchtmann, Bernd Vossik: **Bis dass der Druck den Rahmen sprengt. Grafische Betriebe in Selbstverwaltung**, 1991, 200 S.

WURF **Verlag, Hammer Str. 71, D- 4400 Münster**

Amir Ghaffari:
OPEC – Entwicklung und Perspektive,
220 Seiten, broschiert, DM 28,--
ISBN 3-923881-31-2

Birgit Meyer-Ehlert:
Außerschulische Bildungsarbeit mit türkischen Frauen,
181 Seiten, broschiert, DM 14,80
ISBN 3-88780-399-X

Amos Oz:
Israel – Trümmer einer Illusion,
30 Seiten, geheftet, DM 3,--
ISBN 3-88780-026-5

Emmanuel Kamdem:
Unterentwicklung und Autozentrismus in Kamerun – Staatliche Entwicklungsorganisation im ländlichen Bereich,
[Wissenschaftliche Texte 5] 273 Seiten, broschiert, DM 21,--
ISBN 3-923881-13-4

Marga Pröhl:
Indiens neualte Elite. Zur Entwicklung von Unternehmertum und Führungskräfteausbildung,
[Wissenschaftliche Texte 3] 252 Seiten, broschiert, DM 18,--
ISBN 3-923881-10-X

Jasmin Esperitu Ancuña:
Philippinen – Kinder des Sturms,
hrsg.: Stiftung für Kinder / terre des hommes, 127 Seiten, broschiert, DM 12,80
ISBN 3-923881-33-9

WURF Verlag, Hammer Str. 71, D- 4400 Münster

Aktionsgruppe Philippinen / medico international (Hrsg.):
Die gestutzten Flügel der Freiheit.
Menschenrechte und Militarisierung in den Philippinen,
70 Seiten, broschiert, DM 5,50
ISBN 3-923881-12-6

Rainer Werning (Hrsg.):
Philippinen
– „Demokratie aus der Wundertüte".
Essays - Dokumente - Interviews, 126 Seiten, broschiert, DM 8,--
ISBN 3-923881-22-3

Walter Aschmoneit / Rainer Werning (Hrsg.):
Kampuchea
– Lesebuch zu Geschichte, Gesellschaft, Politik.
Illustrationen - Karten - Chronologien, 498 Seiten, broschiert, DM 36,--
ISBN 3-88780-400-7

Du-Yul Song:
Metamorphosen der Moderne.
Betrachtungen eines Grenzgängers zwischen Asien und Europa,
[Forschungsinstitut Dritte Welt/Industrieländer, FDI-Schriften 2]
126 Seiten, broschiert, DM 16,80

ISBN 3-923881-36-3

Ulrich Rotthoff:
Zugvögel – Internationale Arbeitsmigration und Entwicklung,
174 Seiten, broschiert, DM 20,00
ISBN 3-923881-26-6

Jens H. Göttner:
Arbeitslosigkeit in Entwicklungsländern,
[Wissenschaftliche Texte 9] 196 Seiten, broschiert, DM 20,00
ISBN 3-923881-25-8

Stefan Rahner; Franz-Helmut Richter; Stefan Riese; Dirk Stelter

Kardinal von Galen und das Dritte Reich

»Treu deutsch sind wir – wir sind auch treu katholisch.«

Clemens August Graf von Galen (1878–1946), Bischof von Münster während des ‚Dritten Reiches', wurde nach seinen Auftritten gegen die Euthanasie-Morde weltweit bekannt. Die Alliierten warfen seine Predigten über Deutschland als Flugblätter ab. Sie wurden im In- und Ausland, zum Teil unter Lebensgefahr, verbreitet. In der Bevölkerung entstanden bald Legenden um den „Löwen von Münster", die ihn zum Widerstandskämpfer gegen das NS-Regime stilisierten.

Als nach dem Krieg unter Katholiken eine Diskussion über die Mitschuld der Kirche entbrannte, betrafen die Vorwürfe in erster Linie den hohen Klerus, der sich deutlich mit den Nationalsozialisten arrangiert hatte. Clemens August von Galen – so die These der Autoren – sollte und soll dabei als Hauptentlastungszeuge für die Bischöfe dienen. Nach dem Krieg wurde er in den Kardinalsstand erhoben und zehn Jahre nach seinem Tod ein Seligsprechungsverfahren eröffnet.

Untersuchungen der letzten Jahre stellen das von der Kirche gezeichnete Bild des ‚Widerstandskämpfers' jedoch erheblich in Frage. Hatte der Bischof selbst doch 1934 gepredigt: *„Nein, wir stehen nicht in verneinender Opposition gegen den Staat, gegen die jetzige Staatsgewalt! Wir würden ja unsere Grundsätze verleugnen, die Lehre der Kirche seit Apostelzeiten mißachten, welche uns sagt, daß ‚die obrigkeitliche Gewalt von Gott ausgeht; und daß, wer sich ihr widersetzt, sich der Anordnung Gottes widersetzt.'* [...] *Treu deutsch sind wir – wir sind auch treu katholisch."*

Rahner/Richter/Riese/Stelter:
»Treu deutsch sind wir – wir sind auch treu katholisch«
Kardinal von Galen und das Dritte Reich
106 Seiten, broschiert, DM 14,80
ISBN 3-923881-21-5

WURF **Verlag, Hammer Str. 71, D- 4400 Münster**